NCS

우리은행

직업기초능력평가 및 직무수행평가

PREFACE

우리나라 기업들은 1960년대 이후 현재까지 비약적인 발전을 이루었다. 이렇게 급속한 성장을 이룰 수 있었던 배경에는 우리나라 국민들의 근면성 및 도전정신이 있었다. 그러나 빠르게 변화하는 세계 경제의 환경에 적응하기 위해서는 근면성과 도전정신 이외에 또 다른 성장 요인이 필요하다.

최근 많은 공사공단에서는 기존의 직무 관련성에 대한 고려 없이 인·적성, 지식 중심으로 치러지던 필기전형을 탈피하고, 산업현장에서 직무를 수행하기 위해 요구되는 능력을 산업부문별·수준별로 체계화 및 표준화한 NCS를 기반으로 하여 채용공고 단계에서 제시되는 '직무 설명자료' 상의 직업기초능력과 직무수행능력을 측정하기 위한 직업기초능력평가, 직무수행능력평가 등을 도입하고 있다.

우리은행에서도 업무에 필요한 역량 및 책임감과 적응력 등을 구비한 인재를 선발하기 위하여 고유의 직업기초능력평가를 치르고 있다. 본서는 우리은행 채용에 대비하기 위한 필독서로 우리은행 직업기초능력평가의 출제경향을 철저히 분석하여 응시자들이 보다 쉽게 시험유형을 파악하고 효율적으로 대비할 수 있도록 구성하였다.

신념을 가지고 도전하는 사람은 반드시 그 꿈을 이룰 수 있으며, 처음에 품은 신념과 열정이 취업 성공의 그 날까지 빛바래지 않도록 (주)서원각이 수험생 여러분을 항상 응원합니다.

STRUCTURE

CONTENTS

PART

I

기업 소개

01 기업소개 및 채용안내

1 우리은행

(1) 소개

우리은행은 1899년, '자금흐름을 원활히 하여 국가 경제에 이바지 한다'는 목적으로 설립된 국내 유일의 민족 정통 은행이다. 우리은행은 구한말과 산업화시대, IMF 환란과 글로벌 금융위기를 겪으면서 대한민국 금융의 든든한 버팀목으로 성장해왔다.

(2) 비전 및 가치체계

① 비전 … 우리나라 1등 은행, 대한민국을 대표하는 글로벌 리딩뱅크

② 핵심가치

　㉠ 고객행복 : 우리는 고객의 행복을 최우선으로 생각한다.

　㉡ 미래도전 : 우리는 도전을 통해 미래를 만들어 간다.

　㉢ 정직신뢰 : 우리는 건전한 금융질서를 선도해 간다.

　㉣ 인재제일 : 우리는 최고의 인재와 함께 한다.

③ 경영방침 … 고객제일(第一) 현장(現場)경영

④ 슬로건 … Woori All Together, All New Woori

(3) 우리금융그룹

① 사업구조

　㉠ 은행 부문

　　• 우리금융그룹은 우리은행 1,000여개 국내 지점망과 인터넷 등을 통해 국내 굴지의 대기업 및 우량 중소기업과 개인고객에게 예금, 대출, 카드, 보험, 외환, 무역금융 등의 상품과 서비스를 제공하고 있다. 또한 전 세계 해외 영업망을 통해 국내뿐만 아니라 해외에서 활동 중인 고객들에게 차별화된 국제금융관련 서비스를 제공하고 있다.

　　• 우리은행은 1899년 민족자본으로 창립한 이래 대한민국 근대화와 산업화를 견인해 왔으며, '우리나라 1등 은행, 대한민국을 대표하는 글로벌 리딩뱅크'를 추구하고 있다.

ⓛ 카드 부문
- 우리금융그룹은 우리카드를 통하여 고객의 생활 편의를 위한 차별화된 카드 상품과 다양한 금융 및 생활서비스를 제공하고 있다.
- 우리카드는 건전하고 합리적인 고객의 생활 속 파트너를 추구하고 있다.

ⓒ 종합금융 부문
- 우리금융그룹은 우리종합금융을 통하여 기업고객에게는 장단기 자금의 조달에서 운용까지 One-stop Total 금융서비스를 제공하고, 개인고객에게는 예금자보호상품과 투자상품을 제공함으로써 든든한 자산관리 파트너가 되고 있다.
- 우리종합금융은 '고객과 직원, 주주가 함께 성장하는 대한민국 대표 투자은행'을 추구하고 있다.

ⓔ 투자 부문 : 우리금융그룹은 우리프라이빗에쿼티를 통해 잠재력이 높은 기업에 대한 투자와 구조조정기업의 경영정상화를 위해 최선을 다하고 있다.

② 그룹 네트워크

ⓐ 우리카드 : 우리금융그룹의 강력한 네트워크를 기반으로 보다 다양하고 차별화된 서비스를 제공

ⓛ 우리종합금융
- 기업고객 : 장단기 자금의 조달에서 운용까지 One-Stop Total 금융서비스를 제공
- 개인고객 : 예금보호가 되는 예금상품과 수익성 있는 다양한 금융상품으로 자산운용의 든든한 파트너

ⓒ 우리에프아이에스 : 우리금융그룹의 IT전문 자회사로 설립 이후 IT서비스 수준과 효율성 전반을 국제적인 수준으로 향상

ⓔ 우리금융경영연구소 : 우리금융그룹의 Think Tank로서 경영진의 의사결정을 효과적으로 지원하고 계열사 성장전략 등에 대한 컨설팅 기능을 수행

ⓜ 우리신용정보 : 우리은행이 전액 출자하여 설립한 국내 최초의 채권추심전문회사

ⓑ 우리펀드서비스 : 집합투자기구의 펀드회계 처리 및 기준가격 산출, 부동산투자회사의 다양한 일반사무관리서비스를 제공

ⓢ 우리자산운용 : 국내주식, 국내채권의 전통적인 투자뿐 아니라 해외투자 상품, 파생상품, 헤지펀드 등 다양한 사업포트폴리오 구축 및 고객 니즈에 맞는 금융상품 제공

ⓞ 우리프라이빗에쿼티자산운용 : 국내 사모펀드 시장에서 대한민국을 대표하는 사모펀드 운용사를 육성하고자 설립된 PE 운용사

(4) 우리은행 행동강령

① 우리는 우리금융그룹을 대표하고 선도하는 우리은행의 임직원으로서 윤리경영을 바탕으로 은행의 지속가능한 발전을 도모한다.

② 우리는 고객, 주주, 임직원 나아가 국가와 사회의 더 나은 미래를 위해 힘이 되는 은행을 지향하며, 국가경제 및 사회발전에 이바지 한다.

③ 우리는 글로벌 금융을 선도하는 우리나라 1등 은행으로서 임직원이 지켜야 할 행동강령을 적극 실천한다.

행동강령	내용
고객지향적 업무처리	• 고객 중심 • 고객 이익 보호 • 고객의 정보보호 및 비밀부장
주주의 권익보호	• 건전 경영 • 주주의 권익 보호 • 정보제공
임직원에 대한 존중	• 임직원의 존엄성 존중 • 임직원에 대한 공정한 대우 • 임직원의 삶의 질 향상 • 그룹사 간 상호존중
국가와 사회에 대한 책임	• 은행의 사회적 책임 : 사회적 책임, 환경 경영, 정치 개입 금지, 국제 경영활동규범 등 준수 • 시장질서 존중 : 자유경쟁 시장질서 존중, 공정 경쟁 • 협력업체 상생관계 구축 : 평등한 기회, 공정 거래, 상호발전 추구

(5) 사회공헌 가치체계

우리은행은 '금융으로 이롭게, 나눔으로 따뜻하게'라는 비전을 가지고 더 나은 내일을 만들어가고 있다.

① Core Value

인간사랑 Humanity	행복추구 Happiness	희망실현 Hopefulness

② CSR Strategy … 함께여서 더욱 좋은 우리를 만드는 다섯 가지 키워드

함께여서 더욱 좋은 우리를 만드는 다섯가지 키워드

포용적 금융	미래세대 육성	메세나 확산	환경 보존	취약계층 지원
포용적, 지속가능한 경제성장 촉진 및 일자리 창출	공평한 양질의 교육보장과 평생교육 기회증진	문화·예술·스포츠에 대한 후원으로 문화 가치 확산	기후변화 대응과 지속가능한 생태계 보호·복원	국가 내, 국가 간 불평등 감소와 사회통합 기여

(1) 채용제도

① 글로벌 경쟁시대의 고객은 오직 세계TOP만을 원합니다. 최고의 인재만을 원합니다.

② **기본원칙** : 직무특성 및 지원자의 역량에 기초한 실력위주의 우수인재 선발
　　※ 학력, 연령 등 자격요건을 폐지하여 공평한 채용지원 기회부여
　　※ 세부적인 채용부문 및 일정은 채용공고를 통해 안내

(2) 인재상

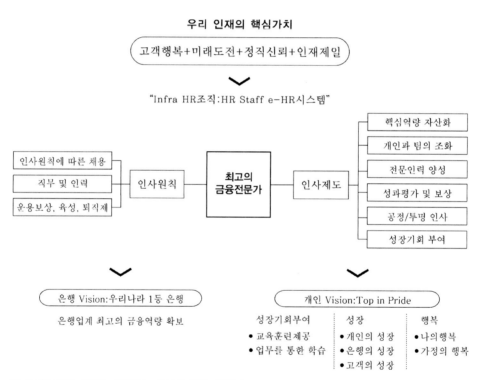

※ 우리은행이 원하는 인재상 : 최고의 금융 전문가
※ HR Value Chain : 은행이 직원에게 제공할 가치 및 직원이 은행에 공헌할 가치

(3) 전형절차

① 지원 자격

   ㉠ 학력, 성별 및 연령 제한 없음

   ㉡ 병역필 또는 면제자로 기타 해외여행에 결격사유가 없는 자

② 전형 방법

STEP 1	STEP 2	STEP 3	STEP 4	STEP 5	STEP 6	STEP 7
채용공고 및 지원서 접수	서류전형	필기전형	직무면접	인성검사 및 임원면접	합격자 발표	건강검진

※ 건강검진 결과가 업무수행에 지장을 줄 위험이 있는 건강상태인 것으로 판단될 경우 합격 및 채용이 취소됩니다.

02 관련 기사

우리은행, 기업 부정대출 탐지시스템 오픈

　우리은행은 빅 데이터를 활용한 기업 부정대출 탐지시스템을 오픈했다고 21일 밝혔다. 기업 부정대출 탐지시스템은 여신심사 과정에서 기업의 행동패턴을 분석해 부정대출 여부를 분석한다.

　실제 은행권에서는 기업 차주의 문서위조, 허위매출, 자금용도 유용 등으로 부실여신 빈번히 발생하고 있으며, 이에 기업 여신심사 과정에 기업의 다양한 정보를 바탕으로 부정대출을 예방할 수 있는 시스템 구축이 필요성이 제기됐다.

　이를 위해 우리은행은 은행에서 보유하고 있는 기업의 정보와 신용평가사 등에서 제공하는 정보 등을 은행의 기업진단시스템과 연동한 기업통합 DB를 구축했다. 여수신, 신용공여, 외환 등 6개 분야의 15개 기업 행동패턴을 분석해 부정대출의 위험도를 상중하 3단계로 분석하고, 이를 여신심사에 활용토록 했다. 예를 들어 ▲기업의 개폐업 반복 ▲대표이사의 빈번한 교체 및 이력 ▲대출금의 용도 외 유용 ▲허위매출 등의 이상 징후를 여신 담당자에게 통지한다.

　우리은행 관계자는 "신규 부정대출 패턴의 시스템 반영, 주기적 업데이트, 여신 단계별 모니터링으로 사기 및 부정대출을 방지해 은행의 수익성 및 평판리스크 제고를 강화할 수 있을 것으로 기대된다"고 말했다.

-2020. 5. 21.

면접질문	● 부정대출 시스템의 구축도 중요하지만 이를 유지하기 위한 최적의 방법을 말해보시오 ● 기업진단 시스템과 연동한 기업통합 DB의 구체적인 설계방안을 말해보시오

우리금융, 비대면 서비스 강화 - 디지털 혁신 광폭 행보

22일 은행권 최초 모바일 웹 주택청약종합저축 가입 서비스
'디지털혁신위원회' 출범 통한 급변하는 디지털 트렌드 대응

우리은행은 22일부터 은행권 최초로 모바일 웹 사이트를 통해 입출금 통장이나 공인인증서·원 뱅킹 설치 없이 신규가입이 가능한 주택청약종합저축 가입 서비스를 실시한다. 주택청약종합저축은 민영주택이나 국민주택 등에 청약이 가능한 권리를 부여해주는 상품이다. 예치금액 등에 따라 청약 순위가 부여된다. 이 밖에도 우리은행은 코로나19 사태가 확산된 지난 3월 이후 인터넷 무역금융 실행, 모바일 전세·신용대출 서비스 등 비대면 상품을 새롭게 선보였다. 인터넷 무역금융 실행 서비스는 금융권 최초로 인터넷뱅킹에서 고객이 직접 무역금융 대출을 실행할 수 있는 상품이다. 영업점을 거치지 않고 실시간으로 대출이 진행된다. 모바일 전세 대출인 '우리 WON 전세대출'은 모바일로 한도조회와 최대 2억 2,000만 원 이내의 임차보증금 80%까지 대출이 가능하다. 직장인 대상 비대면 통합 신용대출인 '우리 WON하는 직장인 대출'은 본인 명의 휴대폰과 공인인증서만 있으면 대출 한도와 금리 확인이 가능한 것이 특징이다. 은행권에서는 이 같은 비대면 서비스 확대 행보가 최근 디지털 전환 흐름과 더불어 코로나19 사태로 인해 더욱 가속도가 붙을 것으로 보고 있다. 최정욱 하나금융투자 연구원은 최근 "은행 창구의 대면거래 수요가 줄어드는 가운데 코로나19 확산에 따라 영업환경이 극단적인 언택트 시대로 변화될 수 있다는 시각이 있다"며 "사회 전반적으로 온라인 구매 활성화와 재택근무 확산, 비대면 업무방식 도입으로 은행 판매 채널에서도 비대면화가 가속화될 수 있다는 우려가 커지고 있다"고 분석했다. 그러면서 "특히, 코로나19 사태 후 은행권에서는 대면거래 수요 감소 등이 구조적인 현상화 될 것"이라며 "디지털화가 화두로 떠오르고 비대면 거래가 늘어나는 사회적 트렌드가 계속될 수 밖에 없을 것"이라고 예측했다. 우리은행은 최근 금융상품의 비대면 거래가 활발해짐에 따라 고객 편의를 강조한 상품 출시에 초점을 두고 있다. 우리금융 차원에서는 손태승 우리금융 회장과 권광석 우리은행장이 각각 위원장, 총괄장으로 하는 '디지털 혁신위원회'를 출범시켰다. 향후 타 업종과 적극적인 디지털 협업을 추진하는 등 오픈이노베이션 전략을 통해 외부 협력을 강화한다는 계획이다. 또 정보통신기술 기업과 연계한 인공지능 전문가 양성 과정에 직원을 파견하며 내부 역량 강화도 추진할 예정이다. 이를 통해 급변하는 디지털 트렌드에 대응해 나가고 모바일 브랜드 '원(WON)'을 중심으로 디지털 혁신을 추진해 나간다는 방침이다. 우리금융 관계자는 "코로나19에 따른 비대면 바람은 일시적 트렌드가 아니"라며 "디지털 전략을 최우선으로 그룹 역량을 집중할 계획"이라고 말했다.

-2020. 5. 21.

면접질문	• 자사의 비대면 서비스 강화를 위한 고객서비스의 방안으로는 무엇이 있는지 말해보시오 • 자사의 디지털 트렌드에 효과적으로 대응할 수 있는 방안에는 무엇이 있는지 말해보시오

PART II

직업기초능력평가

01 의사소통능력

1 의사소통과 의사소통능력

(1) 의사소통

① **개념** … 사람들 간에 생각이나 감정, 정보, 의견 등을 교환하는 총체적인 행위로, 직장생활에서의 의사소통은 조직과 팀의 효율성과 효과성을 성취할 목적으로 이루어지는 구성원 간의 정보와 지식 전달 과정이라고 할 수 있다.

② **기능** … 공동의 목표를 추구해 나가는 집단 내의 기본적 존재 기반이며 성과를 결정하는 핵심 기능이다.

③ **의사소통의 종류**
  ㉠ 언어적인 것 : 대화, 전화통화, 토론 등
  ㉡ 문서적인 것 : 메모, 편지, 기획안 등
  ㉢ 비언어적인 것 : 몸짓, 표정 등

④ **의사소통을 저해하는 요인** … 정보의 과다, 메시지의 복잡성 및 메시지 간의 경쟁, 상이한 직위와 과업지향형, 신뢰의 부족, 의사소통을 위한 구조상의 권한, 잘못된 매체의 선택, 폐쇄적인 의사소통 분위기 등

(2) 의사소통능력

① **개념** … 의사소통능력은 직장생활에서 문서나 상대방이 하는 말의 의미를 파악하는 능력, 자신의 의사를 정확하게 표현하는 능력, 간단한 외국어 자료를 읽거나 외국인의 의사표시를 이해하는 능력을 포함한다.

② **의사소통능력 개발을 위한 방법**
  ㉠ 사후검토와 피드백을 활용한다.
  ㉡ 명확한 의미를 가진 이해하기 쉬운 단어를 선택하여 이해도를 높인다.
  ㉢ 적극적으로 경청한다.
  ㉣ 메시지를 감정적으로 곡해하지 않는다.

(1) 문서이해능력

① 문서와 문서이해능력

　㉠ 문서 : 제안서, 보고서, 기획서, 이메일, 팩스 등 문자로 구성된 것으로 상대방에게 의사를 전달하여 설득하는 것을 목적으로 한다.

　㉡ 문서이해능력 : 직업현장에서 자신의 업무와 관련된 문서를 읽고, 내용을 이해하고 요점을 파악할 수 있는 능력을 말한다.

| 예제 1

다음은 신용카드 약관의 주요내용이다. 규정 약관을 제대로 이해하지 못한 사람은?

> [부가서비스]
> 카드사는 법령에서 정한 경우를 제외하고 상품을 새로 출시한 후 1년 이내에 부가서비스를 줄이거나 없앨 수가 없다. 또한 부가서비스를 줄이거나 없앨 경우에는 그 세부내용을 변경일 6개월 이전에 회원에게 알려주어야 한다.
>
> [중도 해지 시 연회비 반환]
> 연회비 부과기간이 끝나기 이전에 카드를 중도해지하는 경우 남은 기간에 해당하는 연회비를 계산하여 10 영업일 이내에 돌려줘야 한다. 다만, 카드 발급 및 부가서비스 제공에 이미 지출된 비용은 제외된다.
>
> [카드 이용한도]
> 카드 이용한도는 카드 발급을 신청할 때에 회원이 신청한 금액과 카드사의 심사 기준을 종합적으로 반영하여 회원이 신청한 금액 범위 이내에서 책정되며 회원의 신용도가 변동되었을 때에는 카드사는 회원의 이용한도를 조정할 수 있다.
>
> [부정사용 책임]
> 카드 위조 및 변조로 인하여 발생된 부정사용 금액에 대해서는 카드사가 책임을 진다. 다만, 회원이 비밀번호를 다른 사람에게 알려주거나 카드를 다른 사람에게 빌려주는 등의 중대한 과실로 인해 부정사용이 발생하는 경우에는 회원이 그 책임의 전부 또는 일부를 부담할 수 있다.

① 혜수 : 카드사는 법령에서 정한 경우를 제외하고는 1년 이내에 부가서비스를 줄일 수 없어.

② 진성 : 카드 위조 및 변조로 인하여 발생된 부정사용 금액은 일괄 카드사가 책임을 지게 돼.

③ 영훈 : 회원의 신용도가 변경되었을 때 카드사가 이용한도를 조정할 수 있어.

④ 영호 : 연회비 부과기간이 끝나기 이전에 카드를 중도 해지하는 경우에는 남은 기간에 해당하는 연회비를 카드사는 돌려줘야 해.

[출제의도]
주어진 약관의 내용을 읽고 그에 대한 상세 내용의 정보를 이해하는 능력을 측정하는 문항이다.

[해설]
② 부정사용에 대해 고객의 과실이 있으면 회원이 그 책임의 전부 또는 일부를 부담할 수 있다.

답 ②

② 문서의 종류

　　㉠ **공문서** : 정부기관에서 공무를 집행하기 위해 작성하는 문서로, 단체 또는 일반회사에서 정부기관을 상대로 사업을 진행할 때 작성하는 문서도 포함된다. 엄격한 규격과 양식이 특징이다.

　　㉡ **기획서** : 아이디어를 바탕으로 기획한 프로젝트에 대해 상대방에게 전달하여 시행하도록 설득하는 문서이다.

　　㉢ **기안서** : 업무에 대한 협조를 구하거나 의견을 전달할 때 작성하는 사내 공문서이다.

　　㉣ **보고서** : 특정한 업무에 관한 현황이나 진행 상황, 연구·검토 결과 등을 보고하고자 할 때 작성하는 문서이다.

　　㉤ **설명서** : 상품의 특성이나 작동 방법 등을 소비자에게 설명하기 위해 작성하는 문서이다.

　　㉥ **보도자료** : 정부기관이나 기업체 등이 언론을 상대로 자신들의 정보를 기사화 되도록 하기 위해 보내는 자료이다.

　　㉦ **자기소개서** : 개인이 자신의 성상과정이나, 입시 동기, 포부 등에 대해 구체적으로 기술하여 자신을 소개하는 문서이다.

　　㉧ **비즈니스 레터(E-mail)** : 사업상의 이유로 고객에게 보내는 편지다.

　　㉨ **비즈니스 메모** : 업무상 확인해야 할 일을 메모형식으로 작성하여 전달하는 글이다.

③ **문서이해의 절차** … 문서의 목적 이해→문서 작성 배경·주제 파악→정보 확인 및 현안문제 파악→문서 작성자의 의도 파악 및 자신에게 요구되는 행동 분석→목적 달성을 위해 취해야 할 행동 고려→문서 작성자의 의도를 도표나 그림 등으로 요약·정리

(2) 문서작성능력

① 작성되는 문서에는 대상과 목적, 시기, 기대효과 등이 포함되어야 한다.

② **문서작성의 구성요소**

　　㉠ 짜임새 있는 골격, 이해하기 쉬운 구조

　　㉡ 객관적이고 논리적인 내용

　　㉢ 명료하고 설득력 있는 문장

　　㉣ 세련되고 인상적인 레이아웃

다음은 들은 내용을 구조적으로 정리하는 방법이다. 순서에 맞게 배열하면?

> ㉠ 관련 있는 내용끼리 묶는다.
> ㉡ 묶은 내용에 적절한 이름을 붙인다.
> ㉢ 전체 내용을 이해하기 쉽게 구조화한다.
> ㉣ 중복된 내용이나 덜 중요한 내용을 삭제한다.

① ㉠㉡㉢㉣   ② ㉠㉡㉣㉢
③ ㉡㉠㉢㉣   ④ ㉡㉠㉣㉢

[출제의도]
음성정보는 문자정보와는 달리 쉽게 잊혀 지기 때문에 음성정보를 구조화시키는 방법을 묻는 문항이다.

[해설]
내용을 구조적으로 정리하는 방법은 '㉠ 관련 있는 내용끼리 묶는다. → ㉡ 묶은 내용에 적절한 이름을 붙인다. → ㉣ 중복된 내용이나 덜 중요한 내용을 삭제한다. → ㉢ 전체 내용을 이해하기 쉽게 구조화한다.'가 적절하다.

답 ②

③ 문서의 종류에 따른 작성방법

　㉠ 공문서

　　• 육하원칙이 드러나도록 써야 한다.

　　• 날짜는 반드시 연도와 월, 일을 함께 언급하며, 날짜 다음에 괄호를 사용할 때는 마침표를 찍지 않는다.

　　• 대외문서이며, 장기간 보관되기 때문에 정확하게 기술해야 한다.

　　• 내용이 복잡할 경우 '-다음-', '-아래-'와 같은 항목을 만들어 구분한다.

　　• 한 장에 담아내는 것을 원칙으로 하며, 마지막엔 반드시 '끝'자로 마무리 한다.

　㉡ 설명서

　　• 정확하고 간결하게 작성한다.

　　• 이해하기 어려운 전문용어의 사용은 삼가고, 복잡한 내용은 도표화 한다.

　　• 명령문보다는 평서문을 사용하고, 동어 반복보다는 다양한 표현을 구사하는 것이 바람직하다.

　㉢ 기획서

　　• 상대를 설득하여 기획서가 채택되는 것이 목적이므로 상대가 요구하는 것이 무엇인지 고려하여 작성하며, 기획의 핵심을 잘 전달하였는지 확인한다.

　　• 분량이 많을 경우 전체 내용을 한 눈에 파악할 수 있도록 목차구성을 신중히 한다.

　　• 효과적인 내용 전달을 위한 표나 그래프를 적절히 활용하고 산뜻한 느낌을 줄 수 있도록 한다.

　　• 인용한 자료의 출처 및 내용이 정확해야 하며 제출 전 충분히 검토한다.

ⓔ 보고서
- 도출하고자 한 핵심내용을 구체적이고 간결하게 작성한다.
- 내용이 복잡할 경우 도표나 그림을 활용하고, 참고자료는 정확하게 제시한다.
- 제출하기 전에 최종점검을 하며 질의를 받을 것에 대비한다.

│ 예제 3

다음 중 공문서 작성에 대한 설명으로 가장 적절하지 못한 것은?

① 공문서나 유가증권 등에 금액을 표시할 때에는 한글로 기재하고 그 옆에 괄호를 넣어 숫자로 표기한다.
② 날짜는 숫자로 표기하되 년, 월, 일의 글자는 생략하고 그 자리에 온점(.)을 찍어 표시한다.
③ 첨부물이 있는 경우에는 붙임 표시문 끝에 1자 띄우고 "끝."이라고 표시한다.
④ 공문서의 본문이 끝났을 경우에는 1자를 띄우고 "끝."이라고 표시하다.

---

④ 문서작성의 원칙
- ㉠ 문장은 짧고 간결하게 작성한다(간결체 사용).
- ㉡ 상대방이 이해하기 쉽게 쓴다.
- ㉢ 불필요한 한자의 사용을 자제한다.
- ㉣ 문장은 긍정문의 형식을 사용한다.
- ㉤ 간단한 표제를 붙인다.
- ㉥ 문서의 핵심내용을 먼저 쓰도록 한다(두괄식 구성).

⑤ 문서작성 시 주의사항
- ㉠ 육하원칙에 의해 작성한다.
- ㉡ 문서 작성시기가 중요하다.
- ㉢ 한 사안은 한 장의 용지에 작성한다.
- ㉣ 반드시 필요한 자료만 첨부한다.
- ㉤ 금액, 수량, 일자 등은 기재에 정확성을 기한다.
- ㉥ 경어나 단어사용 등 표현에 신경 쓴다.
- ㉦ 문서작성 후 반드시 최종적으로 검토한다.

⑥ 효과적인 문서작성 요령

    ㉠ 내용이해 : 전달하고자 하는 내용과 핵심을 정확하게 이해해야 한다.

    ㉡ 목표설정 : 전달하고자 하는 목표를 분명하게 설정한다.

    ㉢ 구성 : 내용 전달 및 설득에 효과적인 구성과 형식을 고려한다.

    ㉣ 자료수집 : 목표를 뒷받침할 자료를 수집한다.

    ㉤ 핵심전달 : 단락별 핵심을 하위목차로 요약한다.

    ㉥ 대상파악 : 대상에 대한 이해와 분석을 통해 철저히 파악한다.

    ㉦ 보충설명 : 예상되는 질문을 정리하여 구체적인 답변을 준비한다.

    ㉧ 문서표현의 시각화 : 그래프, 그림, 사진 등을 적절히 사용하여 이해를 돕는다.

(3) 경청능력

① 경청의 중요성 … 경청은 다른 사람의 말을 주의깊게 들으며 공감하는 능력으로 경청을 통해 상대방을 한 개인으로 존중하고 성실한 마음으로 대하게 되며, 상대방의 입장에 공감하고 이해하게 된다.

② 경청을 방해하는 습관 … 짐작하기, 대답할 말 준비하기, 걸러내기, 판단하기, 다른 생각하기, 조언하기, 언쟁하기, 옳아야만 하기, 슬쩍 넘어가기, 비위 맞추기 등

③ 효과적인 경청방법

    ㉠ 준비하기 : 강연이나 프레젠테이션 이전에 나누어주는 자료를 읽어 미리 주제를 파악하고 등장하는 용어를 익혀둔다.

    ㉡ 주의 집중 : 말하는 사람의 모든 것에 집중해서 적극적으로 듣는다.

    ㉢ 예측하기 : 다음에 무엇을 말할 것인가를 추측하려고 노력한다.

    ㉣ 나와 관련짓기 : 상대방이 전달하고자 하는 메시지를 나의 경험과 관련지어 생각해 본다.

    ㉤ 질문하기 : 질문은 듣는 행위를 적극적으로 하게 만들고 집중력을 높인다.

    ㉥ 요약하기 : 주기적으로 상대방이 전달하려는 내용을 요약한다.

    ㉦ 반응하기 : 피드백을 통해 의사소통을 점검한다.

예제 4

다음은 면접스터디 중 일어난 대화이다. 민아의 고민을 해소하기 위한 조언으로 가장 적절한 것은?

> 지섭 : 민아씨, 어디 아파요? 표정이 안 좋아 보여요.
> 민아 : 제가 원서 넣은 공단이 내일 면접이어서요. 그동안 스터디를 통해서 면접 연습을 많이 했는데도 벌써부터 긴장이 되네요.
> 지섭 : 민아씨는 자기 의견도 명확히 피력할 줄 알고 조리 있게 설명을 잘 하시니 걱정 안하셔도 될 것 같아요. 아, 손에 꽉 쥐고 계신 건 뭔가요?
> 민아 : 아, 제가 예상 답변을 정리해서 모아둔거에요. 내용은 거의 외웠는데 이렇게 쥐고 있지 않으면 불안해서
> 지섭 : 그 정도로 준비를 철저히 하셨으면 걱정할 이유 없을 것 같아요.
> 민아 : 그래도 압박면접이거나 예상치 못한 질문이 들어오면 어떻게 하죠?
> 지섭 : _____

① 시선을 적절히 처리하면서 부드러운 어투로 말하는 연습을 해보는 건 어때요?
② 공식적인 자리인 만큼 옷차림을 신경 쓰는 게 좋을 것 같아요.
③ 당황하지 말고 질문자의 의도를 잘 파악해서 침착하게 대답하면 되지 않을까요?
④ 예상 질문에 대한 답변을 좀 더 정확하게 외워보는 건 어떨까요?

(4) 의사표현능력

① **의사표현의 개념과 종류**

  ㉠ 개념 : 화자가 자신의 생각과 감정을 청자에게 음성언어나 신체언어로 표현하는 행위이다.

  ㉡ 종류

  • 공식적 말하기 : 사전에 준비된 내용을 대중을 대상으로 말하는 것으로 연설, 토의, 토론 등이 있다.

  • 의례적 말하기 : 사회·문화적 행사에서와 같이 절차에 따라 하는 말하기로 식사, 주례, 회의 등이 있다.

  • 친교적 말하기 : 친근한 사람들 사이에서 자연스럽게 주고받는 대화 등을 말한다.

② **의사표현의 방해요인**

  ㉠ 연단공포증 : 연단에 섰을 때 가슴이 두근거리거나 땀이 나고 얼굴이 달아오르는 등의 현상으로 충분한 분석과 준비, 더 많은 말하기 기회 등을 통해 극복할 수 있다.

ⓛ 말 : 말의 장단, 고저, 발음, 속도, 쉼 등을 포함한다.

ⓒ 음성 : 목소리와 관련된 것으로 음색, 고저, 명료도, 완급 등을 의미한다.

ⓔ 몸짓 : 비언어적 요소로 화자의 외모, 표정, 동작 등이다.

ⓜ 유머 : 말하기 상황에 따른 적절한 유머를 구사할 수 있어야 한다.

③ 상황과 대상에 따른 의사표현법

ⓖ 잘못을 지적할 때 : 모호한 표현을 삼가고 확실하게 지적하며, 당장 꾸짖고 있는 내용에만 한정한다.

ⓛ 칭찬할 때 : 자칫 아부로 여겨질 수 있으므로 센스 있는 칭찬이 필요하다.

ⓒ 부탁할 때 : 먼저 상대방의 사정을 듣고 응하기 쉽게 구체적으로 부탁하며 거절을 당해도 싫은 내색을 하지 않는다.

ⓔ 요구를 거절할 때 : 먼저 사과하고 응해줄 수 없는 이유를 설명한다.

ⓜ 명령할 때 : 강압적인 말투보다는 'ㅇㅇ을 이렇게 해주는 것이 어떻겠습니까?'와 같은 식으로 부드럽게 표현하는 것이 효과적이다.

ⓗ 설득할 때 : 일방적으로 강요하기보다는 먼저 양보해서 이익을 공유하겠다는 의지를 보여주는 것이 좋다.

ⓢ 충고할 때 : 충고는 가장 최후의 방법이다. 반드시 충고가 필요한 상황이라면 예화를 들어 비유적으로 깨우쳐주는 것이 바람직하다.

ⓞ 질책할 때 : 샌드위치 화법(칭찬의 말 + 질책의 말 + 격려의 말)을 사용하여 청자의 반발을 최소화 한다.

■ 예제 5

당신은 팀장님께 업무 지시내용을 수행하고 결과물을 보고 드렸다. 하지만 팀장님께서는 "최대리 업무를 이렇게 처리하면 어떡하나? 누락된 부분이 있지 않은가."라고 말하였다. 이에 대해 당신이 행할 수 있는 가장 부적절한 대처 자세는?

① "죄송합니다. 제가 잘 모르는 부분이라 이수혁 과장님께 부탁을 했는데 과장님께서 실수를 하신 것 같습니다."

② "주의를 기울이지 못해 죄송합니다. 어느 부분을 수정보완하면 될까요?"

③ "지시하신 내용을 제가 충분히 이해하지 못하였습니다. 내용을 다시 한 번 여쭤보아도 되겠습니까?"

④ "부족한 내용을 보완하는 자료를 취합하기 위해서 하루정도가 더 소요될 것 같습니다. 언제까지 재작성하여 드리면 될까요?"

[출제의도]
상사가 잘못을 지적하는 상황에서 어떻게 대처해야 하는지를 묻는 문항이다.

[해설]
상사가 부탁한 지시사항을 다른 사람에게 부탁하는 것은 옳지 못하며 설사 그렇다고 해도 그 일의 과오에 대해 책임을 전가하는 것은 지양해야 할 자세이다.

답 ①

④ 원활한 의사표현을 위한 지침

   ㉠ 올바른 화법을 위해 독서를 하라.

   ㉡ 좋은 청중이 되라.

   ㉢ 칭찬을 아끼지 마라.

   ㉣ 공감하고, 긍정적으로 보이게 하라.

   ㉤ 겸손은 최고의 미덕임을 잊지 마라.

   ㉥ 과감하게 공개하라.

   ㉦ 뒷말을 숨기지 마라.

   ㉧ 첫마디 말을 준비하라.

   ㉨ 이성과 감성의 조화를 꾀하라.

   ㉩ 대화의 룰을 지켜라.

   ㉪ 문장을 완전하게 말하라.

⑤ 설득력 있는 의사표현을 위한 지침

   ㉠ 'Yes'를 유도하여 미리 설득 분위기를 조성하라.

   ㉡ 대비 효과로 분발심을 불러 일으켜라.

   ㉢ 침묵을 지키는 사람의 참여도를 높여라.

   ㉣ 여운을 남기는 말로 상대방의 감정을 누그러뜨려라.

   ㉤ 하던 말을 갑자기 멈춤으로써 상대방의 주의를 끌어라.

   ㉥ 호칭을 바꿔서 심리적 간격을 좁혀라.

   ㉦ 끄집어 말하여 자존심을 건드려라.

   ㉧ 정보전달 공식을 이용하여 설득하라.

   ㉨ 상대방의 불평이 가져올 결과를 강조하라.

   ㉩ 권위 있는 사람의 말이나 작품을 인용하라.

   ㉪ 약점을 보여 주어 심리적 거리를 좁혀라.

   ㉫ 이상과 현실의 구체적 차이를 확인시켜라.

   ㉬ 자신의 잘못도 솔직하게 인정하라.

   ㉭ 집단의 요구를 거절하려면 개개인의 의견을 물어라.

   ⓐ 동조 심리를 이용하여 설득하라.

   ⓑ 지금까지의 노고를 치하한 뒤 새로운 요구를 하라.

   ⓒ 담당자가 대변자 역할을 하도록 하여 윗사람을 설득하게 하라.

   ⓓ 겉치레 양보로 기선을 제압하라.

   ⓔ 변명의 여지를 만들어 주고 설득하라.

   ⓕ 혼자 말하는 척하면서 상대의 잘못을 지적하라.

(5) 기초외국어능력

① 기초외국어능력의 개념과 필요성
  ㉠ 개념 : 기초외국어능력은 외국어로 된 간단한 자료를 이해하거나, 외국인과의 전화응대
    와 간단한 대화 등 외국인의 의사표현을 이해하고, 자신의 의사를 기초외국어로 표현
    할 수 있는 능력이다.
  ㉡ 필요성 : 국제화·세계화 시대에 다른 나라와의 무역을 위해 우리의 언어가 아닌 국제적
    인 통용어를 사용하거나 그들의 언어로 의사소통을 해야 하는 경우가 생길 수 있다.

② 외국인과의 의사소통에서 피해야 할 행동
  ㉠ 상대를 볼 때 흘겨보거나, 노려보거나, 아예 보지 않는 행동
  ㉡ 팔이나 다리를 꼬는 행동
  ㉢ 표정이 없는 것
  ㉣ 다리를 흔들거나 펜을 돌리는 행동
  ㉤ 맞장구를 치지 않거나 고개를 끄덕이지 않는 행동
  ㉥ 생각 없이 메모하는 행동
  ㉦ 자료만 들여다보는 행동
  ㉧ 바르지 못한 자세로 앉는 행동
  ㉨ 한숨, 하품, 신음소리를 내는 행동
  ㉩ 다른 일을 하며 듣는 행동
  ㉪ 상대방에게 이름이나 호칭을 어떻게 부를지 묻지 않고 마음대로 부르는 행동

③ 기초외국어능력 향상을 위한 공부법
  ㉠ 외국어공부의 목적부터 정하라.
  ㉡ 매일 30분씩 눈과 손과 입에 밸 정도로 반복하라.
  ㉢ 실수를 두려워하지 말고 기회가 있을 때마다 외국어로 말하라.
  ㉣ 외국어 잡지나 원서와 친해져라.
  ㉤ 소홀해지지 않도록 라이벌을 정하고 공부하라.
  ㉥ 업무와 관련된 주요 용어의 외국어는 꼭 알아두자.
  ㉦ 출퇴근 시간에 외국어 방송을 보거나, 듣는 것만으로도 귀가 트인다.
  ㉧ 어린이가 단어를 배우듯 외국어 단어를 암기할 때 그림카드를 사용해 보라.
  ㉨ 가능하면 외국인 친구를 사귀고 대화를 자주 나눠 보라.

출제예상문제

1 다음은 'iTouch우리예금'에 관한 설명이다. 다음 중 옳은 것을 고르면?

> 1. 개요
>   가입금액 관계없이 공동구매로 고금리 혜택을 Touch!
>
> 2. 특징
>   ㉠ 공동구매를 통해 가입금액에 관계없이 높은 금리를 Touch! 할 수 있는 정기예금 상품
>   ㉡ 인터넷뱅킹 및 우리스마트뱅킹으로만 가입 가능
>
> 3. 예금자보호
>   이 예금은 예금자보호법에 따라 예금보험공사가 보호하되, 보호 한도는 본 은행에 있는 귀하의 모든 예금보호 대상 금융상품의 원금과 소정의 이자를 합하여 1인당 '최고 5천만 원"이며, 5천만 원을 초과하는 나머지 금액은 보호하지 않습니다.
>
> 4. 가입대상
>   제한 없음
>
> 5. 가입금액
>   제한 없음(단, 회차별 1인 1계좌 가입)
>
> 6. 가입기간
>   ㉠ 제 155차의 모집기간은 다음과 같습니다.
>   • 20180716~20180731 23시까지
>   • 모집마감일에는 23시까지 가입 가능합니다.
>   • 모집기간 중 판매한도 소진 시에는 가입이 어려울 수 있습니다.
>   ㉡ 제 155차의 계약기간(가입기간)은 다음과 같습니다.
>   • 3개월 : 20180801~20181101
>   • 6개월 : 20180801~20190201
>   • 1년 : 20180801~20190801

① 우리스마트뱅킹으로만 가입 가능하다.

② 모집마감일에는 23시까지 가입 가능하다.

③ 회차별 1인 2계좌까지 가입 가능하다.

④ 제 155차의 계약기간은 1년의 경우 2019년 2월 1일까지이다.

 ① 인터넷뱅킹으로도 가입 가능하다.

③ 회차별 1인 1계좌까지 가입 가능하다.

④ 제 155차의 계약기간은 1년의 경우 2019년 8월 1일까지이다.

2 다음은 우리은행의 국내외화이체에 대한 설명이다. 밑줄 친 단어의 한자로 적절하지 않은 것은?

〈서비스별 주요 내용 안내〉

구분	즉시 원화 이체	예약(맞춤) 원화 이체
개요	우리은행 외화계좌에서 출금하여 본인 원화 계좌로 즉시 <u>이체</u>하는 서비스	• 환율예약 유효기일 내 고객이 지정한 환율에 <u>도달</u>한 경우 등록한 금액이 자동으로 이체되는 서비스 • 기간 내 지정환율에 도달하지 못한 경우에도 선택 조건에 따라 이체 실행 가능
최대 예약 기간	해당 사항 없음	지정일 포함 2개월 이내
이체 시점	신청 완료 시점	지정 환율 도달 시점
환율 우대	• USD, JPY, EUR : 50% • 기타통화 : 30% • 적용환율 : <u>송금</u> 받으실 때	• USD, JPY, EUR : 30% • 기타통화 : 20% • 적용환율 : 송금 받으실 때
	※ 주의 : AED(아랍에미레이트), PLN(폴란드), SAR(사우디), ZAR(남아공), RUB(러시아), MXN(멕시코), IDR(인도네시아), TRY(터키) 8개 통화는 환율 <u>우대</u> 대상 통화에서 제외	
출금가능 계좌	외화보통예금 (외화 당좌/정기 예금 출금 불가)	

① 이체 : 移替　　　　　　② 도달 : 到達

③ 송금 : 送金　　　　　　④ 우대 : 雨帶

 • 우대(優待) : 특별히 잘 대우함

• 우대(雨帶) : 비가 많이 오는 지대

Answer ↪ 1.② 2.④

❚3∼4❚ 다음은 PTB(은행고객용 전자무역 서비스)에 관한 설명이다. 물음에 답하시오.

1. 개요

   PTB(Paperless Trade service for Bank client) 서비스란, 우리은행 고객이 별도의 전자무역 S/W를 구매하거나, 사용자 시스템을 자체 구축할 필요 없이 우리은행 인터넷뱅킹 홈페이지에 접속하여 언제, 어디서나 편리하게 이용할 수 있도록 (주)한국무역정보통신(KTNET)이 은행과 별도 협약에 의하여 제공하는 ONE-STOP 전자무역서비스입니다.

2. PTB서비스 장점

   ㉠ 별도 EDI S/W 개발 또는 구매 불필요
   - 기업이 별도 전자무역 관련 S/W의 개발 또는 구매 필요 없이 우리은행 인터넷뱅킹 ㉢ 홈페이지를 통해 서비스를 연계 접속하여 업무처리 가능
   ㉡ 수수료 감면 혜택
   - 수입개설 전신료 50% 감면 혜택 제공
   ㉢ 업무 처리 및 데이터 관리 편리 제공
   - 업무 관련 문서 간 데이터 연계와 기작성 문서 활용 가능
   - 거래선 및 주요항목 관리기능 지원
   - 기타 무역 관련 서류 작성지원
   ㉣ 서비스 지원 및 데이터 연계가 용이함
   - 전자무역기반사업자인 KTNET이 서비스를 운영함으로써 365일 24시간 안정적인 서비스 및 고객지원이 가능
   - 전자무역기반시설 데이터 연계를 통한 추가적인 서비스 제공 가능

3. PTB서비스 이용 가능 업무

   내국신용장, 구매확인서, 수출신용장, 원산지증명, 수입신용장, 수입화물선취보증, 대금결제, 입출금통지계산서

4. 서비스 제공 방식

   ㉠ 우리은행 인터넷뱅킹 홈페이지와 연계한 전자무역서비스 제공
   ㉡ 이용방법 : 우리은행 인터넷뱅킹 기업뱅킹 로그인 → 외환 → 수출입전자무역 → PTB(은행고객용전자무역서비스) 안내메뉴에서 "PTB서비스이용하기" 클릭하여 PTB서비스 사이트 자동연계로그인 접속
   ※ 최초 1회는 별도 PTB서비스 가입 필요, 이후 별도 로그인 절차 없이 PTB서비스 사이트 접속 가능

3 다음 중 PTB 서비스의 장점이 아닌 것은?

① 전자무역기반시설 데이터 연계를 통한 추가적인 서비스를 제공한다.

② 업무 관련 문서 간 데이터 연계와 기작성 문서 활용이 가능하다.

③ 수입개설 전신료 40% 감면 혜택을 제공한다.

④ 거래선 및 주요항목 관리기능을 지원한다.

 ③ 수입개설 전신료 50% 감면 혜택 제공

4 다음 중 PTB서비스 이용 가능 업무가 아닌 것은?

① 매매확인서   ② 내국신용장

③ 원산지증명   ④ 수입신용장

 PTB서비스 이용 가능 업무
내국신용장, 구매확인서, 수출신용장, 원산지증명, 수입신용장, 수입화물선취보증, 대금결제, 입출금통지계산서

Answer⌐ 3.③ 4.①

▌5~6▐ 다음은 '(무)교보First변액적립보험'에 관한 설명이다. 물음에 답하시오.

---

1. **개요**
   저금리시대 펀드에 투자하여 안정적인 수익률 추구

2. **상품 특징**
   ㉠ 낮은 비용으로 수익률 극대화 추구
   • 해지 공제 비용이 없어 초기에 해지하더라도 환급률이 높은 상품(기존 자사 변액보험 대비)
   ㉡ 고객의 자산을 지키기 위한 운용사 경쟁형 펀드 운영
   • 1개 펀드에 복수 운용사를 운영하여 수익률이 높은 운용사에 자산을 추가 배분함으로써 수익률 경쟁을 도모함
   ㉢ 고객 투자 성향에 따른 다양한 투자 및 옵션 선택 가능
   • K-커버드형, 글로벌멀티에셋형, 글로벌배당주식형, 이머징주식형, K-Selection주식형, 가치주식형, 성장주식형, 일반주식형, 인덱스주식형, 글로벌주식형, 글로빌채권형, 채권형, 단기채권형, 글로벌금리연동채권형 등 다양한 펀드 선택이 가능
   ㉣ 펀드 운용보수 환급을 통한 수익률 확대
   • 4년 이상 유지할 경우 펀드 운용보수의 10%~25%를 계약자적립금에 가산
   ㉤ 상황에 따라 유연한 자금 운용
   ㉥ 연금전환을 활용한 노후준비 가능

3. **보험사**
   교보생명

4. **가입 나이**
   만 15세~75세

5. **납입 방법**
   월납

6. **납입 기간**
   2년, 3년, 5년, 7년, 10년, 12년, 15년, 20년납

7. **보험 기간**
   종신

8. **가입 한도**
   20만 원 이상 (단, 2년납, 3년납은 50만 원 이상, 5년납은 30만 원 이상)

9. 세제 혜택

　관련 세법에서 정하는 요건에 부합하는 경우 보험차익 비과세 혜택

10. 예금자 보호

　이 보험계약은 예금자보호법에 따라 예금보험공사가 보호하지 않습니다. 다만, 약관에서 정한 최저사망보험금에 한하여 예금자보호법에 따라 예금보험공사가 보호하되, 보호 한도는 본 보험회사에 있는 귀하의 모든 예금보호 대상 금융상품의 해지환급금(또는 만기시 보험금이나 사고보험금)에 기타 지급금을 합하여 1인당 최고 "5천만 원"이며, 5천만 원을 초과하는 나머지 금액은 보호하지 않습니다.(다만, 보험계약자 및 보험료 납부자가 법인이면 보호되지 않습니다.)

11. 유의사항

㉠ 이 상품은 보험 상품으로 은행의 예·적금 상품과 다릅니다.

㉡ 이 상품의 자세한 내용은 상품설명서와 약관을 읽어보시기 바랍니다.

㉢ 운용실적에 따라 납입원금의 손실이 발생할 수 있으며, 그 손실은 가입자에게 귀속됩니다.

㉣ 중도해지 할 경우 해지환급금은 최저보증이 되지 않습니다.

㉤ 기존 계약을 해지하고 신계약을 체결할 때에는 보험인수가 거절되거나 보험료가 인상될 수 있으며, 보장내용이 달라질 수 있습니다.

5　다음 중 상품의 특징이 아닌 것은?

① 연금전환을 활용한 노후준비 가능하다.

② 해지 공제 비용으로 인해 초기에 해지하더라도 환급률이 낮다.

③ 4년 이상 유지할 경우 펀드 운용보수의 10~25%를 계약자적립금에 가산한다.

④ 1개 펀드에 복수 운용사를 운영하여 수익률이 높은 운용사에 자산을 추가 배분한다.

　Ⓣⓘⓟ　해지 공제 비용이 없어 초기에 해지하더라도 환급률이 높은 상품이다.

6　다음 중 가입 가능한 납입 기간은?

① 1년　　　　　　　　　　② 4년

③ 6년　　　　　　　　　　④ 10년

　Ⓣⓘⓟ　납입 기간은 2년, 3년, 5년, 7년, 10년, 12년, 15년, 20년납이 가능하다.

Answer⤷ 5.② 6.④

7 다음은 산업현장 안전규칙이다. 선임 J씨가 신입으로 들어온 K씨에게 전달할 사항으로 옳지 않은 것은?

산업현장 안전규칙

- 작업 전 안전점검, 작업 중 정리정돈은 사용하게 될 기계 · 기구 등에 대한 이상 유무 등 유해 · 위험요인을 사전에 확인하여 예방대책을 강구하는 것으로 현장 안전관리의 출발점이다.
- 작업장 안전통로 확보는 작업장 내 통행 시 위험기계 · 기구들로 부터 근로자를 보호하며 원활한 작업진행에도 기여 한다.
- 개인보호구(헬멧 등) 지급착용은 근로자의 생명이나 신체를 보호하고 재해의 정도를 경감시키는 등 재해예방을 위한 최후 수단이다.
- 전기활선 작업 중 절연용 방호기구 사용으로 불가피한 활선작업에서 오는 단락 · 지락에 의한 아크화상 및 충전부 접촉에 의한 전격재해와 감전사고가 감소한다.
- 기계 · 설비 정비 시 잠금장치 및 표지판 부착으로 정비 작업 중에 다른 작업자가 정비 중인 기계 · 설비를 기동함으로써 발생하는 재해를 예방한다.
- 유해 · 위험 화학물질 경고표지 부착으로 위험성을 사전에 인식시킴으로써 사용 취급시의 재해를 예방한다.
- 프레스, 전단기, 압력용기, 둥근톱에 방호장치 설치는 신체부위가 기계 · 기구의 위험부분에 들어가는 것을 방지하고 오작동에 의한 위험을 사전 차단 해준다.
- 고소작업 시 안전 난간, 개구부 덮개 설치로 추락재해를 예방 할 수 있다.
- 추락방지용 안전방망 설치는 추락 · 낙하에 의한 재해를 감소 할 수 있다(성능검정에 합격한 안전방망 사용).
- 용접 시 인화성 · 폭발성 물질을 격리하여 용접작업 시 발생하는 불꽃, 용접불똥 등에 의한 대형화재 또는 폭발위험성을 사전에 예방한다.

---

① 작업장 안전통로에 통로의 진입을 막는 물건이 있으면 안 됩니다.

② 전기활선 작업 중에는 단락 · 지락이 절대 생겨서는 안 됩니다.

③ 어떤 상황에서도 작업장에서는 개인보호구를 착용하십시오.

④ 프레스, 전단기 등의 기계는 꼭 방호장치가 설치되어 있는지 확인하고 사용하십시오.

> (Tip) ② 전기활선 작업 중에 단락 · 지락은 불가피하게 발생할 수 있다. 따라서 절연용 방호기구를 사용하여야 한다.

8 다음 글에서 언급된 밑줄 친 '합리적 기대이론'에 대한 설명으로 적절하지 않은 것은 무엇인가?

> 과거에 중앙은행들은 자신이 가진 정보와 향후의 정책방향을 외부에 알리지 않는 이른바 비밀주의를 오랜 기간 지켜왔다. 통화정책 커뮤니케이션이 활발하지 않았던 이유는 여러 가지가 있었지만 무엇보다도 통화정책 결정의 영향이 파급되는 경로가 비교적 단순하고 분명하여 커뮤니케이션의 필요성이 크지 않았기 때문이었다. 게다가 중앙은행에게는 권한의 행사와 그로 인해 나타난 결과에 대해 국민에게 설명할 어떠한 의무도 부과되지 않았다.
>
> 중앙은행의 소극적인 의사소통을 옹호하는 주장 가운데는 비밀주의가 오히려 금융시장의 발전을 가져올 수 있다는 견해가 있었다. 중앙은행이 모호한 표현을 이용하여 자신의 정책의도를 이해하기 어렵게 설명하면 금리의 변화 방향에 대한 불확실성이 커지고 그 결과 미래 금리에 대한 시장의 기대가 다양하게 형성된다. 이처럼 미래의 적정금리에 대한 기대의 폭이 넓어지면 금융거래가 더욱 역동적으로 이루어짐으로써 시장의 규모가 커지는 등 금융시장이 발전하게 된다는 것이다. 또한 통화정책의 효과를 극대화하기 위해 커뮤니케이션을 자제해야 한다는 생각이 통화정책 비밀주의를 오래도록 유지하게 한 요인이었다. 합리적 기대이론에 따르면 사전에 예견된 통화정책은 경제주체의 기대 변화를 통해 가격조정이 정책의 변화 이전에 이루어지기 때문에 실질생산량, 고용 등의 변수에 변화를 가져올 수 없다. 따라서 단기간 동안이라도 실질변수에 변화를 가져오기 위해서는 통화정책이 예상치 못한 상황에서 수행되어야 한다는 것이다.
>
> 이 외에 통화정책결정에 있어 중앙은행의 독립성이 확립되지 않은 경우 비밀주의를 유지하는 것이 외부의 압력으로부터 중앙은행을 지키는 데 유리하다는 견해가 있다. 중앙은행의 통화정책이 공개되면 이해관계가 서로 다른 집단이나 정부 등이 정책결정에 간섭할 가능성이 커지고 이들의 간섭이 중앙은행의 독립적인 정책수행을 어렵게 할 수 있다는 것이다.

① 사람들은 현상을 충분히 합리적으로 판단할 수 있으므로 어떠한 정책 변화도 미리 합리적으로 예상하여 행동한다.

② 경제주체들이 자신의 기대형성 방식이 잘못되었다는 것을 알면서도 그런 방식으로 계속 기대를 형성한다고 가정하는 것이다.

③ 예상하지 못한 정책 충격만이 단기적으로 실질변수에 영향을 미친다.

④ 1년 후의 물가가 10% 오를 것으로 예상될 때 10% 이하의 금리로 돈을 빌려 주면 손실을 보게 되기 때문에, 대출금리를 10% 이상으로 인상시켜 놓게 된다.

Answer ▸ 7.② 8.②

제시 글을 통해 알 수 있는 합리적 기대이론의 의미는, 가계나 기업 등 경제주체들은 활용 가능한 모든 정보를 활용해 경제상황의 변화를 합리적으로 예측한다는 것으로, 이에 따르면 공개된 금융, 재정 정책은 합리적 기대이론에 의한 경제주체들의 선제적 반응으로 무력화되고 만다. 보기 ②에서 언급된 내용은 이와 정반대로 움직이는 경제주체의 모습을 설명한 것으로, 경제주체들이 드러난 정보를 무시하고 과거의 실적치만으로 기대를 형성하는 기대오류를 범한다고 보는 견해이다.

9 다음은 출산율 저하와 인구정책에 관한 글을 쓰기 위해 정리한 글감과 생각이다. 〈보기〉와 같은 방식으로 내용을 전개하려고 할 때 바르게 연결된 것은?

> ㉠ 가임 여성 1인당 출산율이 1.3명으로 떨어졌다.
> ㉡ 여성의 사회 활동 참여율이 크게 증가하고 있다.
> ㉢ 현재 시행되고 있는 출산장려 정책은 큰 효과가 없다.
> ㉣ 새롭고 실제 가정에 도움이 되는 출산장려 정책이 추진되어야 한다.
> ㉤ 가치관의 변화로 자녀의 필요성을 느끼지 않는다.
> ㉥ 인구 감소로 인해 노동력 부족 현상이 심화된다.
> ㉦ 노동 인구의 수가 국가 산업 경쟁력을 좌우한다.
> ㉧ 인구 문제에 대한 정부 차원의 대책을 수립한다.

> 〈보기〉
> 문제 상황→상황의 원인→주장→주장의 근거→종합 의견

	문제 상황	상황의 원인	예상 문제점	주장	주장의 근거	종합 의견
①	㉠, ㉡	㉤	㉢	㉣	㉥, ㉦	㉧
②	㉠	㉡, ㉤	㉥, ㉦	㉣	㉢	㉧
③	㉡, ㉤	㉥	㉠	㉢, ㉣	㉧	㉦
④	㉢	㉠, ㉡, ㉤	㉦	㉧	㉥	㉣

- 문제 상황 : 출산율 저하(㉠)
- 출산율 저하의 원인 : 여성의 사회 활동 참여율(㉡), 가치관의 변화(㉤)
- 출산율 저하의 문제점 : 노동 인구의 수가 국가 산업 경쟁력을 좌우(㉦)하는데 인구 감소로 인해 노동력 부족 현상이 심화된다(㉥).
- 주장 : 새롭고 실제 가정에 도움이 되는 출산장려 정책이 추진되어야 한다(㉣).
- 주장의 근거 : 현재 시행되고 있는 출산장려 정책은 큰 효과가 없다(㉢).
- 종합 의견 : 인구 문제에 대한 정부 차원의 대책을 수립한다(㉧).

10 다음은 SNS 회사에 함께 인턴으로 채용된 두 친구의 대화이다. 두 사람이 제출했을 토론 주제로 적합한 것은?

> 여 : 대리님께서 말씀하신 토론 주제는 정했어? 난 인터넷에서 '저무는 육필의 시대'라는 기사를 찾았는데 토론 주제로 괜찮을 것 같아서 그걸 정리해 가려고 하는데.
>
> 남 : 난 아직 마땅한 게 없어서 찾는 중이야. 그런데 육필이 뭐야?
>
> 여 : SNS 회사에 입사했다는 애가 그것도 모르는 거야? 컴퓨터로 글을 쓰는 게 디지털 글쓰기라면 손으로 글을 쓰는 걸 육필이라고 하잖아.
>
> 남 : 아! 그런 거야? 그럼 우리는 디지털 글쓰기 세대겠네?
>
> 여 : 그런 셈이지. 요즘 다들 컴퓨터로 글을 쓰니까. 그나저나 너는 디지털 글쓰기의 장점이 뭐라고 생각해?
>
> 남 : 음, 우선 떠오르는 대로 빨리 쓸 수 있다는 점 아닐까? 또 쉽게 고칠 수도 있고. 그래서 누구나 쉽게 글을 쓸 수 있다는 점이 디지털 글쓰기의 최대 장점이라고 생각하는데.
>
> 여 : 맞아. 기존의 글쓰기가 소수의 전유물이었다면, 디지털 글쓰기 덕분에 누구나 쉽게 글을 쓰고 의사소통을 할 수 있게 되었다는 게 내가 본 기사의 핵심이었어. 한마디로 글쓰기의 민주화가 이루어진 거지.
>
> 남 : 글쓰기의 민주화……. 멋있어 보이기는 하는데, 디지털 글쓰기가 꼭 장점만 있는 것 같지는 않아. 누구나 쉽게 글을 쓸 수 있게 됐다는 건, 그만큼 글이 가벼워졌다는 거 아냐? 우리 주변에서도 그런 글들은 엄청나잖아.
>
> 여 : 하긴, 디지털 글쓰기 때문에 과거보다 진지하게 글을 쓰는 사람이 적어진 건 사실이야. 남의 글을 베끼거나 근거 없는 내용을 담은 글들도 많아지고.
>
> 남 : 우리 이 주제로 토론을 해 보는 게 어때?

① 세대 간 정보화 격차　　　② 디지털 글쓰기와 정보화
③ 디지털 글쓰기의 장단점　　④ 디지털 글쓰기와 의사소통의 관계

 ③ 대화 속의 남과 여는 디지털 글쓰기의 장점과 단점에 대해 이야기하고 있다. 따라서 두 사람이 제출했을 토론 주제로는 '디지털 글쓰기의 장단점'이 적합하다.

Answer ⟶ 9.② 10.③

11 다음 글의 밑줄 친 부분을 고쳐 쓰기 위한 방안으로 옳지 않은 것은?

> 그동안 발행이 ㉠중단되어졌던 회사 내 월간지 '○○소식'에 대해 말씀드리려 합니다. '○○소식'은 소수의 편집부원이 발행하다 보니, 발행하기도 어렵고 다양한 이야기를 담지도 못했습니다. ㉡그래서 저는 종이 신문을 웹 신문으로 전환하는 것이 좋다고 생각합니다. ㉢저는 최선을 다해서 월간지를 만들었습니다. 그러면 구성원 모두가 협업으로 월간지를 만들 수 있고, 그때그때 새로운 정보를 ㉣독점하게 될 것입니다. 이렇게 만들어진 '○○소식'을 통해 우리는 앞으로 '언제나, 누구나' 올린 의견을 실시간으로 만나게 될 것입니다.

① ㉠은 어법에 맞지 않으므로 '중단되었던'으로 고쳐야 한다.
② ㉡은 연결이 자연스럽지 않으므로 '그러나'로 고쳐야 한다.
③ ㉢은 주제에 어긋난 내용이므로 삭제해야 한다.
④ ㉣은 문맥에 맞지 않는 단어이므로 '공유'로 고쳐야 한다.

Tip　② '그래서'가 더 자연스럽기 때문에 고치지 않는 것이 낫다.

12 다음 대화를 읽고 빈칸에 들어갈 말로 옳은 것은?

> A : "방금 뉴스에서 뭐라고 나온 거야?"
> B : "＿＿＿＿＿＿＿＿＿㉠＿＿＿＿＿＿＿＿＿"
> A : "그게 정말이야?"
> B : "그래, 지금 그거 때문에 사람들이 난리도 아니야."
> A : "저런~ 하필 주말에 이런 일이 생기다니… 정말 안타깝구나."
> B : "맞아. 참 안타까운 일이지… 조금만 주의를 했으면 일어나지도 않았을 텐데…."

① 오늘 아침 고속도로에서 15중 추돌사고가 일어나 일가족 4명이 목숨을 잃었어?
② 오늘 아침 고속도로에서 15중 추돌사고가 일어나 일가족 4명이 목숨을 잃었구나.
③ 오늘 아침 고속도로에서 15중 추돌사고가 일어나 일가족 4명이 목숨을 잃었대.
④ 오늘 아침 고속도로에서 15중 추돌사고가 일어나 일가족 4명이 목숨을 잃었다니…

Tip　③ 뉴스에서 보도한 정보(고속도로 교통사고 소식)를 전달하고 있기 때문에 직접 경험한 사실이 아닌 다른 사람이 말한 내용을 간접적으로 전달할 때 사용하는 어말어미 '-대'를 사용하는 것이 옳다.

13 IT분야에 근무하고 있는 K는 상사로부터 보고서를 검토해달라는 요청을 받고 보고서를 검토 중이다. 보고서의 교정 방향으로 적절하지 않은 것은?

> 국가경제 성장의 핵심 역할을 하는 IT산업은 정보통신서비스, 정보통신기기, 소프트웨어 부문으로 구분된다. 2010년 IT산업의 생산규모는 전년대비 15% 이상 증가한 385.4조 원을 기록하였다. 한편, 소프트웨어 산업은 경기위축에 선행하고 경기회복에 후행하는 산업적 특성 때문에 전년대비 2% 이하의 성장에 머물렀다.
>
> 2010년 정보통신서비스 생산규모는 IPTV 등 신규 정보통신서비스 확대로 전년대비 4.6% 증가한 63.4조 원을 기록하였다. 2010년 융합서비스는 전년대비 생산규모 ㉠증가률이 정보통신서비스 중 가장 높았고, 정보통신서비스에서 차지하는 생산규모 비중도 가장 컸다. ㉡또한 R&D 투자액이 매년 증가하여 GDP 대비 R&D 투자액 비중이 증가하였다.
>
> IT산업 전체의 생산을 견인하고 있는 정보통신기기 생산규모는 통신기기를 제외한 다른 품목의 생산 호조에 따라 2010년 전년대비 25.6% 증가하였다. ㉢한편, 2006~ 2010년 동안 정보통신기기 생산규모에서 통신기기, 정보기기, 음향기기, 전자부품, 응용기기가 차지하는 비중의 순위는 매년 변화가 없었다. 2010년 전자부품 생산규모는 174.4조 원으로 정보통신기기 전체 생산규모의 59.0%를 차지한다. 전자부품 중 반도체와 디스플레이 패널의 생산규모는 전년대비 각각 48.6%, 47.4% 증가하여 전자부품 생산을 ㉣유도하였다. 2005년~2010년 동안 정보통신기기 부문에서 전자부품과 응용기기 각각의 생산규모는 매년 증가하였다.

① ㉠은 맞춤법에 맞지 않는 표현으로 '증가율'로 수정해야 합니다.
② ㉡은 문맥에 맞지 않는 문장으로 삭제하는 것이 좋습니다.
③ ㉢은 앞 뒤 문장이 인과구조이므로 '따라서'로 수정해야 합니다.
④ ㉣ '유도'라는 어휘 대신 문맥상 적합한 '주도'라는 단어로 대체해야 합니다.

(Tip) ③ 인과구조가 아니며, '한편'으로 쓰는 것이 더 적절하다.

14 다음에 제시된 글의 목적에 대해 바르게 나타낸 것은?

제목 : 사내 신문의 발행

1. 우리 회사 직원들의 원만한 커뮤니케이션과 대외 이미지를 제고하기 위하여 사내 신문을 발간하고자 합니다.

2. 사내 신문은 홍보지와 달리 새로운 정보와 소식지로서의 역할이 기대되오니 아래의 사항을 검토하시고 재가해주시기 바랍니다.

-아 래-

㉠ 제호 : We 서원인
㉡ 판형 : 140 × 210mm
㉢ 페이지 : 20쪽
㉣ 출간 예정일 : 2016. 1. 1

별첨 견적서 1부

① 회사에서 정부를 상대로 사업을 진행하려고 작성한 문서이다.
② 회사의 업무에 대한 협조를 구하기 위하여 작성한 문서이다.
③ 회사의 업무에 대한 현황이나 진행상황 등을 보고하고자 하는 문서이다.
④ 회사 상품의 특성을 소비자에게 설명하기 위하여 작성한 문서이다.

 위 문서는 기안서로 회사의 업무에 대한 협조를 구하거나 의견을 전달할 때 작성하며, 흔히 사내 공문서라고도 한다.

15 다음 부고장의 용어를 한자로 바르게 표시하지 못한 것은?

부 고

상공주식회사의 최시환 사장님의 부친이신 최○○께서 그동안 병환으로 요양 중이시던 중 2016년 1월 5일 오전 7시에 별세하였기에 이를 고합니다. 생전의 후의에 깊이 감사드리며, 다음과 같이 <u>영결식</u>을 거행하게 되었음을 알려드립니다. 대단히 송구하오나 <u>조화</u>와 <u>부의</u>는 간곡히 사양하오니 협조 있으시기 바랍니다.

다 음

1. <u>발인</u>일시 : 2016년 1월 7일 오전 8시
2. 장   소 : 고려대학교 부속 구로병원 영안실 3호
3. 장   지 : 경기도 이천시 ○○군 ○○면
4. 연 락 처 : 빈소 (02) 2675-0000

회사 (02) 6542-0000

첨부 : 영결식 장소(고대구로병원) 약도 1부.
  미망인   조 ○ ○
  장 남   최 ○ ○
  차 남   최 ○ ○
  장례위원장 홍 두 깨

※ 조화 및 부의 사절

---

① 영결식-永訣式

② 조화-弔花

③ 부의-訃告

④ 발인-發靷

 ③ 부의-賻儀

16 다음은 어느 회사의 공로패에 관한 내용이다. 한자로 바꾸어 쓴 것으로 옳지 <u>않은</u> 것은?

공 로 패

김 갑 을

귀하는 지난 10년간 □□회사의 사장으로 <u>재임</u>하면서, 헌신적인 <u>봉사</u>정신과 성실한 노력으로 사원간의 친목을 도모하고, □□회사의 발전에 기여한 <u>공로</u>가 지대하므로 금번 퇴임을 기념하여 그 뜻을 <u>영원</u>히 기리기 위하여 이 패를 드립니다.

2015. 11. ○ ○

(주) □ □

---

① 재임 – 在任　　　　　　② 봉사 – 奉祀

③ 공로 – 功勞　　　　　　④ 영원 – 永遠

 봉사(奉仕) : 국가나 사회 또는 남을 위하여 자신을 돌보지 아니하고 힘을 바쳐 애씀
봉사(奉祀) : 조상의 제사를 받들어 모심

17 다음 글에서 형식이가 의사소통능력을 향상시키기 위해 노력한 것으로 옳지 <u>않은</u> 것은?

　　○○기업에 다니는 형식이는 평소 자기주장이 강하고 남의 말을 잘 듣지 않는다. 오늘도 그는 같은 팀 동료들과 새로운 프로젝트를 위한 회의에서 자신의 의견만을 고집하다가 결국 일부 팀 동료들이 자리를 박차고 나가 마무리를 짓지 못했다. 이로 인해 형식은 팀 내에서 은근히 따돌림을 당했고 자신의 행동에 잘못이 있음을 깨달았다. 그 후 그는 서점에서 다양한 의사소통과 관련된 책을 읽으면서 조금씩 자신의 단점을 고쳐나가기로 했다. 먼저 그는 자신이 너무 자기주장만을 내세운다고 생각하고 이를 절제하기 위해 꼭 하고 싶은 말만 간단명료하게 하기로 마음먹었다. 그리고 말을 할 때에도 상대방의 입장에서 먼저 생각하고 상대방을 배려하는 마음을 가지려고 노력하였다. 또한 남의 말을 잘 듣기 위해 중요한 내용은 메모하는 습관을 들이고 상대방이 말할 때 적절하게 반응을 보였다. 이렇게 6개월을 꾸준히 노력하자 등을 돌렸던 팀 동료들도 그의 노력에 감탄하며 다시 마음을 열기 시작했고 이후 그의 팀은 중요한 프로젝트를 성공적으로 해내 팀원 전원이 한 직급씩 승진을 하게 되었다.

---

① 메모하기　　　　　　② 배려하기

③ 시선공유　　　　　　④ 반응하기

 시선공유도 바람직한 의사소통을 위한 중요한 요소이지만 위 글에 나오는 형식이의 노력에서는 찾아볼 수 없다.

18 다음 면접 상황을 읽고 동수가 잘못한 원인을 바르게 찾은 것은?

카페창업에 실패한 29살의 영식과 동수는 생존을 위해 한 기업에 함께 면접시험을 보러 가게 되었다. 영식이 먼저 면접시험을 치르게 되었다.

면접관 : 자네는 좋아하는 스포츠가 있는가?

영식 : 예, 있습니다. 저는 축구를 아주 좋아합니다.

면접관 : 그럼 좋아하는 축구선수가 누구입니까?

영식 : 예전에는 홍명보선수를 좋아했으나 최근에는 손흥민선수를 좋아합니다.

면접관 : 그럼 좋아하는 위인은 누구인가?

영식 : 제가 좋아하는 위인으로는 우리나라를 왜군의 세력으로부터 지켜주신 이순신 장군입니다.

면접관 : 자네는 메르스가 위험한 질병이라고 생각하는가?

영식 : 저는 메르스가 그렇게 위험한 질병이라고 생각하지는 않습니다. 제 개인적인 생각으로는 건강상 문제가 없으면 감기처럼 지나가는 질환이고, 면역력이 약하다면 합병증을 유발하여 그 합병증 때문에 위험하다고 생각합니다.

무사히 면접시험을 마친 영식은 매우 불안해하는 동수에게 자신이 답한 내용을 모두 알려주었다. 동수는 그 답변을 달달 외우기 시작하였다. 이제 동수의 면접시험 차례가 돌아왔다.

면접관 : 자네는 좋아하는 음식이 무엇인가?

동수 : 네, 저는 축구를 좋아합니다.

면접관 : 그럼 자네는 이름이 무엇인가?

동수 : 예전에는 홍명보였으나 지금은 손흥민입니다.

면접관 : 허. 자네 아버지 성함은 무엇인가?

동수 : 예, 이순신입니다.

면접관 : 자네는 지금 자네의 상태가 어떻다고 생각하는가?

동수 : 예, 저는 건강상 문제가 없다면 괜찮은 것이고, 면역력이 약해졌다면 합병증을 유발하여 그 합병증 때문에 위험할 것 같습니다.

---

① 묻는 질문에 대해 명확하게 답변을 하였다.

② 면접관의 의도를 빠르게 파악하였다.

③ 면접관의 질문을 제대로 경청하지 못했다.

④ 면접관의 신분을 파악하지 못했다.

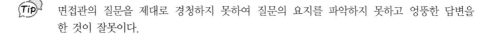

(Tip) 면접관의 질문을 제대로 경청하지 못하여 질문의 요지를 파악하지 못하고 엉뚱한 답변을 한 것이 잘못이다.

Answer↱ 16.② 17.③ 18.③

사용 전 주의사항 : 환기
- 가스를 사용하기 전에는 연소기 주변을 비롯한 실내에서 특히 냄새를 맡아 가스가 새지 않았는가를 확인하고 창문을 열어 환기시키는 안전수칙을 생활화 합니다.
- 연소기 부근에는 가연성 물질을 두지 말아야 합니다.
- 콕, 호스 등 연결부에서 가스가 누출되는 경우가 많기 때문에 호스 밴드로 확실하게 조이고, 호스가 낡거나 손상되었을 때에는 즉시 새것으로 교체합니다.
- 연소 기구는 자주 청소하여 불꽃구멍 등에 음식찌꺼기 등이 끼어있지 않도록 유의합니다.

사용 중 주의사항 : 불꽃확인
- 사용 중 가스의 불꽃 색깔이 황색이나 적색인 경우는 불완전 연소되는 것으로, 연소 효율이 좋지 않을 뿐 아니라 일산화탄소가 발생되므로 공기조절장치를 움직여서 파란불꽃 상태가 되도록 조절해야 합니다.
- 바람이 불거나 국물이 넘쳐 불이 꺼지면 가스가 그대로 누출되므로 사용 중에는 불이 꺼지지 않았는지 자주 살펴봅니다. 구조는 버너, 삼발이, 국물받이로 간단히 분해할 수 있게 되어 있으며, 주로 가정용으로 사용되고 있다.
- 불이 꺼질 경우 소화 안전장치가 없는 연소기는 가스가 계속 누출되고 있으므로 가스를 잠근 다음 샌 가스가 완전히 실외로 배출된 것을 확인한 후에 재점화해야 합니다. 폭발범위 안의 농도로 공기와 혼합된 가스는 아주 작은 불꽃에 의해서도 인화 폭발되므로 배출시킬 때에는 환풍기나 선풍기 같은 전기제품을 절대로 사용하지 말고 방석이나 빗자루를 이용함으로써 전기스파크에 의한 폭발을 막아야 합니다.
- 사용 중에 가스가 떨어져 불이 꺼졌을 경우에도 반드시 연소기의 콕과 중간밸브를 잠그도록 해야 합니다.

사용 후 주의사항 : 밸브잠금
- 가스를 사용하고 난 후에는 연소기에 부착된 콕은 물론 중간밸브도 확실하게 잠그는 습관을 갖도록 해야 합니다.
- 장기간 외출시에는 중간밸브와 함께 용기밸브(LPG)도 잠그고, 도시가스를 사용하는 곳에서는 가스계량기 옆에 설치되어 있는 메인밸브까지 잠가 두어야 밀폐된 빈집에서 가스가 새어나와 냉장고 작동시 생기는 전기불꽃에 의해 폭발하는 등의 불의의 사고를 예방할 수 있습니다.
- 가스를 다 사용하고 난 빈 용기라도 용기 안에 약간의 가스가 남아 있는 경우가 많으므로 빈 용기라고 해서 용기밸브를 열어놓은 채 방치하면 남아있는 가스가 새어나올 수 있으므로 용기밸브를 반드시 잠근 후에 화기가 없는 곳에 보관하여야 합니다.

19 가스안전사용요령을 읽은 甲의 행동으로 옳지 않은 것은?

① 甲은 호스가 낡아서 즉시 새것으로 교체를 하였다.

② 甲은 가스의 불꽃이 적색인 것을 보고 정상적인 것으로 생각해 그냥 내버려 두었다.

③ 甲은 장기간 집을 비우게 되어 중간밸브와 함께 용기밸브(LPG)도 잠그고 메인밸브까지 잠가두고 집을 나갔다.

④ 甲은 연소 기구를 자주 청소하여 음식물 등이 끼지 않도록 하였다.

> **Tip** ② 사용 중 가스의 불꽃 색깔이 황색이나 적색인 경우는 불완전 연소되는 것으로, 연소 효율이 좋지 않을 뿐 아니라 일산화탄소가 발생되므로 공기조절장치를 움직여서 파란불꽃 상태가 되도록 조절해야 한다.

20 가스 사용 중에 가스가 떨어져 불이 꺼졌을 경우에는 어떻게 해야 하는가?

① 창문을 열어 환기시킨다.

② 연소기구를 청소한다.

③ 용기밸브를 열어 놓는다.

④ 연소기의 콕과 중간밸브를 잠그도록 해야 한다.

> **Tip** ④ 사용 중에 가스가 떨어져 불이 꺼졌을 경우에도 반드시 연소기의 콕과 중간밸브를 잠그도록 해야 한다.

Answer 19.② 20.④

▌21~22 ▌ 다음은 어느 쇼핑몰 업체의 자주 묻는 질문을 모아놓은 것이다. 다음을 보고 물음에 답하시오.

Q1. 주문한 상품은 언제 배송되나요?

Q2. 본인인증에 자꾸 오류가 나는데 어떻게 해야 하나요?

Q3. 비회원으로는 주문을 할 수가 없나요?

Q4. 교환하려는 상품은 어디로 보내면 되나요?

Q5. 배송 날짜와 시간을 지정할 수 있나요?

Q6. 반품 기준을 알고 싶어요.

Q7. 탈퇴하면 개인정보는 모두 삭제되나요?

Q8. 메일을 수신거부 했는데 광고 메일이 오고 있어요.

Q9. 휴대폰 결제시 인증번호가 발송되지 않습니다.

Q10. 취소했는데 언제 환불되나요?

Q11. 택배사에서 상품을 분실했다고 히는데 어떻게 해야 하나요?

Q12. 휴대폰 소액결제시 현금영수증을 발급 받을 수 있나요?

Q13. 교환을 신청하면 언제쯤 새 상품을 받아볼 수 있나요?

Q14. 배송비는 얼마인가요?

---

21 쇼핑몰 사원 L씨는 고객들이 보기 쉽게 질문들을 분류하여 정리하려고 한다. ㉠~㉣에 들어갈 질문으로 연결된 것 중에 적절하지 않은 것은?

자주 묻는 질문			
배송 문의	회원 서비스	주문 및 결제	환불/반품/교환
㉠	㉡	㉢	㉣

① ㉠ : Q1, Q5, Q11

② ㉡ : Q2, Q7, Q8

③ ㉢ : Q3, Q9, Q12

④ ㉣ : Q4, Q6, Q10, Q13, Q14

> **(Tip)** Q14는 ㉠에 들어갈 내용이다.

22 쇼핑몰 사원 L씨는 상사의 조언에 따라 메뉴를 변경하려고 한다. [메뉴]-[키워드]-질문의 연결로 옳지 않은 것은?

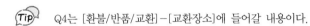

〈상사의 조언〉
고객들이 보다 손쉽게 정보를 찾을 수 있도록 질문을 키워드 중심으로 정리해 놓으세요.

① [배송 문의]-[배송 비용]-Q14
② [주문 및 결제]-[휴대폰 결제]-Q9
③ [환불/반품/교환]-[환불시기]-Q10
④ [환불/반품/교환]-[교환시기]-Q4

  Q4는 [환불/반품/교환]-[교환장소]에 들어갈 내용이다.

23 다음 한 쌍의 단어와 같은 의미관계를 나타내는 단어의 조합이 아닌 것은 어느 것인가?

소박 : 질박

① 서두 : 허두
② 질책 : 문책
③ 구획 : 경계
④ 조악 : 정밀

  소박과 질박은 유의어 관계에 있다. '조악'은 '거칠고 나쁘다'의 어근이며 '정밀'과는 반의어 관계가 된다.

Answer⌐→ 21.④ 22.④ 23.④

24 다음 일정표에 대해 잘못 이해한 것을 고르면?

Albert Denton : Tuesday, September 24

8:30 a.m.	Meeting with S.S. Kim in Metropolitan Hotel lobby Taxi to Extec Factory
9:30–11:30 a.m.	Factory Tour
12:00–12:45 p.m.	Lunch in factory cafeteria with quality control supervisors
1:00–2:00 p.m.	Meeting with factory manager
2:00 p.m.	Car to warehouse
2:30–4:00 p.m.	Warehouse tour
4:00 p.m.	Refreshments
5:00 p.m.	Taxi to hotel (approx. 45 min)
7:30 p.m.	Meeting with C.W. Park in lobby
8:00 p.m.	Dinner with senior managers

① They are having lunch at the factory.

② The warehouse tour takes 90 minutes.

③ The factory tour is in the afternoon.

④ Mr. Denton has some spare time before in the afternoon.

 Albert Denton : 9월 24일, 화요일

8:30 a.m.	Metropolitan 호텔 로비 택시에서 Extec 공장까지 Kim S.S.와 미팅
9:30–11:30 a.m.	공장 투어
12:00–12:45 p.m.	품질 관리 감독관과 공장 식당에서 점심식사
1:00–2:00 p.m.	공장 관리자와 미팅
2:00 p.m.	차로 창고에 가기
2:30–4:00 p.m.	창고 투어
4:00 p.m.	다과
5:00 p.m.	택시로 호텔 (약 45분)
7:30 p.m.	C.W. Park과 로비에서 미팅
8:00 p.m.	고위 간부와 저녁식사

③ 공장 투어는 9시 30분에서 11시 30분까지이므로 오후가 아니다.

25 다음은 A 그룹 정기총회의 식순이다. 정기총회 준비와 관련하여 대표이사 甲과 비서 乙의 업무처리 과정에서 가장 옳지 않은 것은?

2016년도 ㈜A 그룹 정기총회

주관 : 대표이사 甲

▌ 식순 ▌

1. 성원보고
2. 개회선언
3. 개회사
4. 위원회 보고
5. 미결안건 처리
6. 안건심의
[제1호 의안] 2015년도 회계 결산 보고 및 승인의 건
[제2호 의안] 2016년도 사업 계획 및 예산 승인의 건
[제3호 의안] 이사 선임 및 변경에 대한 추인 건
7. 폐회

---

① 비서 乙은 성원보고와 관련하여 정관의 내용을 확인하고 甲에게 정기총회 요건이 충족되었다고 보고하였다.

② 비서 乙은 2015년도 정기총회의 개회사를 참고하여 2016년도 정기총회 개회사 초안을 작성하여 甲에게 보고하고 검토를 요청하였다.

③ 대표이사 甲은 지난 주주총회에서 미결된 안건이 없었는지 다시 확인해보라고 지시하였고, 비서 乙은 이에 대한 정관을 찾아서 확인 내용을 보고하였다.

④ 주주총회를 위한 회의 준비를 점검하는 과정에서 비서 乙은 빠진 자료가 없는지 매번 확인하였다.

 ④ 회의 준비를 점검하는 과정에서 매번 빠진 자료가 없는지 확인하는 것은 시간이 많이 소요되므로, 필요한 자료 목록을 작성하여 빠진 자료가 없는지 체크하고 중간점검과 최종점검을 통해 확인한다.

Answer 24.③ 25.④

26 태후산업 유시진 팀장은 외부 일정을 마치고 오후 3시경에 돌아왔다. 유 팀장은 서 대리에게 메시지가 있었는지 물었고, 외근 중에 다음과 같은 상황이 있었다. 서 대리가 유 팀장에게 부재 중 메시지를 보고하는 방법으로 가장 적절한 것은?

> 유 팀장이 점심약속으로 외출한 후 11시 30분경 H 자동차 홍 팀장이 사장님을 뵈러 왔다가 잠시 들렀다 갔다. 1시 15분에는 재무팀장이 의논할 내용이 있다며 오늘 중으로 급히 면담을 요청하는 전화가 왔다. 2시경에는 유 팀장의 집에서 전화 달라는 메시지를 남겼고, 2시 30분에는 사장님께서 찾으시며 들어오면 사장실로 와달라는 메시지를 남기셨다.

① 재무팀장의 면담 요청이 급하므로 가장 우선적으로 면담하도록 보고한다.
② 이 경우에는 시간 순으로 보고 드리는 것이 상사에게 더욱 효과적으로 전달될 수 있다.
③ 보고를 할 때에는 부재 중 메모와 함께 서 대리가 업무를 처리한 사항을 함께 보고하면 좋다.
④ 부재 중 메시지가 많을 경우는 구두 보고로 신속하게 일을 처리한다.

 ①② 급한 용무 순으로 보고하되, 우선순위는 상사가 정할 수 있도록 전달한다.
④ 부재 중 메시지가 많을 경우에는 메모와 함께 보고하여 정확하게 전달할 수 있도록 처리한다.

27 다음 A 출판사 B 대리의 업무보고서이다. 이 업무보고서를 통해 알 수 있는 내용이 아닌 것은?

업무 내용	비고
09:10~10:00 [실내 인테리어] 관련 신간 도서 저자 미팅	※ 외주 업무 진행 보고
10:00~12:30 시장 조사(시내 주요 서점 방문)	1. [보세사] 원고 도착
12:30~13:30 점심식사	2. [월간 무비스타] 영화평론 의뢰
13:30~17:00 시장 조사 결과 분석 및 보고서 작성	
17:00~18:00 영업부 회의 참석	※ 중단 업무
※ 연장근무	1. [한국어교육능력] 기출문제 분석
1. 문화의 날 사내 행사 기획 회의	2. [관광통역안내사] 최종 교정

① B 대리는 A 출판사 영업부 소속이다.

② [월간 무비스타]에 실리는 영화평론은 A 출판사 직원이 쓴 글이 아니다.

③ B 대리는 시내 주요 서점을 방문하고 보고서를 작성하였다.

④ A 출판사에서는 문화의 날에 사내 행사를 진행할 예정이다.

 ① B 대리가 영업부 회의에 참석한 것은 사실이나, 해당 업무보고서만으로 A 출판사 영업부 소속이라고 단정할 수는 없다.

28 다음의 행사에서 사회를 맡게 된 L 씨의 화법으로 가장 적절한 것은?

> A 물산에서는 매년 5월 셋째 주 목요일에 임직원의 화합과 단결을 위한 춘계 체육대회를 개최한다. 본 대회에 앞서 대표 甲의 축사와 직원 표창이 있고, 이어서 축구, 줄다리기, 마라톤 등 각 종목별 예선 및 결승전을 실시한다.

① 사장님의 축사가 있으시겠습니다.

② 일부 경기방식의 변경에 대해 여러분께 양해를 구하겠습니다.

③ 모든 임직원 여러분이 적극적으로 경기에 임하면 감사하겠습니다.

④ 오후 장기자랑에 참가하실 분은 신청서가 접수되실 수 있도록 진행본부에 협조 부탁드립니다.

 ① 있으시겠습니다 → 있겠습니다
③ 임하면 → 임해주시면
④ 접수되실 수 → 접수될 수

29 문화체육관광부 홍보팀에 근무하는 김문화씨는 '탈춤'에 관한 영상물을 제작하는 프로젝트를 맡게 되었다. 제작계획서 중 다음의 제작 회의 결과가 제대로 반영되지 않은 것은?

> • 제목 : 탈춤 체험의 기록임이 나타나도록 표현
> • 주 대상층 : 탈춤에 무관심한 젊은 세대
> • 내용 : 실제 경험을 통해 탈춤을 알아가고 가까워지는 과정을 보여 주는 동시에 탈춤에 대한 정보를 함께 제공
> • 구성 : 간단한 이야기 형식으로 구성
> • 전달방식 : 정보들을 다양한 방식으로 전달

〈제작계획서〉

제목		'기획 특집 – 탈춤 속으로 떠나는 10일 간의 여행'	①
제작 의도		젊은 세대에게 우리 고유의 문화유산인 탈춤에 대한 관심을 불러일으킨다.	②
전체 구성	중심 얼개	• 대학생이 우리 문화 체험을 위해 탈춤이 전승되는 마을을 찾아가는 상황을 설정한다. • 탈춤을 배우기 시작하여 마지막 날에 공연으로 마무리한다는 줄거리로 구성한다.	③
	보조 얼개	탈춤에 대한 정보를 별도로 구성하여 중간 중간에 삽입한다.	
전달 방식	해설	내레이션을 통해 탈춤에 대한 학술적 이견들을 깊이 있게 제시하여 탈춤에 조예가 깊은 시청자들의 흥미를 끌도록 한다.	④
	영상 편집	• 탈에 대한 정보를 시각 자료로 제시한다. • 탈춤의 종류, 지역별 탈춤의 특성 등에 대한 그래픽 자료를 보여 준다. • 탈춤 연습 과정과 공연 장면을 현장감 있게 보여 준다.	

 ④ 해당 영상물의 제작 의도는 탈춤에 무관심한 젊은 세대를 대상으로 하여 우리 고유의 문화유산인 탈춤에 대한 관심을 불러일으키기 위한 것이다. 따라서 탈춤에 대한 학술적 이견들을 깊이 있게 제시하는 것은 제작 의도와 맞지 않는다.

30 다음 제시된 개요의 결론으로 알맞은 것을 고르면?

제목 : 생태 관광
Ⅰ. 서론 : 생태 관광의 의의와 현황

Ⅱ. 본론
　㉠ 문제점 분석
　　• 생태자원 훼손
　　• 지역 주민들의 참여도 부족
　　• 수익 위주의 운영
　　• 안내 해설 미흡
　㉡ 개선 방안 제시
　　• 인지도 및 관심 증대
　　• 지역 주민들의 참여 유도
　　• 관련 법규의 재정비
　　• 생태관광가이드 육성

Ⅲ. 결론 : (　　　　　　　　　　　　　　　　　)

① 자연생태계 훼손 최소화
② 생태 관광의 지속적인 발전
③ 생물자원의 가치 증대
④ 바람직한 생태 관광을 위한 노력 촉구

 ④ 본론에서 생태 관광에 대한 문제점을 지적하고 그에 대한 개선 방안을 제시하였으므로 결론에서는 주장을 정리하는 '바람직한 생태 관광을 위한 노력 촉구'가 적절하다.

31 다음 글에서 언급한 스마트 팩토리의 특징으로 옳지 않은 것은?

　　최근 스포츠 브랜드인 아디다스에서 소비자가 원하는 디자인, 깔창, 굽 모양 등의 옵션을 적용하여 다품종 소량생산 할 수 있는 스피드 팩토리를 선보였고, 그밖에도 제조업을 비롯해 다양한 산업에서 스마트 팩토리를 도입하면서 미래형 제조 시스템인 스마트 팩토리에 대한 관심이 커지고 있다. 과연 스마트 팩토리 무엇이며 어떤 기술로 구현되고 이점은 무엇일까?

　　스마트 팩토리란 ICT기술을 기반으로 제품의 기획, 설계, 생산, 유통, 판매의 전 과정을 자동화, 지능화하여 최소 비용과 최소 시간으로 다품종 대량생산이 가능한 미래형 공장을 의미한다. 스마트 팩토리가 구현되기 위해서는 다양한 기술이 적용되는데, 먼저 클라우드 기술은 인터넷에 연결되어 축적된 데이터를 저장하고 IoT 기술은 각종 사물에 컴퓨터 칩과 통신 기능을 내장해 인터넷에 연결한다. 또한 데이터를 분석하는 빅데이터 기술, AI를 기반으로 스스로 학습하고 의사결정을 할 수 있는 차세대 로봇기술과 기계가 자가 학습하는 인공지능 기술을 비롯해 수많은 첨단 기술을 필요로 한다.

　　스마트 팩토리의 핵심 구현 요소는 디지털화, 연결화, 스마트화이다. 디지털화는 공장 내 사물들 간에 소통이 가능하도록 물리적 아날로그 신호를 디지털 신호로 변환하는 것으로 디지털화를 하면 무한대로 데이터를 복사할 수 있어 데이터 편집이 쉬워지고 데이터 통신이 자유롭게 이루어진다. 연결화는 사람을 포함한 모든 사물, 즉 공장 안에 존재하는 부품, 완제품, 설비, 공장, 건물, 기기를 연결하는 것으로, 이더넷이나 유무선 통신으로 설비를 연결해 생산 현황과 이상 유무를 관리한다. 작업자가 제조 라인에 서면 공정은 작업자의 역량, 경험 같은 것을 참고하여 합당한 공정을 수행하도록 지도해 주는 것이 연결화의 예라고 할 수 있다. 스마트화는 사물이 사람과 같이 스스로 판단하고 행동하는 것을 말하는 것으로 지능화, 자율화와 같은 의미이다. 수집된 데이터를 분석하여 스스로 판단하는 스마트화는 스마트 팩토리의 필수 전제조건이다.

　　스마트 팩토리의 이점은 제조 단계별로 구분해 볼 수 있다. 먼저 기획·설계 단계에서는 제품 성능 시뮬레이션을 통해 제작기간을 단축시키고, 맞춤형 제품을 개발할 수 있다는 이점이 있다. 다음으로 생산 단계에서는 설비 – 자재 – 시스템 간 통신으로 다품종 대량생산, 에너지와 설비 효율 제고의 효과가 있다. 그리고 유통·판매 단계에서는 모기업과 협력사 간 실시간 연동을 통해 재고 비용을 감소시키고 품질, 물류 등 많은 분야를 협력할 수 있다.

① 스마트 팩토리는 최소 비용과 최소 시간으로 다품종 대량생산을 추구한다.

② 스마트 팩토리가 구현되기 위해서는 클라우드 기술, IoT기술, 인공지능 기술 등이 요구된다.

③ 디지털화는 공장 내 사물들 간에 소통이 가능하도록 디지털 신호를 물리적 아날로그 신호로 변환하는 것이다.

④ 스마트화는 사물이 사람과 같이 스스로 판단하고 행동하는 것으로 스마트 팩토리의 필수 전제조건이다.

 ③ 디지털화는 공장 내 사물들 간에 소통이 가능하도록 물리적 아날로그 신호를 디지털 신호로 변환하는 것이다.
①② 두 번째 문단에서 언급하고 있다.
④ 세 번째 문단에서 언급하고 있다.

32 다음은 N사의 단독주택용지 수의계약 공고문 중 일부이다. 공고문의 내용을 바르게 이해한 것은?

[○○ 블록형 단독주택용지(1필지) 수의계약 공고]

1. 공급대상토지

면적 (㎡)	세대수 (호)	평균규모 (㎡)	용적률 (%)	공급가격 (천원)	계약보증금 (원)	사용가능 시기
25,479	63	400	100% 이하	36,944,550	3,694,455,000	즉시

2. 공급일정 및 장소

일정	2019년 1월 11일 오전 10시부터 선착순 수의계약 (토·일요일 및 공휴일, 업무시간 외는 제외)
장소	N사 ○○지역본부 1층

3. 신청자격

아래 두 조건을 모두 충족한 자
- 실수요자 : 공고일 현재 주택법에 의한 주택건설사업자로 등록한 자
- 3년 분할납부(무이자) 조건의 토지매입 신청자
  ※ 납부 조건 : 계약체결 시 계약금 10%, 중도금 및 잔금 90%(6개월 단위 6회 납부)

4. 계약체결 시 구비서류
- 법인등기부등본 및 사업자등록증 사본 각 1부
- 법인인감증명서 1부 및 법인인감도장(사용인감계 및 사용인감)
- 대표자 신분증 사본 1부(위임 시 위임장 1부 및 대리인 신분증 제출)
- 주택건설사업자등록증 1부
- 계약금 납입영수증

---

① 계약이 체결되면 즉시 해당 토지에 단독주택을 건설할 수 있다.

② 계약체결 후 첫 번째 내야 할 중도금은 5,250,095,000원이다.

③ 규모 400㎡의 단독주택용지를 일반 수요자에게 분양하는 공고이다.

④ 계약에 대한 보증금이 공급가격보다 더 높아 실수요자에게 부담을 줄 우려가 있다.

① 부지 용도가 단독주택용지이고 토지사용 가능시기가 '즉시'라는 공고를 통해 계약만 이루어지면 즉시 이용이 가능한 토지임을 알 수 있다.

② 계약체결 후 남은 금액은 공급가격에서 계약금을 제외한 33,250,095,000원이다. 이를 무이자로 3년간 6회에 걸쳐 납부해야 하므로 첫 번째 내야 할 중도금은 5,541,682,500원이다.

③ 규모 400㎡의 단독주택용지를 주택건설업자에게 분양하는 공고이다.

④ 계약금은 공급가격의 10%로 보증금이 더 적다.

33 다음 회의록의 내용을 보고 올바른 판단을 내리지 못한 것을 고르면?

	인사팀 4월 회의록		
회의일시	2019년 4월 30일 14:00~15:30	회의장소	대회의실(예약)
참석자	팀장, 남 과장, 허 대리, 김 대리, 이 사원, 명 사원		
회의안건	• 직원 교육훈련 시스템 점검 및 성과 평가 • 차기 교육 프로그램 운영 방향 논의		
진행결과 및 협조 요청	〈총평〉 • 1사분기에는 지난해보다 학습목표시간을 상향조정(직급별 10~20시간)하였음에도 평균 학습시간을 초과하여 달성하는 등 상시학습문화가 정착됨 – 1인당 평균 학습시간: 지난해 4사분기 22시간 → 올해 1사분기 35시간 • 다만, 고직급자와 계약직은 학습 실적이 목표에 미달하였는바, 앞으로 학습 진도에 대하여 사전 통보하는 등 학습목표 달성을 적극 지원할 필요가 있음 – 고직급자 : 목표 30시간, 실적 25시간, 계약직 : 목표 40시간, 실적 34시간 〈운영방향〉 • 전 직원 일체감 형성을 위한 비전공유와 '매출 증대, 비용 절감' 구현을 위한 핵심과제 등 주요사업 시책교육 추진 • 직원이 가치창출의 원천이라는 인식하에 생애주기에 맞는 직급별 직무역량 교육 의무화를 통해 인적자본 육성 강화 • 자기주도적 상시학습문화 정착에 기여한 학습관리시스템을 현실에 맞게 개선하고, 조직 간 인사교류를 확대		

① 올 1사분기에는 지난해보다 1인당 평균 학습시간이 50% 이상 증가하였다.

② 전체적으로 1사분기의 교육시간 이수 등의 성과는 우수하였다.

③ 2사분기에는 일부 직원들에 대한 교육시간이 1사분기보다 더 증가할 전망이다.

④ 2사분기에는 각 직급에 보다 적합한 교육이 시행될 것이다.

 고위직급자와 계약직 직원들에 대한 학습목표 달성을 지원해야 한다는 논의가 되고 있으므로 그에 따른 실천 방안이 있을 것으로 판단할 수 있으나, 교육 시간 자체가 더 증가할 것으로 전망하는 것은 근거가 제시되어 있지 않은 의견이다.
① 22시간 → 35시간으로 약 59% 증가하였다.
② 평균 학습시간을 초과하여 달성하는 등 상시학습문화가 정착되었다고 평가하고 있다.
④ 생애주기에 맞는 직급별 직무역량교육 의무화라는 것은 각 직급과 나이에 보다 적합한 교육이 실시될 것임을 의미한다.

Answer 32.① 33.③

34 다음은 K공사의 신입사원 채용에 관한 안내문의 일부 내용이다. 다음 내용을 근거로 할 때, K공사가 안내문의 내용에 부합되게 취할 수 있는 행동이라고 볼 수 없는 것은?

□ 기타 유의사항

• 모든 응시자는 1인 1개 분야만 지원할 수 있습니다.

• 응시 희망자는 지역제한 등 응시자격을 미리 확인하고 응시원서를 접수하여야 하며, 응시원서의 기재사항 누락, 공인어학능력시험 점수 및 자격증·장애인·취업지원대상자 가산점수·가산비율 기재 착오, 연락불능 등으로 발생되는 불이익은 일체 응시자의 책임으로 합니다.

• 입사지원서 작성내용은 추후 증빙서류 제출 및 관계기관에 조회할 예정이며 내용을 허위로 입력한 경우에는 합격이 취소됩니다.

• 응시자는 시험장소 공고문, 답안지 등에서 안내하는 응시자 주의사항에 유의하여야 하며, 이를 준수하지 않을 경우에 본인에게 불이익이 될 수 있습니다.

• 원서접수결과 지원자가 채용예정인원 수와 같거나 미달하더라도 적격자가 없는 경우 선발하지 않을 수 있습니다.

• 시험일정은 사정에 의하여 변경될 수 있으며 변경내용은 7일 전까지 공사 채용홈페이지를 통해 공고할 계획입니다.

• 제출된 서류는 본 채용목적 이외에는 사용하지 않으며, 채용절차의 공정화에 관한 법령에 따라 최종합격자 발표일 이후 180일 이내에 반환청구를 할 수 있습니다.

• 최종합격자 중에서 신규임용후보자 등록을 하지 않거나 관계법령에 의한 신체검사에 불합격한 자 또는 공사 인사규정 제21조에 의한 응시자격 미달자는 신규임용후보자 자격을 상실하고 차순위자를 추가합격자로 선발할 수 있습니다.

• 임용은 교육성적을 포함한 채용시험 성적순으로 순차적으로 임용하되, 장애인 또는 경력자의 경우 성적순위에도 불구하고 우선 임용될 수 있습니다.

※ 공사 인사규정 제22조 제2항에 의거 신규임용후보자의 자격은 임용후보자 등록일로부터 1년으로 하며, 필요에 따라 1년의 범위 안에서 연장될 수 있습니다.

---

① 동일한 응시자가 사무직과 운영직에 중복 응시한 사실이 발견되어 임의로 운영직 응시 관련 사항 일체를 무효처리하였다.

② 대학 졸업예정자로 채용된 A씨는 마지막 학기 학점이 부족하여 졸업이 미뤄지는 바람에 채용이 취소되었다.

③ 50명 선발이 계획되어 있었고, 45명이 지원을 하였으나 42명만 선발하였다.

④ 최종합격자 중 신규임용후보자 자격을 상실한 자가 있어 불합격자 중 임의의 인원을 추가 선발하였다.

> (Tip) ④ 결원이 생겼을 때에는 그대로 추가 선발 없이 채용을 마감할 수 있으며, 추가합격자를 선발할 경우 반드시 차순위자를 선발하여야 한다.

① 모든 응시자는 1인 1개 분야만 지원할 수 있다. 따라서 중복 응시에 대해 어느 한쪽을 임의로 무효처리할 수 있다.
② 입사지원서 작성 내용과 다르게 된 결과이므로 취소 처분이 가능하다.
③ 지원자가 채용예정인원 수와 같거나 미달하더라도 적격자가 없는 경우 선발하지 않을 수 있다.

35 다음 글의 내용과 일치하지 않는 것은?

> 우리는 흔히 나무와 같은 식물이 대기 중에 이산화탄소로 존재하는 탄소를 처리해 주는 것으로 알고 있지만, 바다 또한 중요한 역할을 한다. 예를 들어 수없이 많은 작은 해양생물들은 빗물에 섞인 탄소를 흡수한 후에 다른 것들과 합쳐서 껍질을 만드는 데 사용한다. 결국 해양생물들은 껍질에 탄소를 가두어 둠으로써 탄소가 대기 중으로 다시 증발해서 위험한 온실가스로 축적되는 것을 막아 준다. 이들이 죽어서 바다 밑으로 가라앉으면 압력에 의해 석회석이 되는데, 이런 과정을 통해 땅속에 저장된 탄소의 양은 대기 중에 있는 것보다 수만 배나 되는 것으로 추정된다. 그 석회석 속의 탄소는 화산 분출로 다시 대기 중으로 방출되었다가 빗물과 함께 땅으로 떨어진다. 이 과정은 오랜 세월에 걸쳐 일어나는데, 이것이 장기적인 탄소 순환과정이다. 특별한 다른 장애 요인이 없다면 이 과정은 원활하게 일어나 지구의 기후는 안정을 유지할 수 있다.
>
> 그러나 불행하게도 인간의 산업 활동은 자연이 제대로 처리할 수 없을 정도로 많은 양의 탄소를 대기 중으로 방출한다. 영국 기상대의 피터 쿡스에 따르면, 자연의 생물권이 우리가 방출하는 이산화탄소의 영향을 완충할 수 있는 데에는 한계가 있기 때문에, 그 한계를 넘어서면 이산화탄소의 영향이 더욱 증폭된다. 지구 온난화가 걷잡을 수 없이 일어나게 되는 것은 두려운 일이다. 지구 온난화에 적응을 하지 못한 식물들이 한꺼번에 죽어 부패해서 그 속에 가두어져 있는 탄소가 다시 대기로 방출되면 문제는 더욱 심각해질 것이기 때문이다.

① 식물이나 해양생물은 기후 안정성을 유지하는 데에 기여한다.
② 생명체가 지니고 있던 탄소는 땅속으로 가기도 하고 대기로 가기도 한다.
③ 탄소는 화산 활동, 생명체의 부패, 인간의 산업 활동 등을 통해 대기로 방출된다.
④ 극심한 오염으로 생명체가 소멸되면 탄소의 순환 고리가 끊겨 대기 중의 탄소도 사라진다.

 ④ 걷잡을 수 없어진 지구 온난화에 적응을 하지 못한 식물들이 한꺼번에 죽어 부패하면 그 속에 가두어져 있는 탄소가 대기로 방출된다고 언급하고 있다. 따라서 생명체가 소멸되면 탄소 순환 고리가 끊길 수 있지만, 대기 중의 탄소가 사라지는 것은 아니다.

Answer ↪ 34.④ 35.④

36 H공사에 다니는 乙 대리는 우리나라 근로자의 근로 시간에 관한 다음의 보고서를 작성하였는데 이 보고서를 검토한 甲 국장이 〈보기〉와 같은 추가사항을 요청하였다. 乙 대리가 추가로 작성해야 할 자료로 적절한 것은?

우리나라의 법정근로시간은 1953년 제정된 근로기준법에서는 주당 48시간이었지만, 이후 1989년 44시간으로, 그리고 2003년에는 40시간으로 단축되었다. 주당 40시간의 법정근로시간은 산업 및 근로자 규모별로 경과규정을 두어 연차적으로 실시하였지만, 2011년 7월 1일 이후는 모든 산업의 5인 이상 근로자에게로 확대되었다. 실제 근로시간은 법정근로시간에 주당 12시간까지 가능한 초과근로시간을 더한 시간을 의미한다.

2000년 이후 우리나라 근로자의 근로시간은 지속적으로 감소되어 2016년 5인 이상 임금근로자의 주당 근로시간이 40.6시간으로 감소했다. 이 기간 동안 2004년, 2009년, 2015년 비교적 큰 폭으로 증가했으나 전체적으로는 뚜렷한 감소세를 보인다. 사업체규모별·근로시간별로 살펴보면, 정규직인 경우 5~29인, 300인 이상 사업장의 근로시간이 42.0시간으로 가장 짧고, 비정규직의 경우 시간제 근로자의 비중의 영향으로 5인 미만 사업장의 근로시간이 24.8시간으로 가장 짧다. 산업별로는 광업, 제조업, 부동산업 및 임대업의 순으로 근로시간이 길고, 건설업과 교육서비스업의 근로시간이 가장 짧다.

국제비교에 따르면 널리 알려진 바와 같이 한국의 연간 근로시간은 2,113시간으로 멕시코의 2,246시간 다음으로 길다. 이는 OECD 평균의 1.2배, 근로시간이 가장 짧은 독일의 1.54배에 달한다.

〈보기〉

"乙 대리, 보고서가 너무 개괄적이군. 이번 안내 자료 작성을 위해서는 2016년 사업장 규모에 따른 정규직과 비정규직 근로자의 주당 근로시간을 비교할 수 있는 자료가 필요한데, 쉽게 알아볼 수 있는 별도 자료를 도표로 좀 작성해 주겠나?"

①

구분	근로형태(2016년)			
	정규직	비정규직	재택	파견
주당 근로시간	42.5	29.8	26.5	42.7

(단위 : 시간)

②

구분	2012	2013	2014	2015	2016
주당 근로시간	42.0	40.6	40.5	42.4	40.6

(단위 : 시간)

③

구분	산업별 근로시간(2016년)			
	광업	제조업	부동산업	운수업
주당 근로시간	43.8	43.6	43.4	41.8

(단위 : 시간)

④

구분		사업장 규모(2016년)			
		5인 미만	5~29인	30~299인	300인 이상
주당 근로시간	정규직	42.8	42.0	43.2	42.0
	비정규직	24.8	30.2	34.7	35.8

(단위 : 시간)

 甲 국장은 전체적인 근로자의 주당 근로시간 자료 중 정규직과 비정규직의 근로시간이 사업장 규모에 따라 어떻게 다른지를 비교하고자 하는 것을 알 수 있다. 따라서 국가별, 연도별 구분 자료보다는 ④와 같은 자료가 요청에 부합하는 적절한 자료가 된다.

Answer⤷ 36.④

37 다음은 '공공 데이터를 활용한 앱 개발'에 대한 보고서 작성 개요와 이에 따라 작성한 보고서 초안이다. 개요에 따라 작성한 보고서 초안의 결론 부분에 들어갈 내용으로 가장 적절한 것은?

■ 보고서 작성 개요
• 서론
- 앱을 개발하려는 사람들의 특성 서술
- 앱 개발 시 부딪히는 난점 언급
• 본론
- 공공 데이터의 개념 정의
- 공공 데이터의 제공 현황 제시
- 앱 개발 분야에서 공공 데이터가 갖는 장점 진술
- 공공 데이터를 활용한 앱 개발 사례 제시
• 결론
- 공공 데이터 활용의 장점을 요약적으로 진술
- 공공 데이터가 앱 개발에 미칠 영향 언급

■ 보고서 초고
   앱을 개발하려는 사람들은 아이디어가 넘친다. 사람들이 여행 준비를 위해 많은 시간을 허비하는 것을 보면 한 번에 여행 코스를 짜 주는 앱을 만들어 보고 싶어 한다. 도심에서 주차장을 못 찾아 헤매는 사람들을 보면 주차장을 쉽게 찾아 주는 앱을 만들어 보고 싶어 한다. 그러나 막상 앱을 개발하려 할 때 부딪히는 여러 난관이 있다. 여행지나 주차장에 대한 정보를 모으는 것도 문제이고, 정보를 지속적으로 갱신하는 것도 문제이다. 이런 문제 때문에 결국 아이디어를 포기하는 경우가 많다.
   그러나 이제는 아이디어를 포기하지 않아도 된다. 바로 공공 데이터가 있기 때문이다. 공공 데이터는 공공 기관에서 생성, 취득하여 관리하고 있는 정보 중, 전자적 방식으로 처리되어 누구나 이용할 수 있도록 국민들에게 제공된 것을 말한다. 현재 정부에서는 공공 데이터 포털 사이트를 개설하여 국민들이 쉽게 이용할 수 있도록 하고 있다. 공공 데이터 포털 사이트에서는 800여 개 공공 기관에서 생성한 15,000여 건의 공공 데이터를 제공하고 있으며, 제공하는 공공 데이터의 양을 꾸준히 늘리고 있다.

공공 데이터가 가진 앱 개발 분야에서의 장점은 크게 두 가지를 들 수 있다. 먼저 공공 데이터는 공공 기관이 국민들에게 편의를 제공하기 위해 시행한 정책의 산출물이기 때문에 실생활과 밀접하게 관련된 정보가 많다는 점이다. 앱 개발자들의 아이디어는 대개 앞에서 언급한 것처럼 사람들의 실생활에 편의를 제공하기 위한 것들이다. 그래서 만약 여행 앱을 만들고자 한다면 한국관광공사의 여행 정보에서, 주차장 앱을 만들고자 한다면 지방 자치 단체의 주차장 정보에서 필요한 정보를 얻을 수 있다. 두 번째로 공공 데이터를 이용하는 데에는 비용이 거의 들지 않기 때문에, 정보를 수집하고 갱신할 때 소요되는 비용을 줄일 수 있다는 점이다. 그래서 개인들도 비용에 대한 부담 없이 쉽게 앱을 만들 수 있다.

〈결론〉

① 공공 데이터는 앱 개발을 할 때 부딪히는 자료 수집의 문제와 시간 부족 문제를 해결하여 쉽게 앱을 만들 수 있게 해 준다. 이런 장점에도 불구하고 국민들의 공공 데이터 이용에 대한 인식이 낮은 것은 문제라고 할 수 있다.

② 공공 데이터는 앱 개발에 필요한 실생활 관련 정보를 담고 있으며 앱 개발 비용의 부담을 줄여 준다. 그러므로 앱 개발 시 공공 데이터 이용이 활성화되면 실생활에 편의를 제공하는 다양한 앱이 개발될 것이다.

③ 공공 데이터를 이용하여 앱 개발을 하는 사람들은 시간과 비용의 문제를 극복하고 경제적 가치를 창출하는 사람들이다. 앞으로 공공 데이터의 양이 증가하면 그들이 만들어 내는 앱도 더 다양해질 것이다.

④ 공공 데이터는 자본과 아이디어가 부족해 앱을 개발하지 못 하는 사람들이 유용하게 이용할 수 있다. 앱 개발을 통한 창업이 활성화되면 우리 경제에도 큰 도움이 될 것이다.

 보고서 작성 개요에 따르면 결론 부분에서 '공공 데이터 활용의 장점을 요약적으로 진술'하고 '공공 데이터가 앱 개발에 미칠 영향 언급'하고자 한다. 따라서 ②의 '공공 데이터는 앱 개발에 필요한 실생활 관련 정보를 담고 있으며 앱 개발 비용의 부담을 줄여 준다(→공공 데이터 활용의 장점을 요약적으로 진술). 그러므로 앱 개발 시 공공 데이터 이용이 활성화되면 실생활에 편의를 제공하는 다양한 앱이 개발될 것이다(→공공 데이터가 앱 개발에 미칠 영향 언급).'가 결론으로 가장 적절하다.

Answer ⟿ 37.②

38 다음은 행복 아파트의 애완동물 사육규정의 일부이다. 다음과 같은 규정을 참고할 때, 거주자들에게 안내되어야 할 사항으로 적절하지 않은 것은?

제4조(애완동물 사육 시 준수사항)
① 애완동물은 훈련을 철저히 하며 항상 청결상태를 유지하고, 소음·발생 등으로 입주자 등에게 피해를 주지 않아야 한다.
② 애완동물의 사육은 규정된 종류의 동물에 한하며, 년 ○회 이상 정기검진을 실시하고 진드기 및 해충기생 등의 예방을 철저히 하여야 한다.
③ 애완동물을 동반하여 승강기에 탑승할 경우 반드시 안고 탑승, 타인에게 공포감을 주지 말아야 한다.
④ 애완동물과 함께 산책할 경우 반드시 목줄을 사용하여야 하며, 배설물을 수거할 수 있는 장비를 지참하여 즉시 수거하여야 한다.
⑤ 애완동물을 동반한 야간 외출 시 손전등을 휴대하여 타인에게 공포감을 주지 않도록 하여야 한다.
⑥ 앞, 뒤 베란다 배수관 및 베란다 밖으로 배변처리를 금지한다.
⑦ 애완동물과 함께 체육시설, 화단 등 공공시설의 출입은 금지한다.

제5조(애완동물 사육에 대한 동의)
① 애완견동물을 사육하고자 하는 세대에서는 단지 내 애완동물 동호회를 만들거나 가입하여 공공의 이익을 위하여 활동할 수 있다.
② 애완동물을 사육하는 세대는 사육 동물의 종류와 마리 수를 관리실에 고지해야 하며 애완동물을 제외한 기타 가축을 사육하고자 하는 세대에서는 반드시 관리실의 동의를 구하여야 한다.
③ 애완동물 사육 시 해당동의 라인에서 입주민 다수의 민원(반상회 건의 등)이 있는 세대에는 재발방지를 위하여 서약서를 징구할 수 있으며, 이후 재민원이 발생할 경우 관리규약에 의거하여 애완동물을 사육할 수 없도록 한다.
④ 세대 당 애완동물의 사육두수는 ○마리로 제한한다.

제6조(환경보호)
① 애완동물을 사육하는 세대는 동호회에서 정기적으로 실시하는 단지 내 공용부분의 청소에 참여하여야 한다.
② 청소는 동호회에서 관리하며, 청소에 참석하지 않는 세대는 동호회 회칙으로 정한 청소비를 납부하여야 한다.

① "애완동물 동호회에 가입하지 않으신 애완동물 사육 세대에서도 공용부분 청소에 참여하셔야 합니다."

② "애완동물을 사육하는 세대는 사육 동물의 종류와 마리 수를 관리실에 반드시 고지하셔야 합니다."

③ "단지 내 주민 체육관에는 애완동물을 데리고 입장하실 수 없으니 착오 없으시기 바랍니다."

④ "애완동물을 동반하고 이동하실 경우, 승강기 이용이 제한되오니 반드시 계단을 이용해 주시기 바랍니다."

 애완동물을 데리고 승강기에 탑승할 경우 반드시 안고 탑승해야 하며, 타인에게 공포감을 주지 말아야 한다는 규정은 있으나, 승강기 이용이 제한되거나 반드시 계단을 이용해야만 하는 것은 아니므로 잘못된 안내 사항이다.

39 다음 글에 나타난 아리스토텔레스의 견해에 대한 이해로 가장 적절한 것은?

　　자연에서 발생하는 모든 일은 목적 지향적인가? 자기 몸통보다 더 큰 나뭇가지나 잎사귀를 허둥대며 운반하는 개미들은 분명히 목적을 가진 듯이 보인다. 그런데 가을에 지는 낙엽이나 한밤중에 쏟아지는 우박도 목적을 가질까? 아리스토텔레스는 모든 자연물이 목적을 추구하는 본성을 타고나며, 외적 원인이 아니라 내재적 본성에 따른 운동을 한다는 목적론을 제시한다. 그는 자연물이 단순히 목적을 갖는 데 그치는 것이 아니라 목적을 실현할 능력도 타고나며, 그 목적은 방해받지 않는 한 반드시 실현될 것이고, 그 본성적 목적의 실현은 운동 주체에 항상 바람직한 결과를 가져온다고 믿는다. 아리스토텔레스는 이러한 자신의 견해를 "자연은 헛된 일을 하지 않는다!"라는 말로 요약한다.

　　근대에 접어들어 모든 사물이 생명력을 갖지 않는 일종의 기계라는 견해가 강조되면서, 아리스토텔레스의 목적론은 비과학적이라는 이유로 많은 비판에 직면한다. 갈릴레이는 목적론적 설명이 과학적 설명으로 사용될 수 없다고 주장하며, 베이컨은 목적에 대한 탐구가 과학에 무익하다고 평가하고, 스피노자는 목적론이 자연에 대한 이해를 왜곡한다고 비판한다. 이들의 비판은 목적론이 인간 이외의 자연물도 이성을 갖는 것으로 의인화한다는 것이다. 그러나 이런 비판과는 달리 아리스토텔레스는 자연물을 생물과 무생물로, 생물을 식물·동물·인간으로 나누고, 인간만이 이성을 지닌다고 생각했다.

　　일부 현대 학자들은, 근대 사상가들이 당시 과학에 기초한 기계론적 모형이 더 설득력을 갖는다는 일종의 교조적 믿음에 의존했을 뿐, 아리스토텔레스의 목적론을 거부할 충분한 근거를 제시하지 못했다고 비판한다. 이런 맥락에서 볼로틴은 근대 과학이 자연에 목적이 없음을 보이지도 못했고 그렇게 하려는 시도조차 하지 않았다고 지적한다. 또한 우드필드는 목적론적 설명이 과학적 설명은 아니지만, 목적론의 옳고 그름을 확인할 수 없기 때문에 목적론이 거짓이라 할 수도 없다고 지적한다.

　　17세기의 과학은 실험을 통해 과학적 설명의 참·거짓을 확인할 것을 요구했고, 그런 경향은 생명체를 비롯한 세상의 모든 것이 물질로만 구성된다는 물질론으로 이어졌으며, 물질론 가운데 일부는 모든 생물학적 과정이 물리·화학 법칙으로 설명된다는 환원론으로 이어졌다. 이런 환원론은 살아 있는 생명체가 죽은 물질과 다르지 않음을 함축한다. 하지만 아리스토텔레스는 자연물의 물질적 구성 요소를 알면 그것의 본성을 모두 설명할 수 있다는 엠페도클레스의 견해를 반박했다. 이 반박은 자연물이 단순히 물질로만 이루어진 것이 아니며, 또한 그것의 본성이 단순히 물리·화학적으로 환원되지도 않는다는 주장을 내포한다.

　　첨단 과학의 발전에도 불구하고 생명체의 존재 원리와 이유를 정확히 규명하는 과제는 아직 진행 중이다. 자연물의 구성 요소에 대한 아리스토텔레스의 탐구는 자연물이 존재하고 운동하는 원리와 이유를 밝히려는 것이었고, 그의 목적론은 지금까지 이어지는 그러한 탐구의 출발점이라 할 수 있다.

① 자연물의 본성적 운동은 외적 원인에 의해 야기되기도 한다.

② 낙엽의 운동은 본성적 목적 개념으로는 설명되지 않는다.

③ 본성적 운동의 주체는 본성을 실현할 능력을 갖고 있다.

④ 자연물의 목적 실현은 때로는 그 자연물에 해가 된다.

 아리스토텔레스는 모든 자연물이 목적을 추구하는 본성을 타고나며, 외적 원인이 아니라 내재적 본성에 따른 운동을 한다는 목적론을 제시하였다. 아리스토텔레스에 따르면 이러한 본성적 운동의 주체는 단순히 목적을 갖는 데 그치는 것이 아니라 목적을 실현할 능력도 타고난다.

Answer⌐→ 39.③

40 다음 중 글의 내용과 일치하지 않는 것은?

시간 예술이라고 지칭되는 음악에서 템포의 완급은 대단히 중요하다. 동일곡이지만 템포의 기준을 어떻게 잡아서 재현해 내느냐에 따라서 그 음악의 악상은 달라진다. 그런데 이처럼 중요한 템포의 인지 감각도 문화권에 따라, 혹은 민족에 따라서 상이할 수 있으니, 동일한 속도의 음악을 듣고도 누구는 빠르게 느끼는 데 비해서 누구는 느린 것으로 인지하는 것이다. 결국 문화권에 따라서 템포의 인지 감각이 다를 수도 있다는 사실은 바꿔 말해서 서로 문화적 배경이 다르면 사람에 따라 적절하다고 생각하는 모데라토의 템포도 큰 차이가 있을 수 있다는 말과 같다.

한국의 전통 음악은 서양 고전 음악에 비해서 비교적 속도가 느린 것이 분명하다. 대표적 정악곡(正樂曲)인 '수체천(壽齊天)'이나 '상령산(上靈山)' 등의 음악을 들어보면 수긍할 것이다. 또한 이 같은 구체적인 음악의 예가 아니더라도 국악의 첫인상을 일단 '느리다'고 간주해 버리는 일반의 통념을 보더라도 전래의 한국 음악이 보편적인 서구 음악에 비해서 느린 것은 틀림없다고 하겠다. 그런데 한국의 전통 음악이 서구 음악에 비해서 상대적으로 속도가 느린 이유는 무엇일까? 이에 대한 해답도 여러 가지 문화적 혹은 민족적인 특질과 연결해서 생각할 때 결코 간단한 문제가 아니겠지만, 여기서는 일단 템포의 계량적 단위인 박(beat)의 준거를 어디에 두느냐에 따라서 템포 관념의 차등이 생겼다는 가설 하에 설명을 하기로 한다.

한국의 전통 문화를 보면 그 저변의 잠재의식 속에는 호흡을 중시하는 징후가 역력함을 알 수 있는데, 이 점은 심장의 고동을 중시하는 서양과는 상당히 다른 특성이다. 우리의 문화 속에는 호흡에 얽힌 생활 용어가 한두 가지가 아니다. 숨을 한 번 내쉬고 들이마시는 동안을 하나의 시간 단위로 설정하여 일식간(一息間) 혹은 이식간(二息間)이니 하는 양식척(量息尺)을 써 왔다. 그리고 감정이 격앙되었을 때는 긴 호흡을 해서 감정을 누그러뜨리거나 건강을 위해 단전 호흡법을 수련한다. 이것은 모두 호흡을 중시하고 호흡에 뿌리를 둔 문화 양식의 예들이다. 더욱이 심장의 정지를 사망으로 단정하는 서양과는 달리 우리의 경우에는 '숨이 끊어졌다'는 말로 유명을 달리했음을 표현한다. 이와 같이 확실히 호흡의 문제는 모든 생리 현상에서부터 문화 현상에 이르기까지 우리의 의식 저변에 두루 퍼져있는 민족의 공통적 문화소가 아닐 수 없다.

이와 같은 동서양 간의 상호 이질적인 의식 성향을 염두에 두고 각자의 음악을 관찰해 보면, 서양의 템포 개념은 맥박, 곧 심장의 고동에 기준을 두고 있으며, 우리의 그것은 호흡의 주기, 즉 폐부의 운동에 뿌리를 두고 있음을 알 수 있다. 서양의 경우 박자의 단위인 박을 비트(beat), 혹은 펄스(pulse)라고 한다. 펄스라는 말이 곧 인체의 맥박을 의미하듯이 서양음악은 원초적으로 심장을 기준으로 출발한 것이다. 이에 비해 한국의 전통 음악은 모음 변화를 일으켜 가면서까지 길게 끌며 호흡의 리듬을 타고 있음을 볼 때, 근원적으로 호흡에 뿌리를 둔 음악임을 알 수 있다. 결국 한국 음악에서 안온한 마음을 느낄 수 있는 모데라토의 기준 속도는, 1분간의 심장의 박동수와 호흡의 주기와의 차이처럼, 서양 음악의 그것에 비하면 무려 3배쯤 느린 것임을 알 수 있다.

① 우리 음악의 박자는 호흡 주기에 뿌리를 두고 있다.

② 서양 음악은 심장 박동수를 박자의 준거로 삼았다.

③ 템포의 완급을 바꾸어도 악상은 변하지 않는다.

④ 우리 음악은 서양 음악에 비해 상대적으로 느리다.

 ③ 글의 첫머리에서 음악에서 템포의 완급은 대단히 중요하며 동일곡이라도 템포의 기준을
어떻게 잡아서 재현해 내느냐에 따라서 그 음악의 악상이 달라진다고 언급하고 있다.
①②④ 마지막 문단을 통해 알 수 있다.

Answer♪→ 40.③

02 조직이해능력

1 조직과 개인

(1) 조직

① 조직과 기업
　㉠ 조직 : 두 사람 이상이 공동의 목표를 달성하기 위해 의식적으로 구성된 상호작용과 조정을 행하는 행동의 집합체
　㉡ 기업 : 노동, 자본, 불자, 기술 등을 투입하여 제품이나 서비스를 산출하는 기관
② 조직의 유형

기준	구분	예
공식성	공식조직	조직의 규모, 기능, 규정이 조직화된 조직
	비공식조직	인간관계에 따라 형성된 자발적 조직
영리성	영리조직	사기업
	비영리조직	정부조직, 병원, 대학, 시민단체
조직규모	소규모 조직	가족 소유의 상점
	대규모 조직	대기업

(2) 경영

① 경영의 의미 … 경영은 조직의 목적을 달성하기 위한 전략, 관리, 운영활동이다.
② 경영의 구성요소
　㉠ 경영목적 : 조직의 목적을 달성하기 위한 방법이나 과정
　㉡ 인적자원 : 조직의 구성원·인적자원의 배치와 활용
　㉢ 자금 : 경영활동에 요구되는 돈·경영의 방향과 범위 한정
　㉣ 경영전략 : 변화하는 환경에 적응하기 위한 경영활동 체계화

③ 경영자의 역할

대인적 역할	정보적 역할	의사결정적 역할
• 조직의 대표자	• 외부환경 모니터	• 문제 조정
• 조직의 리더	• 변화전달	• 대외적 협상 주도
• 상징자, 지도자	• 정보전달자	• 분쟁조정자, 자원배분자, 협상가

(3) 조직체제 구성요소

① **조직목표** … 전체 조직의 성과, 자원, 시장, 인력개발, 혁신과 변화, 생산성에 대한 목표

② **조직구조** … 조직 내의 부문 사이에 형성된 관계

③ **조직문화** … 조직구성원들 간에 공유하는 생활양식이나 가치

④ **규칙 및 규정** … 조직의 목표나 전략에 따라 수립되어 조직구성원들이 활동범위를 제약하고 일관성을 부여하는 기능

예제 1

주어진 글의 빈칸에 들어갈 말로 가장 적절한 것은?

> 조직이 지속되게 되면 조직구성원들 간 생활양식이나 가치를 공유하게 되는데 이를 조직의 (㉠)라고 한다. 이는 조직구성원들의 사고와 행동에 영향을 미치며 일체감과 정체성을 부여하고 조직이 (㉡)으로 유지되게 한다. 최근 이에 대한 중요성이 부각되면서 긍정적인 방향으로 조성하기 위한 경영층의 노력이 이루어지고 있다.

① ㉠ : 목표, ㉡ : 혁신적   ② ㉠ : 구조, ㉡ : 단계적

③ ㉠ : 문화, ㉡ : 안정적   ④ ㉠ : 규칙, ㉡ : 체계적

[출제의도]
본 문항은 조직체계의 구성요소들의 개념을 묻는 문제이다.
[해설]
조직문화란 조직구성원들 간에 공유하게 되는 생활양식이나 가치를 말한다. 이는 조직구성원들의 사고와 행동에 영향을 미치며 일체감과 정체성을 부여하고 조직이 안정적으로 유지되게 한다.

답 ③

---

(4) 조직변화의 과정

환경변화 인지 → 조직변화 방향 수립 → 조직변화 실행 → 변화결과 평가

(5) 조직과 개인

개인	지식, 기술, 경험 →	조직
	← 연봉, 성과급, 인정, 칭찬, 만족감	

2 조직이해능력을 구성하는 하위능력

(1) 경영이해능력

① 경영 … 경영은 조직의 목적을 달성하기 위한 전략, 관리, 운영활동이다.
    ㉠ 경영의 구성요소 : 경영목적, 인적자원, 자금, 전략
    ㉡ 경영의 과정

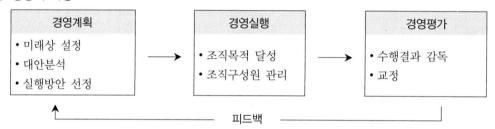

    ㉢ 경영활동 유형
     • 외부경영활동 : 조직외부에서 조직의 효과성을 높이기 위해 이루어지는 활동이다.
     • 내부경영활동 : 조직내부에서 인적, 물적 자원 및 생산기술을 관리하는 것이다.

② 의사결정과정
    ㉠ 의사결정의 과정
     • 확인 단계 : 의사결정이 필요한 문제를 인식한다.
     • 개발 단계 : 확인된 문제에 대하여 해결방안을 모색하는 단계이다.
     • 선택 단계 : 해결방안을 마련하며 실행가능한 해결안을 선택한다.
    ㉡ 집단의사결정의 특징
     • 지식과 정보가 더 많아 효과적인 결정을 할 수 있다.
     • 다양한 견해를 가지고 접근할 수 있다.
     • 결정된 사항에 대하여 의사결정에 참여한 사람들이 해결책을 수월하게 수용하고, 의사소통의 기회도 향상된다.

- 의견이 불일치하는 경우 의사결정을 내리는데 시간이 많이 소요된다.
- 특정 구성원에 의해 의사결정이 독점될 가능성이 있다.

③ 경영전략
  ㉠ 경영전략 추진과정

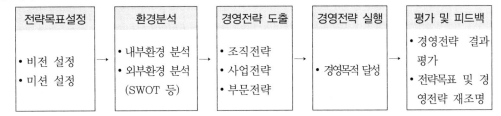

전략목표설정	환경분석	경영전략 도출	경영전략 실행	평가 및 피드백
• 비전 설정 • 미션 설정	• 내부환경 분석 • 외부환경 분석 (SWOT 등)	• 조직전략 • 사업전략 • 부문전략	• 경영목적 달성	• 경영전략 결과 평가 • 전략목표 및 경영전략 재조명

  ㉡ 마이클 포터의 본원적 경쟁전략

		전략적 우위 요소	
		고객들이 인식하는 제품의 특성	원가우위
전략적 목표	산업전체	차별화	원가우위
	산업의 특정부문	집중화	
		(차별화 + 집중화)	(원가우위 + 집중화)

예제 2

다음은 경영전략을 세우는 방법 중 하나인 SWOT에 따른 어느 기업의 분석결과이다. 다음 중 주어진 기업 분석 결과에 대응하는 전략은?

강점(Strength)	• 차별화된 맛과 메뉴 • 폭넓은 네트워크
약점(Weakness)	• 매출의 계절적 변동폭이 큼 • 딱딱한 기업 이미지
기회(Opportunity)	• 소비자의 수요 트랜드 변화 • 가계의 외식 횟수 증가 • 경기회복 가능성
위협(Threat)	• 새로운 경쟁자의 진입 가능성 • 과도한 가계부채

내부환경 외부환경	강점(Strength)	약점(Weakness)
기회 (Opportunity)	① 계절 메뉴 개발을 통한 분기 매출 확보	② 고객의 소비패턴을 반영한 광고를 통한 이미지 쇄신
위협 (Threat)	③ 소비 트렌드 변화를 반영한 시장 세분화 정책	④ 고급화 전략을 통한 매출 확대

[출제의도]
본 문항은 조직이해능력의 하위능력인 경영관리능력을 측정하는 문제이다. 기업에서 경영전략을 세우는데 많이 사용되는 SWOT분석에 대해 이해하고 주어진 분석표를 통해 가장 적절한 경영전략을 도출할 수 있는지를 확인할 수 있다.

[해설]
② 딱딱한 이미지를 현재 소비자의 수요 트렌드라는 환경 변화에 대응하여 바꿀 수 있다.

답 ②

④ 경영참가제도

　㉠ 목적
- 경영의 민주성을 제고할 수 있다.
- 공동으로 문제를 해결하고 노사 간의 세력 균형을 이룰 수 있다.
- 경영의 효율성을 제고할 수 있다.
- 노사 간 상호 신뢰를 증진시킬 수 있다.

　㉡ 유형
- 경영참가 : 경영자의 권한인 의사결정과정에 근로자 또는 노동조합이 참여하는 것
- 이윤참가 : 조직의 경영성과에 대하여 근로자에게 배분하는 것
- 자본참가 : 근로자가 조직 재산의 소유에 참여하는 것

예제 3

다음은 중국의 H사에서 시행하는 경영참가제도에 대한 기사이다. 밑줄 친 이 제도는 무엇인가?

> H사는 '사람' 중심의 수평적 기업문화가 발달했다. H사는 <u>이 제도</u>의 시행을 통해 직원들이 경영에 간접적으로 참여할 수 있게 하였는데 이에 따라 자연스레 기업에 대한 직원들의 책임 의식도 강화됐다. 참여주주는 8만2471명이다. 모두 H사의 임직원이며, 이 중 창립자인 CEO R은 개인 주주로 총 주식의 1.18%의 지분과 퇴직연금으로 주식총액의 0.21%만을 보유하고 있다.

① 노사협의회제도　　　　　② 이윤분배제도
③ 종업원지주제도　　　　　④ 노동주제도

[출제의도]
경영참가제도는 조직원이 자신이 속한 조직에서 주인의식을 갖고 조직의 의사결정과정에 참여할 수 있도록 하는 제도이다. 본 문항은 경영참가제도의 유형을 구분해낼 수 있는가를 묻는 질문이다.

[해설]
종업원지주제도 … 기업이 자사 종업원에게 특별한 조건과 방법으로 자사 주식을 분양 · 소유하게 하는 제도이다. 이 제도의 목적은 종업원에 대한 근검저축의 장려, 공로에 대한 보수, 자사에의 귀속의식 고취, 자사에의 일체감 조성 등이 있다.

답 ③

---

(2) 체제이해능력

① 조직목표 : 조직이 달성하려는 장래의 상태

　㉠ 조직목표의 기능
- 조직이 존재하는 정당성과 합법성 제공
- 조직이 나아갈 방향 제시
- 조직구성원 의사결정의 기준
- 조직구성원 행동수행의 동기유발
- 수행평가 기준
- 조직설계의 기준

ⓛ 조직목표의 특징
- 공식적 목표와 실제적 목표가 다를 수 있음
- 다수의 조직목표 추구 가능
- 조직목표 간 위계적 상호관계가 있음
- 가변적 속성
- 조직의 구성요소와 상호관계를 가짐

② 조직구조
ⓖ 조직구조의 결정요인 : 전략, 규모, 기술, 환경
ⓛ 조직구조의 유형과 특징

유형	특징
기계적 조직	• 구성원들의 업무가 분명하게 규정 • 엄격한 상하 간 위계질서 • 다수의 규칙과 규정 존재
유기적 조직	• 비공식적인 상호의사소통 • 급변하는 환경에 적합한 조직

③ 조직문화
ⓖ 조직문화 기능
- 조직구성원들에게 일체감, 정체성 부여
- 조직몰입 향상
- 조직구성원들의 행동지침 : 사회화 및 일탈행동 통제
- 조직의 안정성 유지
ⓛ 조직문화 구성요소(7S) : 공유가치(Shared Value), 리더십 스타일(Style), 구성원(Staff), 제도·절차(System), 구조(Structure), 전략(Strategy), 스킬(Skill)

④ 조직 내 집단
ⓖ 공식적 집단 : 조직에서 의식적으로 만든 집단으로 집단의 목표, 임무가 명확하게 규정되어 있다.
　예 임시위원회, 작업팀 등
ⓛ 비공식적 집단 : 조직구성원들의 요구에 따라 자발적으로 형성된 집단이다.
　예 스터디모임, 봉사활동 동아리, 각종 친목회 등

(3) 업무이해능력

① 업무 : 업무는 상품이나 서비스를 창출하기 위한 생산적인 활동이다.

㉠ 업무의 종류

부서	업무(예)
총무부	주주총회 및 이사회개최 관련 업무, 의전 및 비서업무, 집기비품 및 소모품의 구입과 관리, 사무실 임차 및 관리, 차량 및 통신시설의 운영, 국내외 출장 업무 협조, 복리후생 업무, 법률자문과 소송관리, 사내외 홍보 광고업무
인사부	조직기구의 개편 및 조정, 업무분장 및 조정, 인력수급계획 및 관리, 직무 및 정원의 조정 종합, 노사관리, 평가관리, 상벌관리, 인사발령, 교육체계 수립 및 관리, 임금제도, 복리후생제도 및 지원업무, 복무관리, 퇴직관리
기획부	경영계획 및 전략 수립, 전사기획업무 종합 및 조정, 중장기 사업계획의 종합 및 조정, 경영정보 조사 및 기획보고, 경영진단업무, 종합예산수립 및 실적관리, 단기사업계획 종합 및 조정, 사업계획, 손익추정, 실적관리 및 분석
회계부	회계제도의 유지 및 관리, 재무상태 및 경영실적 보고, 결산 관련 업무, 재무제표 분석 및 보고, 법인세, 부가가치세, 국세 지방세 업무자문 및 지원, 보험가입 및 보상업무, 고정자산 관련 업무
영업부	판매 계획, 판매예산의 편성, 시장조사, 광고 선전, 견적 및 계약, 제조지시서의 발행, 외상매출금의 청구 및 회수, 제품의 재고 조절, 거래처로부터의 불만처리, 제품의 애프터서비스, 판매원가 및 판매가격의 조사 검토

예제 4

다음은 I기업의 조직도와 팀장님의 지시사항이다. H씨가 팀장님의 심부름을 수행하기 위해 연락해야 할 부서로 옳은 것은?

H씨! 내가 지금 너무 바빠서 그러는데 부탁 좀 들어줄래요? 다음 주 중에 사장님 모시고 클라이언트와 만나야 할 일이 있으니까 사장님 일정을 확인해주시구요. 이번 달에 신입사원 교육·훈련계획이 있었던 것 같은데 정확한 시간이랑 날짜를 확인해주세요.

① 총무부, 인사부
② 총무부, 홍보실
③ 기획부, 총무부
④ 영업부, 기획부

[출제의도]
조직도와 부서의 명칭을 보고 개략적인 부서의 소관 업무를 분별할 수 있는지를 묻는 문항이다.
[해설]
사장의 일정에 관한 사항은 비서실에서 관리하나 비서실이 없는 회사의 경우 총무부(또는 팀)에서 비서 업무를 담당하기도 한다. 또한 신입사원 관리 및 교육은 인사부에서 관리한다.

답 ①

　　ⓛ 업무의 특성
　　　• 공통된 조직의 목적 지향
　　　• 요구되는 지식, 기술, 도구의 다양성
　　　• 다른 업무와의 관계, 독립성
　　　• 업무수행의 자율성, 재량권

② 업무수행 계획
　　㉠ 업무지침 확인 : 조직의 업무지침과 나의 업무지침을 확인한다.
　　ⓛ 활용 자원 확인 : 시간, 예산, 기술, 인간관계
　　ⓒ 업무수행 시트 작성
　　　• 간트 차트 : 단계별로 업무의 시작과 끝 시간을 바 형식으로 표현
　　　• 워크 플로 시트 : 일의 흐름을 동적으로 보여줌
　　　• 체크리스트 : 수행수준 달성을 자가점검

Point >> 간트 차트와 플로 차트

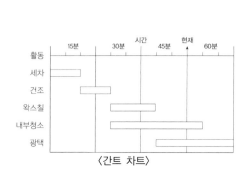

〈간트 차트〉

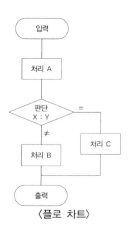

〈플로 차트〉

예제 5

다음 중 업무수행 시 단계별로 업무를 시작해서 끝나는 데까지 걸리는 시간을 바 형식으로 표시하여 전체 일정 및 단계별로 소요되는 시간과 각 업무활동 사이의 관계를 볼 수 있는 업무수행 시트는?

① 간트 차트
② 워크 플로 차트
③ 체크리스트
④ 퍼트 차트

③ 업무 방해요소
   ㉠ 다른 사람의 방문, 인터넷, 전화, 메신저 등
   ㉡ 갈등관리
   ㉢ 스트레스

(4) 국제감각

① 세계화와 국제경영
- ㉠ 세계화 : 3Bs(국경 ; Border, 경계 ; Boundary, 장벽 ; Barrier)가 완화되면서 활동범위가 세계로 확대되는 현상이다.
- ㉡ 국제경영 : 다국적 내지 초국적 기업이 등장하여 범지구적 시스템과 네트워크 안에서 기업 활동이 이루어지는 것이다.

② 이문화 커뮤니케이션 : 서로 상이한 문화 간 커뮤니케이션으로 직업인이 자신의 일을 수행하는 가운데 문화배경을 달리하는 사람과 커뮤니케이션을 하는 것이 이에 해당한다. 이문화 커뮤니케이션은 언어적 커뮤니케이션과 비언어적 커뮤니케이션으로 구분된다.

③ 국제 동향 파악 방법
- ㉠ 관련 분야 해외사이트를 방문해 최신 이슈를 확인한다.
- ㉡ 매일 신문의 국제면을 읽는다.
- ㉢ 업무와 관련된 국제잡지를 정기구독 한다.
- ㉣ 고용노동부, 한국산업인력공단, 산업통상자원부, 중소기업청, 상공회의소, 산업별인적자원개발협의체 등의 사이트를 방문해 국제동향을 확인한다.
- ㉤ 국제학술대회에 참석한다.
- ㉥ 업무와 관련된 주요 용어의 외국어를 알아둔다.
- ㉦ 해외서점 사이트를 방문해 최신 서적 목록과 주요 내용을 파악한다.
- ㉧ 외국인 친구를 사귀고 대화를 자주 나눈다.

④ 대표적인 국제매너
- ㉠ 미국인과 인사할 때에는 눈이나 얼굴을 보는 것이 좋으며 오른손으로 상대방의 오른손을 힘주어 잡았다가 놓아야 한다.
- ㉡ 러시아와 라틴아메리카 사람들은 인사할 때에 포옹을 하는 경우가 있는데 이는 친밀함의 표현이므로 자연스럽게 받아주는 것이 좋다.
- ㉢ 명함은 받으면 꾸기거나 계속 만지지 않고 한 번 보고나서 탁자 위에 보이는 채로 대화하거나 명함집에 넣는다.
- ㉣ 미국인들은 시간 엄수를 중요하게 생각하므로 약속시간에 늦지 않도록 주의한다.
- ㉤ 스프를 먹을 때에는 몸쪽에서 바깥쪽으로 숟가락을 사용한다.
- ㉥ 생선요리는 뒤집어 먹지 않는다.
- ㉦ 빵은 스프를 먹고 난 후부터 디저트를 먹을 때까지 먹는다.

출제예상문제

▌1~2▐ 다음은 우리은행의 조직도이다. 물음에 답하시오.

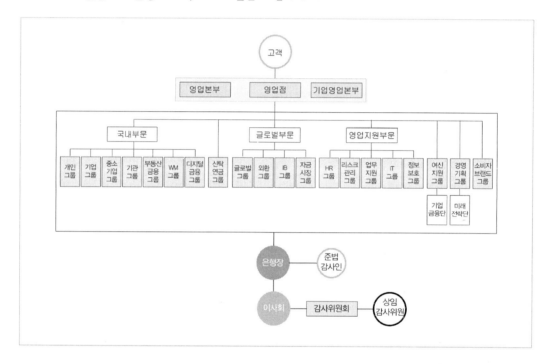

1 다음 중 우리은행의 조직에 관한 설명으로 옳지 않은 것은?

① 부동산 금융 그룹은 국내부문에 속해 있다.

② 글로벌 부문 아래 총 4그룹이 있다.

③ 그룹 아래에는 2개의 단이 존재한다.

④ 총 3부문 21그룹으로 이루어져있다.

> **Tip** ④ 총 3부문 20그룹으로 이루어져있다.

2 다음 중 영업지원부문에 속하는 그룹이 아닌 것은?

① HR 그룹 　　　　　　　　② IT 그룹

③ 신탁 연금 그룹 　　　　　④ 정보 보호 그룹

> **영업지원부분**
> ㉠ HR 그룹
> ㉡ 리스크 관리 그룹
> ㉢ 업무 지원 그룹
> ㉣ IT 그룹
> ㉤ 정보 보호 그룹

3 다음 글에 나타난 업무 방해요소로 옳은 것은?

> S물류회사에 재직 중인 정수는 기존 자료를 종합해 팀장님께 보고하기로 하였다. 그러나 오전부터 밀려오는 고객 불만 전화에 대응하느라 근무 시간을 상당히 할애하였다. 결국 퇴근 시간을 지나서야 보고서를 쓰게 되었고 어쩔 수 없이 야근을 하게 되었다.

① 동료와의 갈등 　　　　　　② 업무의 스트레스

③ 다른 사람의 방문 　　　　　④ 고객의 전화

> **업무 방해요소**
> ㉠ 다른 사람의 방문, 인터넷, 전화, 메신저 등
> ㉡ 갈등관리
> ㉢ 스트레스

Answer☞ 1.④　2.③　3.④

4 다음 글을 읽고 진성이가 소속된 부서로 알맞은 것은?

> 진성이가 소속된 부서는 매주 월요일마다 직원들이 모여 경영계획에 대한 회의를 한다. 이번 안건은 최근 문제가 된 중장기 사업계획으로, 이를 종합하여 조정을 하거나 적절하게 예산수립을 하기 위해 의견을 공유하는 자리가 되었다. 더불어 오후에는 기존 사업의 손익을 추정하여 관리 및 분석을 통한 결과를 부장님께 보고하기로 하였다.

① 총무부 ② 인사부
③ 기획부 ④ 회계부

 제시된 글은 기획부의 업무에 해당한다.

※ 업무의 종류
  ㉠ **총무부** : 주주총회 및 이사회개최 관련 업무, 의전 및 비서업무, 집기비품 및 소모품의 구입과 관리, 사무실 임차 및 관리, 차량 및 통신시설의 운영, 국내외 출장 업무 협조, 복리후생 업무, 법률자문과 소송관리, 사내외 홍보 광고업무
  ㉡ **인사부** : 조직기구의 개편 및 조정, 업무분장 및 조정, 인력수급계획 및 관리, 식무 및 정원의 조정 종합, 노사관리, 평가관리, 상벌관리, 인사발령, 교육체계 수립 및 관리, 임금제도, 복리후생제도 및 지원업무, 복무관리, 퇴직관리
  ㉢ **기획부** : 경영계획 및 전략 수립, 전사기획업무 종합 및 조정, 중장기 사업계획의 종합 및 조정, 경영정보 조사 및 기획보고, 경영진단업무, 종합예산수립 및 실적관리, 단기사업계획 종합 및 조정, 사업계획, 손익추정, 실적관리 및 분석
  ㉣ **회계부** : 회계제도의 유지 및 관리, 재무상태 및 경영실적 보고, 결산 관련 업무, 재무제표 분석 및 보고, 법인세, 부가가치세, 국세 지방세 업무자문 및 지원, 보험가입 및 보상업무, 고정자산 관련 업무
  ㉤ **영업부** : 판매 계획, 판매예산의 편성, 시장조사, 광고 선전, 견적 및 계약, 제조지시서의 발행, 외상매출금의 청구 및 회수, 제품의 재고 조절, 거래처로부터의 불만처리, 제품의 애프터서비스, 판매원가 및 판매가격의 조사 검토

5 21세기의 많은 기업 조직들은 불투명한 경영환경을 이겨내기 위해 많은 방법들을 활용하곤 한다. 이 중 브레인스토밍은 일정한 테마에 관하여 회의형식을 채택하고, 구성원의 자유발언을 통한 아이디어의 제시를 요구해 발상의 전환을 이루고 해법을 찾아내려는 방법인데 아래의 글을 참고하여 브레인스토밍에 관련한 것으로 보기 가장 어려운 것을 고르면?

> 전라남도는 지역 중소·벤처기업, 소상공인들이 튼튼한 지역경제의 버팀목으로 성장하도록 지원하는 정책 아이디어를 발굴하기 위해 27일 전문가 브레인스토밍 회의를 개최했다. 이날 회의는 정부의 경제성장 패러다임이 대기업 중심에서 중소·벤처기업 중심으로 전환됨에 따라 지역 차원에서 기업 지원 관련 기관, 교수, 상공인연합회, 중소기업 대표 등 관련 전문가들을 초청해 이뤄졌다. 회의에서는 중소·벤처기업, 소상공인 육성·지원과 청년창업 활성화를 위한 70여 건의 다양한 제안이 쏟아졌으며, 제안된 내용에 대해 구체적 실행 방안도 토론했다. 회의에 참석한 전문가들은 "중소·벤처기업이 변화를 주도하고, 혁신적 아이디어로 창업해 튼튼한 기업으로 성장하도록 정부와 지자체가 충분한 환경을 구축해주는 시스템의 변화가 필요하다"고 입을 모았다.

① 쉽게 실행할 수 있고, 다양한 주제를 가지고 실행할 수 있다.

② 이러한 기법의 경우 아이디어의 양보다 질에 초점을 맞춘 것으로 볼 수 있다.

③ 집단의 작은 의사결정부터 큰 의사결정까지 복잡하지 않은 절차를 통해 팀의 구성원들과 아이디어를 공유하는 것이 가능하다.

④ 비판 및 비난을 자제하는 것을 원칙으로 하고 있으므로 집단의 구성원들이 비교적 부담 없이 의견을 표출할 수 있다는 이점이 있다.

 브레인스토밍 기법은 아이디어의 질보다 양에 초점을 맞춘 것으로서 집단 구성원들은 즉각적으로 생각나는 아이디어를 제시할 수 있으며, 그로 인해 브레인스토밍은 다량의 아이디어를 도출해낼 수 있다. 또한, 구성원들은 자신이 가지고 있던 기존 아이디어를 개선해 더욱 더 발전된 형태의 아이디어를 창출할 수 있는데, 이는 다른 사람의 의견을 참고해서 창의적으로 조합할 수 있기 때문이다.

Answer 4.③ 5.②

6 다음의 혁신 사례 보고서를 통해 알 수 있는 기업의 활동으로 옳은 것만을 〈보기〉에서 있
   는 대로 모두 고른 것은?

－(주)서원각 혁신 사례 보고서－

〈인적자원관리부문〉

▸ 주택 자금 저금리 대출, 자녀 학비 보조금 등 지원
▸ 구성원들이 소외감을 갖지 않고 유대감을 높일 수 있도록 사내 동아리 활성화

〈생산관리부문〉

▸ 자재를 필요한 시기에 공급하여 원활한 생산이 가능한 시스템 구축
▸ 품질에 영향을 끼칠 수 있는 모든 활동을 분석하여 기업의 구성원 전체가 품질 관
  리에 참여

〈보기〉

㉠ 근로자들에게 법징 외 복리 후생을 지원하였다.
㉡ 인사 관리 원칙 중 창의력 계발의 원칙을 적용하였다.
㉢ 적시 생산 시스템(JIT)을 도입하여 재고를 관리하였다.
㉣ 품질을 관리하기 위해 종합적 품질 관리(TQC)시스템을 도입하였다.

---

① ㉠㉣   ② ㉡㉢
③ ㉠㉡㉢   ④ ㉠㉢㉣

 ㉡ 구성원들이 서로 유대감을 가지고 협동, 단결할 수 있도록 하는 것은 단결의 원칙이다.
대출 및 자녀 학비 보조금 지원은 법정 외 복리 후생제도에 의한 지원이다.
자재를 필요한 시기에 공급하는 것은 적시 생산 시스템이다.
기업의 구성원 전체가 품질 관리에 참여도록 하는 것은 종합적 품질 관리이다.

7 신입사원 교육을 받으러 온 직원들에게 나눠준 조직도를 보고 사원들이 나눈 대화이다. 다음 중 조직도를 올바르게 이해한 사원을 모두 고른 것은?

A : 조직도를 보면 본사는 3개 본부, 1개 지원실, 콜센터를 포함한 총 10개 팀으로 구성되어 있군.
B : 그런데 품질혁신팀은 따로 본부에 소속되어 있지 않고 대표이사님 직속으로 소속되어 있네.
C : 전국의 서비스센터는 고객지원실에서 관리해.

① A   ② A, C
③ B, C   ④ A, B, C

 콜센터를 포함하면 11개의 팀으로 구성되어 있다.

8 다음 중 조직목표에 대한 설명 중 옳은 것은?

① 공식적인 목표인 사명은 측정 가능한 형태로 기술되는 단기적인 목표이다.

② 조직목표는 환경이나 여러 원인들에 의해 변동되거나 없어지지 않는다.

③ 구성원들이 자신의 업무만을 성실하게 수행하면 조직목표는 자연스럽게 달성된다.

④ 조직은 다수의 목표를 추구할 수 있으며 이들은 상하관계를 가지기도 한다.

① 조직의 사명은 조직의 비전, 가치와 신념, 조직의 존재이유 등을 공식적인 목표로 표현한 것이다. 반면에, 세부목표 혹은 운영목표는 조직이 실제적인 활동을 통해 달성하고자 하는 것으로 사명에 비해 측정 가능한 형태로 기술되는 단기적인 목표이다.

② 조직목표는 한번 수립되면 달성될 때까지 지속되는 것이 아니라 환경이나 조직 내의 다양한 원인들에 의해 변동되거나 없어지고 새로운 목표로 대치되기도 한다.

③ 조직구성원들은 자신의 업무를 성실하게 수행한다고 하더라도 전체 조직목표에 부합되지 않으면 조직목표가 달성될 수 없으므로 조직목표를 이해하고 있어야 한다.

④ 조직은 다수의 조직목표를 추구할 수 있다. 이러한 조직목표들은 위계적 상호관계가 있어서 서로 상하관계에 있으면서 영향을 주고받는다.

9 조직이 유연하고 자유로운지 아니면 안정이나 통제를 추구하는지, 조직이 내부의 단결이나 통합을 추구하는지 아니면 외부의 환경에 대한 대응성을 추구하는지의 차원에 따라 집단문화, 개발문화, 합리문화, 계층문화로 구분된다. 지문에 주어진 특징을 갖춘 조직문화의 유형은?

> 과업지향적인 문화로, 결과지향적인 조직으로써의 업무의 완수를 강조한다. 조직의 목표를 명확하게 설정하여 합리적으로 달성하고, 주어진 과업을 효과적이고 효율적으로 수행하기 위하여 실적을 중시하고, 직무에 몰입하며, 미래를 위한 계획을 수립하는 것을 강조한다. 합리문화는 조직구성원 간의 경쟁을 유도하는 문화이기 때문에 때로는 지나친 성과를 강조하게 되어 조직에 대한 조직구성원들의 방어적인 태도와 개인주의적인 성향을 드러내는 경향을 보인다.

① 집단문화 ② 개발문화

③ 합리문화 ④ 계층문화

① 관계지향적인 문화이며, 조직구성원 간 인간애 또는 인간미를 중시하는 문화로서 조직내부의 통합과 유연한 인간관계를 강조한다. 따라서 조직구성원 간 인화단결, 협동, 팀워크, 공유가치, 사기, 의사결정과정에 참여 등을 중요시하며, 개인의 능력개발에 대한 관심이 높고 조직구성원에 대한 인간적 배려와 가족적인 분위기를 만들어내는 특징을 가진다.

② 높은 유연성과 개성을 강조하며 외부환경에 대한 변화지향성과 신축적 대응성을 기반으로 조직구성원의 도전의식, 모험성, 창의성, 혁신성, 자원획득 등을 중시하며 조직의 성장과 발전에 관심이 높은 조직문화를 의미한다. 따라서 조직구성원의 업무수행에 대한 자율성과 자유재량권 부여 여부가 핵심요인이다.

④ 조직내부의 통합과 안정성을 확보하고 현상유지차원에서 계층화되고 서열화된 조직구조를 중요시하는 조직문화이다. 즉, 위계질서에 의한 명령과 통제, 업무처리 시 규칙과 법을 준수하고, 관행과 안정, 문서와 형식, 보고와 정보관리, 명확한 책임소재 등을 강조하는 관리적 문화의 특징을 나타내고 있다.

10 다음 표는 A, B회사를 비교한 것이다. 이에 대한 설명으로 옳은 것을 모두 고른 것은?

내용＼회사	A	B
특징	• 태양광 장비 판매 • 국내·외 특허 100건 보유	• 휴대폰 생산 판매 • 미국 특허 10건 보유
경영자	전문 경영자	고용 경영자
생산 방식	주문 생산	계획 생산
노동조합	채용 후 일정 기간 안에 조합에 가입해야 함	채용과 동시에 조합에 가입해야 함

㉠ A는 판매 시장의 수요를 고려하여 생산한다.
㉡ B는 국내에서 휴대폰을 생산할 때 특허에 대한 권리를 인정받는다.
㉢ A는 유니언 숍 방식을, B는 클로즈드 숍 방식을 채택하고 있다.
㉣ A의 경영자는 B에 비하여 출자자로부터 독립하여 독자적인 지위와 기업 경영에 대한 실권을 가진다.

① ㉠㉡　　　　　　　　　　　　② ㉠㉢
③ ㉡㉢　　　　　　　　　　　　④ ㉢㉣

 ㉢ 채용 후 일정 기간 안에 조합에 가입하는 것이 유니언 숍, 채용과 동시에 가입하는 것이 클로즈드 숍이다.
㉣ 전문 경영자는 고용 경영자에 비해 독자적인 지위와 기업 경영에 대한 실권을 가진다.

Answer 8.④ 9.③ 10.④

11 아래의 내용을 읽고 밑줄 친 부분과 관련된 고객의 개념을 가장 잘 나타내고 있는 것을 고르면?

> 지난해 항공업계를 흔들었던 '땅콩회항'의 피해자인 대한항공 소속 박창진 사무장과 김도희 승무원이 업무에 복귀한다. 6일 대한항공에 따르면 김도희 승무원은 오는 7일인 요양기간 만료시점이 다가오자 회사 측에 복귀의사를 밝혔다. 박창진 사무장은 앞서 지난달 18일 무급 병 휴직 기간이 끝나자 복귀 의사를 밝힌 것으로 알려졌다. 이들 두 사람은 다른 휴직복귀자들과 함께 서비스안전교육을 이수한 후 현장에 투입될 예정이다.
>
> 지난 2014년 12월 5일 벌어진 '땅콩회항'사건은 조현아 전 대한항공 부사장이 김 승무원이 마카다미아를 포장 째 가져다줬다는 것을 이유로 여객기를 탑승 게이트로 되돌리고 박 사무장을 문책하면서 불거졌다. 이후 <u>박창진 사무장과 김도희 승무원</u> 모두 해당 사건으로 인한 정신적 피해를 호소하면서 회사 측에 휴직을 신청했다.
>
> 두 사람은 휴직 이외에도 뉴욕법원에 조 전 부사장을 상대로 손해배상소송을 제기했다. 그러나 재판부는 사건 당사자와 증인, 증거가 모두 한국에 있다는 이유로 각하됐다. 이에 대해 박 사무장만 항소의향서를 제출해 놓은 상태다. 대한항공 측은 "구체적인 복귀일정은 아직 미정"이라며 "두 승무원이 현장에 복귀해도 이전과 동일하게, 다른 동료 승무원들과도 동등한 대우를 받으며 근무하게 될 것"이라고 말했다.

① 위의 두 사람은 회사 측에서 보면 절대 고객이 될 수 없다.

② 자사에 관심을 보이고 있으며 추후에 신규고객이 될 가능성을 지니고 있는 사람들이다.

③ 두 사람은 자사의 이익 창출을 위한 매개체가 되는 직장상사 또는 부하직원 및 동료라 할 수 있다.

④ 자사의 제품 및 서비스 등을 지속적으로 구매하고 기업과의 강력한 유대관계를 형성하는 사람들이라 볼 수 있다.

 문제에서는 내부고객의 개념을 묻고 있다. 내부고객은 자사의 이익 창출을 위한 매개체가 되는 직장상사 또는 부하직원 및 동료 등의 실제적인 조직의 구성원을 의미하는데, 이들은 일선에서 실제 매출을 발생시키는 외부고객들에 대해서 자사의 이미지와 발전가능성을 제시하는 선두에 있는 고객들이다. 하지만, 자사에 대한 이들 내부 고객 (상사, 종업원 등)의 실망은 고객 서비스의 추락으로 이어지며, 이들을 포함한 외부고객들 또한 자사로부터 등을 돌리게 되는 결과를 초래하게 될 것이다.

12 다음 중 아래 조직도를 보고 잘못 이해한 사람은?

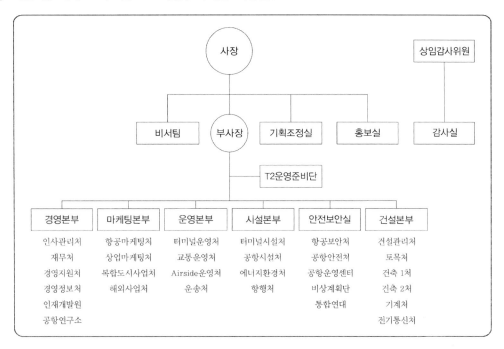

① 정순 : 감사실은 사장 직속이 아니라 상임감사위원 직속으로 되어 있네.

② 진현 : 부사장은 6개의 본부와 1개의 단을 이끌고 있어.

③ 진수 : 인재개발원과 공항연구소는 경영본부에서 관리하는군.

④ 미나 : 마케팅본부와 시설본부에 소속되어 있는 처의 개수는 같네.

Tip　② 부사장은 5개의 본부와 1개의 실, 1개의 단을 이끌고 있다.

▌13~14 ▌ 다음은 어느 회사의 사내 복지 제도와 지원내역에 관한 자료이다. 물음에 답하시오.

〈2016년 사내 복지 제도〉

주택 지원
주택구입자금 대출
전보자 및 독신자를 위한 합숙소 운영

자녀학자금 지원
중고생 전액지원, 대학생 무이자융자

경조사 지원
사내근로복지기금을 운영하여 각종 경조금 지원

기타
사내 동호회 활동비 지원
상병 휴가, 휴직, 4대보험 지원
생일 축하금(상품권 지급)

〈2016년 1/4분기 지원 내역〉

이름	부서	직위	내역	금액(만 원)
엄영식	총무팀	차장	주택구입자금 대출	–
이수연	전산팀	사원	본인 결혼	10
임효진	인사팀	대리	독신자 합숙소 지원	–
김영태	영업팀	과장	휴직(병가)	–
김원식	편집팀	부장	대학생 학자금 무이자융자	–
심민지	홍보팀	대리	부친상	10
이영호	행정팀	대리	사내 동호회 활동비 지원	10
류민호	자원팀	사원	생일(상품권 지급)	5
백성미	디자인팀	과장	중학생 학자금 전액지원	100
채준민	재무팀	인턴	사내 동호회 활동비 지원	10

13 인사팀에 근무하고 있는 사원 B씨는 2016년 1분기에 지원을 받은 사원들을 정리했다. 다음 중 분류가 잘못된 사원은?

구분	이름
주택 지원	엄영식, 임효진
자녀학자금 지원	김원식, 백성미
경조사 지원	이수연, 심민지, 김영태
기타	이영호, 류민호, 채준민

① 엄영식   ② 김원식
③ 심민지   ④ 김영태

 ④ 김영태는 병가로 인한 휴직이므로 '기타'에 속해야 한다.

14 사원 B씨는 위의 복지제도와 지원 내역을 바탕으로 2분기에도 사원들을 지원하려고 한다. 지원한 내용으로 옳지 않은 것은?

① 엄영식 차장이 장모상을 당하셔서 경조금 10만 원을 지원하였다.
② 심민지 대리가 동호회에 참여하게 되어서 활동비 10만 원을 지원하였다.
③ 이수연 사원의 생일이라서 현금 5만 원을 지원하였다.
④ 류민호 사원이 결혼을 해서 10만 원을 지원하였다.

 ③ 생일인 경우에는 상품권 5만 원을 지원한다.

▌15~16 ▌ 다음은 어느 회사의 전화 사용 요령이다. 다음을 읽고 물음에 답하시오.

---

1. 일반 전화 걸기

회사 외부에 전화를 걸어야 하는 경우

→수화기를 들고 9번을 누른 후 (지역번호)+전화번호를 누른다.

2. 전화 당겨 받기

다른 직원에게 전화가 왔으나, 사정상 내가 받아야 하는 경우

→수화기를 들고 *(별표)를 두 번 누른다.

※ 다른 팀에게 걸려온 전화도 당겨 받을 수 있다.

3. 회사 내 직원과 전화하기

→수화기를 들고 내선번호를 누르면 통화가 가능하다.

4. 전화 넘겨주기

외부 전화를 받았는데 내가 담당자가 아니라서 다른 담당자에게 넘겨 줄 경우

→통화 중 상대방에게 양해를 구한 뒤 통화 종료 버튼을 짧게 누른 뒤 내선번호를 누른다. 다른 직원
이 내선 전화를 받으면 어떤 용건인지 간략하게 얘기 한 뒤 수화기를 내려놓으면 자동적으로 전화
가 넘겨진다.

5. 회사 전화를 내 핸드폰으로 받기

외근 나가 있는 상황에서 중요한 전화가 올 예정인 경우

→내 핸드폰으로 착신을 돌리기 위해서는 사무실 수화기를 들고 *(별표)를 누르고 88번을 누른다. 그
리고 내 핸드폰 번호를 입력한다.

→착신을 풀기 위해서는 #(샵)을 누르고 88번을 누른 다음 *(별)을 누르면 된다.

※ 회사 전화를 내 핸드폰으로 받는 기능은 팀장급 이상의 자리에 있는 대표 전화기로만 가능하며, 그 이하의
직급 자리에 있는 일반 전화기로는 이 기능을 사용할 수 없다.

---

15 인사팀에 근무하고 있는 사원S는 신입사원들을 위해 전화기 사용 요령에 대해 교육을 진행
하려고 한다. 다음 중 신입사원들에게 교육하지 않아도 되는 항목은?

① 일반 전화 걸기 　　　　　② 전화 당겨 받기

③ 전화 넘겨 주기 　　　　　④ 회사 전화를 내 핸드폰으로 받기

 회사 전화를 내 핸드폰으로 받는 기능은 팀장급 이상의 자리에 있는 대표 전화기로만 가능
하기 때문에 신입사원에게 교육하지 않아도 되는 항목이다.

16 사원S는 전화 관련 정보들을 신입사원이 이해하기 쉽도록 표로 정리하였다. 정리한 내용으로 옳지 않은 내용이 포함된 항목은?

상황	항목	눌러야 하는 번호
회사 외부로 전화 걸 때	일반 전화 걸기	9+(지역번호)+(전화번호)
다른 직원에게 걸려온 전화를 내가 받아야 할 때	전화 당겨 받기	*(별표) 한번
회사 내 다른 직원과 전화 할 때	회사 내 직원과 전화하기	내선번호
내가 먼저 전화를 받은 경우 다른 직원에게 넘겨 줄 때	전화 넘겨주기	종료버튼(짧게)+내선번호

① 일반 전화 걸기

② 전화 당겨 받기

③ 전화 넘겨 주기

④ 회사 내 직원과 전화하기

 전화를 당겨 받는 경우에는 *(별표)를 두 번 누른다.

┃17~19┃ 다음 설명을 읽고 분석 결과에 대응하는 가장 적절한 전략을 고르시오.

SWOT분석이란 기업의 환경 분석을 통해 마케팅 전략을 수립하는 기법이다. 조직 내부 환경으로는 조직이 우위를 점할 수 있는 강점(Strength), 조직의 효과적인 성과를 방해하는 자원·기술·능력 면에서의 약점(Weakness), 조직 외부 환경으로는 조직 활동에 이점을 주는 기회(Opportunity), 조직 활동에 불이익을 미치는 위협(Threat)으로 구분된다.

※ SWOT분석에 의한 마케팅 전략
 ㉠ SO전략(강점-기회전략) : 시장의 기회를 활용하기 위해 강점을 사용하는 전략
 ㉡ ST전략(강점-위협전략) : 시장의 위협을 회피하기 위해 강점을 사용하는 전략
 ㉢ WO전략(약점-기회전략) : 약점을 극복함으로 시장의 기회를 활용하려는 전략
 ㉣ WT전략(약점-위협전략) : 시장의 위협을 회피하고 약점을 최소화하는 전략

17 다음은 A화장품 기업의 SWOT분석이다. 가장 적절한 전략은?

강점(Strength)	• 화장품과 관련된 높은 기술력 보유 • 기초화장품 전문 브랜드라는 소비자인식과 높은 신뢰도
약점(Weakness)	• 남성전용 화장품 라인의 후발주자 • 용량 대비 높은 가격
기회(Opportunity)	• 남성들의 화장품에 대한 인식변화와 화장품 시장의 지속적인 성장 • 화장품 분야에 대한 정부의 지원
위협(Threat)	• 경쟁업체들의 남성화장품 시장 공략 • 내수경기 침체로 인한 소비심리 위축

① SO전략 : 기초화장품 기술력을 통한 경쟁적 남성 기초화장품 개발
② ST전략 : 유통비조정을 통한 제품의 가격 조정
③ WO전략 : 남성화장품 이외의 라인에 주력하여 경쟁력 강화
④ WT전략 : 정부의 지원을 통한 제품의 가격 조정

 ② 가격을 낮추어 기타 업체들과 경쟁하는 전략으로 WO전략에 해당한다.
③ 위협을 회피하고 약점을 최소화하는 WT전략에 해당한다.
④ 정부의 지원이라는 기회를 활용하여 약점을 극복하는 WO전략에 해당한다.

18 다음은 여성의류 인터넷쇼핑몰의 SWOT분석이다. 가장 적절한 전략은?

강점(Strength)	• 쉽고 빠른 제품선택, 시·공간의 제약 없음 • 오프라인 매장이 없어 비용 절감 • 고객데이터 활용의 편리성
약점(Weakness)	• 높은 마케팅비용 • 보안 및 결제시스템의 취약점 • 낮은 진입 장벽으로 경쟁업체 난립
기회(Opportunity)	• 업체 간 업무 제휴로 상생 경영 • IT기술과 전자상거래 기술 발달
위협(Threat)	• 경기 침체의 가변성 • 잦은 개인정보유출사건으로 인한 소비자의 신뢰도 하락 • 일부 업체로의 집중화에 의한 독과점 발생

① SO전략 : 악세사리 쇼핑몰과의 제휴로 마케팅비용을 줄인다.

② ST전략 : 높은 IT기술을 이용하여 보안부문을 강화한다.

③ WO전략 : 남성의류 쇼핑몰과 제휴를 맺어 연인컨셉으로 경쟁력을 높인다.

④ WT전략 : 고객데이터를 이용하여 이벤트를 주기적으로 열어 경쟁력을 높인다.

 ①③ 업체 간의 업무 제휴라는 기회를 통해 약점을 극복한 WO전략에 해당한다.
② IT기술과 전자상거래 기술 발달이라는 기회를 통해 약점을 극복한 WO전략에 해당한다.
④ 강점을 이용하여 위협을 회피하는 ST전략에 해당한다.

19 다음은 K모바일메신저의 SWOT분석이다. 가장 적절한 전략은?

강점(Strength)	• 국내 브랜드 이미지 1위 • 무료 문자&통화 가능 • 다양한 기능(쇼핑, 뱅킹서비스 등)
약점(Weakness)	• 특정 지역에서의 접속 불량 • 서버 부족으로 인한 잦은 결함
기회(Opportunity)	• 스마트폰의 사용 증대 • App Store 시장의 확대
위협(Threat)	• 경쟁업체의 고급화 • 안정적인 해외 업체 메신저의 유입

① SO전략 : 다양한 기능과 서비스를 강조하여 기타 업체들과 경쟁힌다.

② ST전략 : 접속 불량이 일어나는 지역의 원인을 파악하여 제거한다.

③ WO전략 : 서버를 추가적으로 구축하여 이용자를 유치한다.

④ WT전략 : 국내 브랜드 이미지를 이용하여 마케팅전략을 세운다.

 ③ 서버 부족이라는 약점을 극복하여 사용이 증대되고 있는 스마트폰 시장에서 이용자를 유치하는 WO전략에 해당한다.

〈결재규정〉

• 결재를 받으려는 업무에 대해서는 대표이사를 포함한 이하 직책자의 결재를 받아야 한다.
• '전결'은 회사의 경영·관리 활동에 있어서 대표이사의 결재를 생략하고, 자신의 책임 하에 최종적으로 결정하는 행위를 말한다.
• 전결사항에 대해서도 위임 받은 자를 포함한 이하 직책자의 결재를 받아야 한다.
• 표시내용 : 결재를 올리는 자는 대표이사로부터 전결 사항을 위임받은 자가 있는 경우 결재란에 전결이라고 표시하고 최종결재란에 위임받은 자를 표시한다. 다만, 결재가 불필요한 직책자의 결재란은 상향대각선으로 표시한다.
• 대표이사의 결재사항 및 대표이사로부터 위임된 전결사항은 아래의 표에 따른다.

구분	내용	금액기준	결재서류	팀장	부장	대표이사
접대비	거래처 식대, 경조사비 등	20만 원 이하	접대비지출품의서 지출결의서	●■		
		30만 원 이하			●■	
		30만 원 초과				●■
교통비	국내 출장비	30만 원 이하	출장계획서 출장비신청서	●		
		50만 원 이하		●	■	
		50만 원 초과		●		■
	해외 출장비			●		■
소모품비	사무용품		지출결의서	■		
	문서, 전산소모품					■
	잡비	10만 원 이하		■		
		30만 원 이하			■	
		30만 원 초과				■
교육비	사내·외 교육		기안서 지출결의서	●		■
법인카드	법인카드 사용	50만 원 이하	법인카드 신청서	■		
		100만 원 이하			■	
		100만 원 초과				■

※ ● : 기안서, 출장계획서, 접대비지출품의서
※ ■ : 지출결의서, 각종신청서

Answer⤻ 19.③

20 영업부 사원 甲씨는 부산출장으로 450,000원을 지출했다. 甲씨가 작성한 결재 양식으로 옳은 것은?

①

출장계획서				
결	담당	팀장	부장	최종결재
재	甲			팀장

②

출장계획서				
결	담당	팀장	부장	최종결재
재	甲		전결	부장

③

출장비신청서				
결	담당	팀장	부장	최종결재
재	甲			팀장

④

출장비신청서				
결	담당	팀장	부장	최종결재
재	甲		전결	부장

(Tip) 국내 출장비 50만 원 이하인 경우 출장계획서는 팀장 전결, 출장비신청서는 부장 전결이므로 사원 甲씨가 작성해야 하는 결재 양식은 다음과 같다.

출장계획서				
결재	담당	팀장	부장	최종결재
	甲	전결		팀장

출장비신청서				
결재	담당	팀장	부장	최종결재
	甲		전결	부장

21 기획팀 사원 乙씨는 같은 팀 사원 丙씨의 부친상 부의금 500,000원을 회사 명의로 지급하기로 했다. 乙씨가 작성한 결재 양식으로 옳은 것은?

①

접대비지출품의서				
결	담당	팀장	부장	최종결재
재	乙		전결	부장

②

접대비지출품의서				
결	담당	팀장	부장	최종결재
재	乙			대표이사

③

지출결의서				
결	담당	팀장	부장	최종결재
재	乙	전결		팀장

④

지출결의서				
결	담당	팀장	부장	최종결재
재	乙		전결	부장

(Tip) 부의금은 접대비에 해당하는 경조사비이다. 30만 원이 초과되는 접대비는 접대비지출품의서, 지출결의서 모두 대표이사 결재사항이다. 따라서 사원 乙씨가 작성해야 하는 결재 양식은 다음과 같다.

접대비지출품의서				
결재	담당	팀장	부장	최종결재
	乙			대표이사

지출결의서				
결재	담당	팀장	부장	최종결재
	乙			대표이사

22 민원실 사원 丁씨는 외부 교육업체로부터 1회에 5만 원씩 총 10회에 걸쳐 진행되는 「전화상담 역량교육」을 담당하게 되었다. 丁씨가 작성한 결재 양식으로 옳은 것은?

①
기안서				
결	담당	팀장	부장	최종결재
재	丁	전결	/	팀장

②
기안서				
결	담당	팀장	부장	최종결재
재	丁			대표이사

③
지출결의서				
결	담당	팀장	부장	최종결재
재	丁	전결	/	팀장

④
지출결의서				
결	담당	팀장	부장	최종결재
재	丁		전결	대표이사

> **Tip** 교육비의 결재서류는 금액에 상관없이 기안서는 팀장 전결, 지출결의서는 대표이사 결재사항이므로 丁씨가 작성해야 하는 결재 양식은 다음과 같다.
>
> | 기안서 | | | | |
> |---|---|---|---|---|
> | 결재 | 담당 | 팀장 | 부장 | 최종결재 |
> | | 丁 | 전결 | / | 팀장 |
>
> | 지출결의서 | | | | |
> |---|---|---|---|---|
> | 결재 | 담당 | 팀장 | 부장 | 최종결재 |
> | | 丁 | | | 대표이사 |

23 경영의 구성요소가 아닌 것은?

① 경영목적　　　　　　　　② 인적자원

③ 자금　　　　　　　　　　④ 최고책임자

> **Tip** 경영의 4요소 … 경영목적, 인적자원, 자금, 경영전략

24 외부환경을 모니터링하고 변화를 전달하는 경영자의 역할은?

① 대인적 역할　　　　　　　② 정보적 역할

③ 의사결정적 역할　　　　　④ 상징적 역할

> **Tip** 경영자의 역할(민츠버그)
> ㉠ 대인적 역할 : 조직의 대표자 및 리더
> ㉡ 정보적 역할 : 외부환경을 모니터링하고 변화전달, 정보전달자
> ㉢ 의사결정적 역할 : 분쟁조정자, 자원배분자

Answer♪ 20.④　21.②　22.①　23.④　24.②

25 조직변화에 대한 설명이다. 옳지 않은 것은?

① 조직의 변화는 환경의 변화를 인지하는 데에서 시작된다.

② 기존의 조직구조나 경영방식 하에서 환경변화에 따라 제품이나 기술을 변화시키는 것이다.

③ 조직의 목적과 일치시키기 위해 문화를 변화시키기도 한다.

④ 조직변화는 제품과 서비스, 전략, 구조, 기술 문화 등에서 이루어질 수 있다.

 ② 조직변화 중 전략이나 구조의 변화는 조직의 조직구조나 경영방식을 개선하기도 한다.

26 다음 중 기계적 조직의 특징으로 바르지 않은 것은?

① 급변하는 환경에 적합   ② 구성원들의 업무가 분명히 규정

③ 다수의 규칙과 규정이 존재   ④ 엄격한 상하 간 위계질서

 유기적 조직 … 기계적 조직과 대비되는 조직의 구조로 개인과 개성이 존중되고 이들의 기능이 횡적인 유대로써 기업 전체의 목적에 부합되도록 유도되는 구조이다. 기업의 시장 환경이나 기술 환경이 불확실한 상황에서는 매우 유효한 조직이다.

27 다음의 국제 매너와 관련된 내용 중 바르지 않은 것은?

① 미국에서는 악수할 때 손끝만 잡는 것은 예의에 어긋나는 행동이다.

② 명함은 아랫사람이나 손님이 먼저 꺼내 오른손으로 상대방에게 준다.

③ 이름이나 호칭은 어떻게 부를지 먼저 물어보는 것이 예의이다.

④ 받은 명함을 탁자위에 놓고 대화하는 것은 예의에 어긋나는 행동이다.

④ 받은 명함은 한번 보고나서 탁자위에 보이게 놓은 채로 대화하거나 명함지갑에 넣는다. 명함을 계속 구기거나 만지는 것은 예의에 어긋나는 일이다.

28 다음 중 경영전략의 추진과정을 순서대로 나열한 것은?

① 경영전략 도출→전략목표 설정→환경분석→경영전략 실행→평가 및 피드백

② 전략목표 설정→경영전략 도출→경영전략 실행→평가 및 피드백→환경분석

③ 전략목표 설정→환경분석→경영전략 도출→경영전략 실행→평가 및 피드백

④ 환경분석→전략목표 설정→경영전략 도출→경영전략 실행→평가 및 피드백

경영전략의 추진과정
ㄱ 전략목표 설정 : 비전 및 미션 설정
ㄴ 환경분석 : 내부·외부 환경 분석(SWOT)
ㄷ 경영전략 도출 : 조직·사업·부문 전략
ㄹ 경영전략 실행 : 경영 목적 달성
ㅁ 평가 및 피드백 : 경영전략 결과평가, 전략목표 및 경영전략 재조정

29 다음은 경영의 과정을 나타낸 것이다. B에 들어갈 내용으로 적절한 것은?

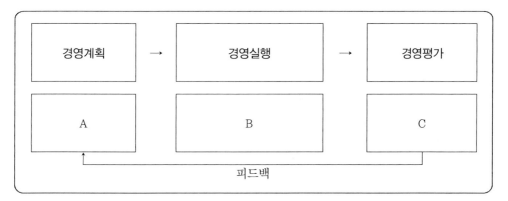

① 미래상 설정   ② 대안분석

③ 조직목적 달성   ④ 수행결과 감독

 ①② 경영계획 단계
④ 경영평가 단계

30 마이클 포터의 본원적 경쟁전략 중 70년대 우리나라의 섬유업체나 신발업체 등이 미국시장에 진출할 때 취한 전략은?

① 차별화 전략   ② 원가우위 전략

③ 집중화 전략   ④ 분산화 전략

 본원적 경쟁전략(마이클 포터)
ㄱ 원가우위 전략 : 대량생산, 새로운 생산기술 개발
ㄴ 차별화 전략 : 생산품이나 서비스 차별화
ㄷ 집중 전략 : 산업의 특정부문 대상

Answer ➟ 25.②   26.①   27.④   28.③   29.③   30.②

31 다음과 같은 팀장의 지시 사항을 수행하기 위하여 업무협조를 구해야 할 조직의 명칭이 순서대로 바르게 나열된 것은?

> 다들 사장님 보고 자료 때문에 정신이 없는 모양인데 이건 자네가 좀 처리해줘야겠군. 다음 주에 있을 기자단 간담회 자료가 필요한데 옆 부서 박 부장한테 말해 두었으니 오전 중에 좀 가져다주게나. 그리고 내일 사장님께서 보고 직전에 외부에서 오신다던데 어디서 오시는 건지 일정 좀 확인해서 알려주고, 이틀 전 퇴사한 엄 차장 퇴직금 처리가 언제 마무리 될 지도 알아봐 주게나. 아, 그리고 말이야, 자네는 아직 사원증이 발급되지 않았나? 확인해 보고 얼른 요청해서 걸고 다니게.

① 기획실, 경영관리실, 총무부, 비서실

② 영업2팀, 홍보실, 회계팀, 물류팀

③ 총무부, 구매부, 비서실, 인사부

④ 홍보실, 비시실, 인사부, 총무부

(Tip) 일반적으로 기자들을 상대하는 업무는 홍보실, 사장의 동선 및 일정 관리는 비서실, 퇴직 및 퇴직금 관련 업무는 인사부, 사원증 제작은 총무부에서 관장하는 업무로 분류된다.

32 다음 조직도 (A), (B)와 같은 형태를 지닌 조직의 특징을 바르게 비교하지 못한 것은?

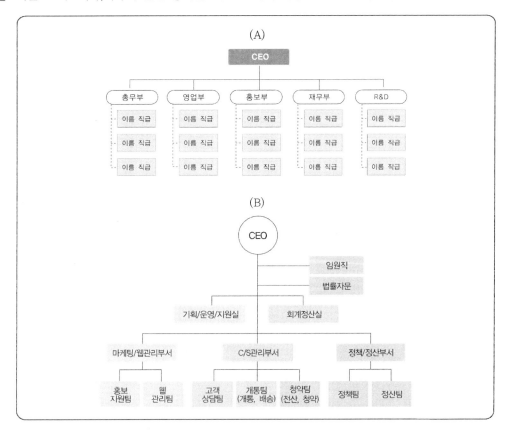

① (A)는 업무 구분이 명확하고, 엄격한 위계질서가 있다.

② (B)와 같은 조직은 대체적으로 의사결정 권한이 집중화되는 경향을 보인다.

③ (A)는 신속한 의사결정을 위해 더 적절한 조직구조이다.

④ (B)는 중간관리자에게 많은 역할이 주어지게 된다.

 (A) 기능적 조직구조이며, (B)는 사업별 조직구조이다. 환경이 안정적이거나 일상적인 기술, 조직의 내부 효율성을 중요시하며 기업의 규모가 작을 때에는 업무의 내용이 유사하고 관련성이 있는 것들을 결합해서 (A)와 같은 기능적 조직구조 형태를 이룬다. 또한, 급변하는 환경변화에 효과적으로 대응하고 제품, 지역, 고객별 차이에 신속하게 대응하기 위해서는 분권화된 의사결정이 가능한 (B)와 같은 사업별 조직구조 형태를 이룰 필요가 있다. (A)와 같은 조직구조에서는 결재라인이 적어 신속한 의사결정이 이루어질 수 있으며, (B)와 같은 조직구조에서는 본부장, 부문장 등의 이사진이 배치될 수 있어, 중간관리자의 역할이 중요한 경우에 볼 수 있는 조직구조이다.

33 'SWOT 분석'에 대한 〈보기〉 설명을 읽고 휴대폰 제조업체가 실시한 아래 환경분석 결과에 대응하는 전략을 적절하게 분석한 것은?

〈보기〉

SWOT이란, 강점(Strength), 약점(Weakness), 기회(Opportunity), 위험(Threat)의 머리말을 모아 만든 단어로 경영전략을 수립하기 위한 분석도구이다. SWOT분석을 통해 도출된 조직의 외부/내부 환경을 분석 결과를 통해 각각에 대응하는 도출하게 된다.

SO 전략이란 기회를 활용하면서 강점을 더욱 강화하는 공격적인 전략이고, WO 전략이란 외부환경의 기회를 활용하면서 자신의 약점을 보완하는 전략으로 이를 통해 기업이 처한 국면의 전환을 가능하게 할 수 있다. ST전략은 외부환경의 위험요소를 회피하면서 강점을 활용하는 전략이며, WT 전략이란 외부환경의 위협요인을 회피하고 자사의 약점을 보완하는 전략으로 방어적 성격을 갖는다.

내/외부환경 구분	강점(Strength)	약점(Weakness)
기회(Opportunity)	① SO 전략(강점/기회전략)	② WO 전략(약점/기회전략)
위협(Threat)	③ ST 전략(강점/위협전략)	④ WT 전략(약점/위협전략)

〈휴대폰 제조업체의 환경분석 결과〉

강점(Strength)	• 다양한 부가기능 탑재를 통한 성능 우위 • 기타 디지털기기 기능의 흡수를 통한 영역확대
약점(Weakness)	• 제품의 수익성 악화 • 제품 간 성능, 디자인의 평준화 • 국산 제품의 가격경쟁력 약화
기회(Opportunity)	• 신흥시장의 잠재적 수요 • 개인 휴대용기기의 대중화
위협(Threat)	• 전자제품의 사용기간 단축 • MP3폰 등 기타 디지털기기와의 경쟁 심화

내/외부환경 구분	강점(Strength)	약점(Weakness)
기회(Opportunity)	① 기능의 다양화로 잠재 시장의 수요 창출	② 휴대기기의 대중화에 힘입어 MP3폰의 성능 강화
위협(Threat)	③ 다양한 기능을 추가한 판매 신장으로 이익 확대	④ 휴대용 기기 보급 확대에 따라 디지털기기와 차별화된 제품 개발

① 기능의 다양화는 자사의 강점에 해당되며, 신흥시장의 잠재 수요를 기대할 수 있어 이를 연결한 전략으로 적절한 ST 전략이라고 할 수 있다.
② 휴대기기의 대중화(O)에 힘입어 MP3폰의 성능 강화(T)
③ 다양한 기능을 추가(S)한 판매 신장으로 이익 확대(W)
④ 개도국 수요를 창출(O)하여 저가 제품 판매 확대(W)

34 다음 〈보기〉에 제시되고 있는 활동들은 기업 경영에 필요한 전략을 설명하고 있다. 설명된 전략들에 해당하는 것은?

〈보기〉
• 모든 고객을 만족시킬 수는 없다는 것과 회사가 모든 역량을 가질 수는 없다는 것을 전제로 선택할 수 있는 전략이다.
• 기업이 고유의 독특한 내부 역량을 보유하고 있는 경우에 더욱 효과적인 전략이다.
• 사업 목표와 타당한 틈새시장을 찾아야 한다.
• 다양한 분류의 방법을 동원하여 고객을 세분화한다.

① 차별화 전략   ② 집중화 전략
③ 비교우위 전략   ④ 원가우위 전략

 차별화 전략과 원가우위 전략이 전체 시장을 상대로 하는 전략인 반면, 집중화 전략은 특정 시장을 대상으로 한다. 따라서 고객층을 세분화하여 타깃 고객층에 맞는 맞춤형 전략을 세울 필요가 있다. 타깃 고객층에 자사가 가진 특정 역량이 발휘되어 판매를 늘릴 수 있는 전략이라고 할 수 있다.

Answer⌐→ 33.① 34.②

35 다음의 위임전결규정을 보고 잘못 이해한 것은?

[위임전결규정]
- 결재를 받으려는 업무에 대해서는 최고결재권자(대표이사)를 포함한 이하 직책자의 결재를 받아야 한다.
- '전결'이라 함은 회사의 경영활동이나 관리활동을 수행함에 있어 의사 결정이나 판단을 요하는 일에 대하여 최고결재권자의 결재를 생략하고, 자신의 책임 하에 최종적으로 의사 결정이나 판단을 하는 행위를 말한다.
- 전결사항에 대해서도 위임 받은 자를 포함한 이하 직책자의 결재를 받아야 한다.
- 표시내용 : 결재를 올리는 자는 최고결재권자로부터 전결 사항을 위임 받은 자가 있는 경우 결재란에 전결이라고 표시하고 최종 결재권자란에 위임 받은 자를 표시한다. 다만, 결재가 불필요한 직책자의 결재란은 상향대각선으로 표시한다.
- 최고결재권자의 결재사항 및 최고결재권자로부터 위임된 전결사항은 아래의 표에 따른다.
- 본 규정에서 정한 전결권자가 유고 또는 공석 시 그 직급의 직무 권한은 직상급직책자가 수행함을 원칙으로 하며, 각 직급은 긴급을 요하는 업무처리에 있어서 상위 전결권자의 결재를 득할 수 없을 경우 차상위자의 전결로 처리하며, 사후 결재권자의 결재를 득해야 한다.

업무내용		결재권자			
		사장	부사장	본부장	팀장
주간업무보고					○
팀장급 인수인계			○		
일반 예산 집행	잔업수당	○			
	회식비			○	
	업무활동비			○	
	교육비		○		
	해외연수비	○			
	시내교통비			○	
	출장비	○			
	도서인쇄비				○
	법인카드사용		○		
	소모품비				○
	접대비(식대)			○	
	접대비(기타)				○
이사회 위원 위촉		○			
임직원 해외 출장		○(임원)		○(직원)	
임직원 휴가		○(임원)		○(직원)	
노조관련 협의사항			○		

※ 100만 원 이상의 일반예산 집행과 관련한 내역은 사전 사장 품의를 득해야 하며, 품의서에 경비 집행 내역을 포함하여 준비한다. 출장계획서는 품의서를 대체한다.

※ 위의 업무내용에 필요한 결재서류는 다음과 같다.

  − 품의서, 주간업무보고서, 인수인계서, 예산집행내역서, 위촉장, 출장보고서(계획서), 휴가
    신청서, 노조협의사항 보고서

① 전결권자 공석 시의 최종결재자는 차상위자가 된다.
② 전결권자 업무 복귀 시, 부재 중 결재 사항에 대하여 반드시 사후 결재를 받아두어야 한다.
③ 팀장이 새로 부임하면 부사장 전결의 인수인계서를 작성하게 된다.
④ 전결권자가 해외 출장으로 자리를 비웠을 경우에는 차상위자가 직무 권한을 위임받는다.

 ④ 결권자가 자리를 비웠을 경우, '직무 권한'은 차상위자가 아닌 직상급직책자가 수행하게 되며, 차상위자가 전결권자가 되는 경우에도 '직무 권한' 자체의 위임이 되는 것은 아니다.
① 차상위자가 필요한 경우, 최종결재자(전결권자)가 될 수 있다.
② 부재 중 결재사항은 전결권자 업무 복귀 시 사루 결재를 받는 것으로 규정하고 있다.
③ 팀장의 업무 인수인계는 부사장의 전결 사항이다.

36 '경영전략'은 많은 기업들이 경영활동에 참고하는 지침이 되고 있다. 마이클 포터의 경영전략을 설명하는 다음 글에서 빈칸 (A), (B), (C)에 들어갈 적절한 말을 찾아 순서대로 나열한 것은?

> 조직의 경영전략은 경영자의 경영이념이나 조직의 특성에 따라 다양하다. 이 중 대표적인 경영전략으로 마이클 포터(Michael E. Porter)의 본원적 경쟁전략이 있다. 본원적 경쟁전략은 해당 사업에서 경쟁우위를 확보하기 위한 전략이며 다음과 같다.
>
> (　A　) 전략은 조직이 생산품이나 서비스를 차별화하여 고객에게 가치가 있고 독특하게 인식되도록 하는 전략이다. 이러한 전략을 활용하기 위해서는 연구개발이나 광고를 통하여 기술, 품질, 서비스, 브랜드 이미지를 개선할 필요가 있다. (　B　) 전략은 원가절감을 통해 해당 산업에서 우위를 점하는 전략으로, 이를 위해서는 대량생산을 통해 단위 원가를 낮추거나 새로운 생산기술을 개발할 필요가 있다. 여기에는 70년대 우리나라의 섬유업체나 신발업체, 가발업체 등이 미국시장에 신출할 때 취한 전략이 해당한다.
>
> (　C　) 전략은 특정 시장이나 고객에게 한정된 전략으로, 다른 전략이 산업 전체를 대상으로 하는 것에 비해 특정 산업을 대상으로 한다는 특징이 있다. 즉, 경쟁 조직들이 소홀히 하고 있는 한정된 시장을 차별화된 전략을 써서 집중적으로 공략하는 방법이다.

① 차별화, 집중화, 원가우위

② 집중화, 차별화, 원가우위

③ 집중화, 원가우위, 차별화

④ 차별화, 원가우위, 집중화

 차별화 전략, 원가우위 전략, 집중화 전략은 다음과 같은 특징이 있다.

　㉠ **차별화 전략** : 소비자들이 널리 인정해주는 독특한 기업 특성을 내세워 경쟁하는 경쟁전략을 말하며, 고품질, 탁월한 서비스, 혁신적 디자인, 기술력, 브랜드 이미지 등 무엇으로든 해당 산업에서 다른 경쟁기업들과 차별화할 수 있는 특성을 위주로 전략을 펴게 된다.

　㉡ **원가우위 전략** : 낮은 비용은 경쟁우위의 중요한 원천의 하나이며 비용우위 전략에서는 비용면에서 '경쟁회사보다 낮은 비용을 실현한다.'는 것이 기본 전제가 된다. 물론 낮은 비용이라고 해서 품질이나 서비스와는 상관이 없다는 것이 아니지만 기본적으로 비용을 중심으로 경쟁우위를 확립한다.

　㉢ **집중화 전략** : 기업이 사업을 전개하는 과정에서 산업 전반에 걸쳐 경쟁하지 않고 고객이나 제품, 서비스 등의 측면에서 독자적 특성이 있는 특정 세분시장만을 상대로 원가우위나 차별화를 꾀하는 사업 수준의 경쟁전략이다. 비록 전체 시장에서 차별화나 원가우위를 누릴 능력을 갖지 못한 기업일지라도 세분시장을 집중 공략한다면 수익을 낼 수 있다고 판단하고 구사하는 경쟁전략의 하나다.

37 다음 설명을 참고할 때, 밑줄 친 제도가 가질 수 있는 한계점으로 보기 어려운 것은?

> 기업 경영의 방식으로 대기업이 협력사와 함께 원가 절감을 위한 공정 개선과 신기술 개발 등을 추진하고 이 같은 협력 활동의 성과를 나누는 '성과공유제'가 있다. 이와는 다르게 '<u>초과이익공유제</u>'라는 방식이 있고, 이것은 원청기업·하청기업 간에 사전에 합의한 이익목표를 원청기업이 초과 달성하면 쌍방 간에 합의한 규칙에 따라 나누는 계약을 말한다.

① 기업이 전략 노출 등의 이유로 목표이익을 미리 설정하여 공개할 수 있는지 확신할 수 없다.

② 비용을 과다하게 계상하여 사실과 왜곡된 이익 자료를 발표할 수 있다.

③ 원청기업·하청기업 간에 초과이익을 공유하는 다양한 방식을 둘러싼 불협화음이 생길 수 있다.

④ 원청기업은 이익을 공유하는 국내 협력업체보다 이런 의무가 없는 해외 협력업체에 의존할 가능성이 커질 수 있다.

 성과공유제는 원가절감, 품질향상, 납기단축, 기술개발 등 다양한 분야에서 대기업과 협력사가 현금보상, 단가보상, 장기계약, 지식재산권 공유 등 다양한 방식으로 성과를 공유하는 방식인 반면, 초과이익공유제는 다양한 방식의 성과공유 대신 반드시 '현금'으로 이익을 배분해야 한다. 초과이익공유제는 이익공유 방식의 다양함에 한계가 있다기보다 이익공유의 공정한 실현 가능성에 문제가 있다고 볼 수 있다.

Answer → 36.④　37.③

38 WR사의 다음 조직구조를 참고하여, 경영진의 아래와 같은 지시사항을 반영한 새로운 조직구조를 구상할 경우, 이에 대한 올바른 설명이 아닌 것은?

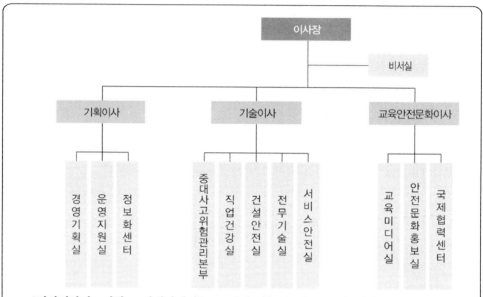

"인사팀장님, 이번 조직개편에서는 조직구조를 좀 바꾸는 게 어떨까 합니다. 기술이사 산하에는 기술 관련 조직만 놔두고 직원들 작업상의 안전과 건강을 담당하는 나머지 조직은 모두 관리이사를 신설하여 그 산하조직으로 이동하는 것이 더 효율적인 방법일 것 같군요. 아, 중대사고위험관리본부는 이사장 직속 기구로 편제해야 할 것 같고요."

① 모두 4명의 이사가 생기게 된다.

② 기술이사 산하에는 2실이 있게 된다.

③ 중대사고위험관리본부장은 업무상 이사를 거치지 않고 이사장에게 직접 보고를 하게 된다.

④ 관리이사 산하에는 3실이 있게 된다.

 작업상의 안전과 건강을 담당하는 조직이 모두 관리이사 산하로 편제될 경우, 기술이사 산하에는 전문기술실만 남게 된다고 볼 수 있어, 2실이 아닌 1실이 있게 된다.
① 관리이사 추가로 모두 4명의 이사가 된다.
③ 이사장 직속 기구가 되어 이사장에게 직접 보고를 하는 조직이 된다.
④ 직업건강실, 건설안전실, 서비스안전실이 관리이사 산하 조직이 될 것이다.

39 조직체제 안에는 조직을 이루는 여러 집단이 있다. 다음 중 '집단'의 특징을 적절하게 설명하지 못한 것은?

① 비공식적으로 구성된 집단은 조직구성원들의 요구에 따라 자발적으로 형성되었으며, 봉사활동 동아리, 친목 동호회 등이 있다.

② 조직 내에서는 한정된 자원을 가지고 상반된 목표를 추구하기 때문에 경쟁이 발생하기도 한다.

③ 조직 내 집단은 일반적으로 이익 집단과 감독 집단으로 나뉜다.

④ 집단 간의 적절한 갈등은 응집성이 강화되고 집단의 활동이 더욱 조직화되는 장점이 있다.

> (Tip) 조직 내 집단은 공식적인 집단과 비공식적인 집단으로 구분할 수 있다. 공식적인 집단은 조직의 공식적인 목표를 추구하기 위해 조직에서 의도적으로 만든 집단이다. 반면에, 비공식적인 집단은 조직구성원들의 요구에 따라 자발적으로 형성된 집단이다. 이는 공식적인 업무수행 이외에 다양한 요구들에 의해 이루어진다.

40 어느 조직이나 일정한 인원이 함께 근무하는 경우 '조직문화'가 생기게 된다. 다음 중 조직문화의 기능과 구성요소에 대하여 적절하게 설명한 것이 아닌 것은 어느 것인가?

① 조직문화의 구성요소로는 공유가치, 리더십 스타일, 예산, 관리 기술, 전략, 제도 및 절차, 구성원이 있다.

② 조직문화는 조직 구성원에게 일체감과 정체성을 부여하지만 타 조직과의 융합에 걸림돌로 작용하기도 한다.

③ 조직의 통합과 안정성을 중시하고 서열화된 조직 구조를 추구하는 관리적 조직문화, 실적을 중시하고 직무에 몰입하며 미래를 위한 계획 수립을 강조하는 과업지향적 조직문화 등이 있다.

④ 조직문화의 기능으로 구성원의 사회화 도모 및 일탈 행동을 통제하는 측면도 기대할 수 있다.

> (Tip) 조직문화의 7가지 구성요소는 공유가치, 리더십 스타일, 구조, 관리 기술, 전략, 제도 및 절차, 구성원이며 예산은 조직문화 구성요소에 포함되지 않는다.
> ② 이 밖에도 조직문화는 구성원의 몰입도를 향상시키고 조직의 안정성을 유지시켜 주는 기능도 포함한다.
> ③ 관리적 조직문화, 과업지향적 조직문화 등과 함께 관계지향적 조직문화, 유연한 조직문화 등이 있다.

Answer ⟶ 38.② 39.③ 40.①

03 수리능력

1 직장생활과 수리능력

(1) 기초직업능력으로서의 수리능력

① 개념 ··· 직장생활에서 요구되는 사칙연산과 기초적인 통계를 이해하고 도표의 의미를 파악하거나 도표를 이용해서 결과를 효과적으로 제시하는 능력을 말한다.

② 수리능력은 크게 기초연산능력, 기초통계능력, 도표분석능력, 도표작성능력으로 구성된다.
   ㉠ 기초연산능력 : 직장생활에서 필요한 기초적인 사칙연산과 계산방법을 이해하고 활용할 수 있는 능력
   ㉡ 기초통계능력 : 평균, 합계, 빈도 등 직장생활에서 자주 사용되는 기초적인 통계기법을 활용하여 자료의 특성과 경향성을 파악하는 능력
   ㉢ 도표분석능력 : 그래프, 그림 등 도표의 의미를 파악하고 필요한 정보를 해석하는 능력
   ㉣ 도표작성능력 : 도표를 이용하여 결과를 효과적으로 제시하는 능력

(2) 업무수행에서 수리능력이 활용되는 경우

① 업무상 계산을 수행하고 결과를 정리하는 경우

② 업무비용을 측정하는 경우

③ 고객과 소비자의 정보를 조사하고 결과를 종합하는 경우

④ 조직의 예산안을 작성하는 경우

⑤ 업무수행 경비를 제시해야 하는 경우

⑥ 다른 상품과 가격비교를 하는 경우

⑦ 연간 상품 판매실적을 제시하는 경우

⑧ 업무비용을 다른 조직과 비교해야 하는 경우

⑨ 상품판매를 위한 지역조사를 실시해야 하는 경우

⑩ 업무수행과정에서 도표로 주어진 자료를 해석하는 경우

⑪ 도표로 제시된 업무비용을 측정하는 경우

예제 1

다음 자료를 보고 주어진 상황에 대한 물음에 답하시오.

〈근로소득에 대한 간이 세액표〉

월 급여액(천 원) [비과세 및 학자금 제외]		공제대상 가족 수				
이상	미만	1	2	3	4	5
2,500	2,520	38,960	29,280	16,940	13,570	10,190
2,520	2,540	40,670	29,960	17,360	13,990	10,610
2,540	2,560	42,380	30,640	17,790	14,410	11,040
2,560	2,580	44,090	31,330	18,210	14,840	11,460
2,580	2,600	45,800	32,680	18,640	15,260	11,890
2,600	2,620	47,520	34,390	19,240	15,680	12,310
2,620	2,640	49,230	36,100	19,900	16,110	12,730
2,640	2,660	50,940	37,810	20,560	16,530	13,160
2,660	2,680	52,650	39,530	21,220	16,960	13,580
2,680	2,700	54,360	41,240	21,880	17,380	14,010
2,700	2,720	56,070	42,950	22,540	17,800	14,430
2,720	2,740	57,780	44,660	23,200	18,230	14,850
2,740	2,760	59,500	46,370	23,860	18,650	15,280

※ 갑근세는 제시되어 있는 간이 세액표에 따름
※ 주민세＝갑근세의 10%
※ 국민연금＝급여액의 4.50%
※ 고용보험＝국민연금의 10%
※ 건강보험＝급여액의 2.90%
※ 교육지원금＝분기별 100,000원(매 분기별 첫 달에 지급)

박○○ 사원의 5월 급여내역이 다음과 같고 전월과 동일하게 근무하였으나 근무수당은 없고 차량지원금으로 100,000원을 받게 된다면, 6월에 받게 되는 급여는 얼마인가? (단, 원 단위 절삭)

(주) 서원플랜테크 5월 급여내역			
성명	박○○	지급일	5월 12일
기본급여	2,240,000	갑근세	39,530
직무수당	400,000	주민세	3,950
명절 상여금		고용보험	11,970
특별수당	20,000	국민연금	119,700
차량지원금		건강보험	77,140
교육지원		기타	
급여계	2,660,000	공제합계	252,290
		지급총액	2,407,710

① 2,443,910
② 2,453,910
③ 2,463,910
④ 2,473,910

[출제의도]
업무상 계산을 수행하거나 결과를 정리하고 업무비용을 측정하는 능력을 평가하기 위한 문제로서, 주어진 자료에서 문제를 해결하는 데에 필요한 부분을 빠르고 정확하게 찾아내는 것이 중요하다.
[해설]

기본급여	2,240,000	갑근세	46,370
직무수당	400,000	주민세	4,630
명절상여금		고용보험	12,330
특별수당		국민연금	123,300
차량지원금	100,000	건강보험	79,460
교육지원		기타	
급여계	2,740,000	공제합계	266,090
		지급총액	2,473,910

답 ④

(3) 수리능력의 중요성

① 수학적 사고를 통한 문제해결

② 직업세계의 변화에의 적응

③ 실용적 가치의 구현

(4) 단위환산표

구분	단위환산
길이	$1cm = 10mm$, $1m = 100cm$, $1km = 1,000m$
넓이	$1cm^2 = 100mm^2$, $1m^2 = 10,000cm^2$, $1km^2 = 1,000,000m^2$
부피	$1cm^3 = 1,000mm^3$, $1m^3 = 1,000,000cm^3$, $1km^3 = 1,000,000,000m^3$
들이	$1m\ell = 1cm^3$, $1d\ell = 100cm^3$, $1L = 1,000cm^3 = 10d\ell$
무게	$1kg = 1,000g$, $1t = 1,000kg = 1,000,000g$
시간	1분 = 60초, 1시간 = 60분 = 3,600초
할푼리	1푼 = 0.1할, 1리 = 0.01할, 1모 = 0.001할

▌예제 2

둘레의 길이가 4.4km인 정사각형 모양의 공원이 있다. 이 공원의 넓이는 몇 a인가?

① 12,100a

② 1,210a

③ 121a

④ 12.1a

[출제의도]

길이, 넓이, 부피, 들이, 무게, 시간, 속도 등 단위에 대한 기본적인 환산 능력을 평가하는 문제로서, 소수점 계산이 필요하며, 자릿수를 읽고 구분할 줄 알아야 한다.

[해설]

공원의 한 변의 길이는

$4.4 \div 4 = 1.1(km)$이고

$1km^2 = 10,000a$이므로

공원의 넓이는

$1.1km \times 1.1km = 1.21km^2$

$\qquad\qquad\qquad = 12,100a$

답 ①

2 수리능력을 구성하는 하위능력

(1) 기초연산능력

① **사칙연산** … 수에 관한 덧셈, 뺄셈, 곱셈, 나눗셈의 네 종류의 계산법으로 업무를 원활하게 수행하기 위해서는 기본적인 사칙연산뿐만 아니라 다단계의 복잡한 사칙연산까지도 수행할 수 있어야 한다.

② **검산** … 연산의 결과를 확인하는 과정으로 대표적인 검산방법으로 역연산과 구거법이 있다.
  - ㉠ **역연산** : 덧셈은 뺄셈으로, 뺄셈은 덧셈으로, 곱셈은 나눗셈으로, 나눗셈은 곱셈으로 확인하는 방법이다.
  - ㉡ **구거법** : 원래의 수와 각 자리 수의 합이 9로 나눈 나머지가 같다는 원리를 이용한 것으로 9를 버리고 남은 수로 계산하는 것이다.

예제 3

다음 식을 바르게 계산한 것은?

$$1 + \frac{2}{3} + \frac{1}{2} - \frac{3}{4}$$

① $\dfrac{13}{12}$

② $\dfrac{15}{12}$

③ $\dfrac{17}{12}$

④ $\dfrac{19}{12}$

[출제의도]
직장생활에서 필요한 기초적인 사칙연산과 계산방법을 이해하고 활용할 수 있는 능력을 평가하는 문제로서, 분수의 계산과 통분에 대한 기본적인 이해가 필요하다.

[해설]
$$\frac{12}{12} + \frac{8}{12} + \frac{6}{12} - \frac{9}{12} = \frac{17}{12}$$

답 ③

---

(2) 기초통계능력

① **업무수행과 통계**
  - ㉠ **통계의 의미** : 통계란 집단현상에 대한 구체적인 양적 기술을 반영하는 숫자이다.
  - ㉡ 업무수행에 통계를 활용함으로써 얻을 수 있는 이점
    - 많은 수량적 자료를 처리가능하고 쉽게 이해할 수 있는 형태로 축소
    - 표본을 통해 연구대상 집단의 특성을 유추
    - 의사결정의 보조수단
    - 관찰 가능한 자료를 통해 논리적으로 결론을 추출·검증

ⓒ 기본적인 통계치

- 빈도와 빈도분포 : 빈도란 어떤 사건이 일어나거나 증상이 나타나는 정도를 의미하며, 빈도분포란 빈도를 표나 그래프로 종합적으로 표시하는 것이다.
- 평균 : 모든 사례의 수치를 합한 후 총 사례 수로 나눈 값이다.
- 백분율 : 전체의 수량을 100으로 하여 생각하는 수량이 그중 몇이 되는가를 퍼센트로 나타낸 것이다.

② 통계기법

ⓐ 범위와 평균

- 범위 : 분포의 흩어진 정도를 가장 간단히 알아보는 방법으로 최곳값에서 최젓값을 뺀 값을 의미한다.
- 평균 : 집단의 특성을 요약하기 위해 가장 자주 활용하는 값으로 모든 사례의 수치를 합한 후 총 사례 수로 나눈 값이다.
- 관찰값이 1, 3, 5, 7, 9일 경우 범위는 $9 - 1 = 8$이 되고, 평균은 $\dfrac{1+3+5+7+9}{5} = 5$가 된다.

ⓑ 분산과 표준편차

- 분산 : 관찰값의 흩어진 정도로, 각 관찰값과 평균값의 차의 제곱의 평균이다.
- 표준편차 : 평균으로부터 얼마나 떨어져 있는가를 나타내는 개념으로 분산값의 제곱근 값이다.
- 관찰값이 1, 2, 3이고 평균이 2인 집단의 분산은 $\dfrac{(1-2)^2 + (2-2)^2 + (3-2)^2}{3} = \dfrac{2}{3}$ 이고 표준편차는 분산값의 제곱근 값인 $\sqrt{\dfrac{2}{3}}$ 이다.

③ 통계자료의 해석

ⓐ 다섯숫자요약

- 최솟값 : 원자료 중 값의 크기가 가장 작은 값
- 최댓값 : 원자료 중 값의 크기가 가장 큰 값
- 중앙값 : 최솟값부터 최댓값까지 크기에 의하여 배열했을 때 중앙에 위치하는 사례의 값
- 하위 25%값 · 상위 25%값 : 원자료를 크기 순으로 배열하여 4등분한 값

ⓑ **평균값과 중앙값** : 평균값과 중앙값은 그 개념이 다르기 때문에 명확하게 제시해야 한다.

예제 4

인터넷 쇼핑몰에서 회원가입을 하고 디지털캠코더를 구매하려고 한다. 다음은 구입하고자 하는 모델에 대하여 인터넷 쇼핑몰 세 곳의 가격과 조건을 제시한 표이다. 표에 있는 모든 혜택을 적용하였을 때 디지털캠코더의 배송비를 포함한 실제 구매가격을 바르게 비교한 것은?

구분	A 쇼핑몰	B 쇼핑몰	C 쇼핑몰
정상가격	129,000원	131,000원	130,000원
회원혜택	7,000원 할인	3,500원 할인	7% 할인
할인쿠폰	5% 쿠폰	3% 쿠폰	5,000원
중복할인여부	불가	가능	불가
배송비	2,000원	무료	2,500원

① A<B<C
② B<C<A
③ C<A<B
④ C<B<A

[출제의도]
직장생활에서 자주 사용되는 기초적인 통계기법을 활용하여 자료의 특성과 경향성을 파악하는 능력이 요구되는 문제이다.
[해설]
㉠ A 쇼핑몰
• 회원혜택을 선택한 경우:
  $129,000 - 7,000 + 2,000 = 124,000$(원)
• 5% 할인쿠폰을 선택한 경우:
  $129,000 \times 0.95 + 2,000 = 124,550$
㉡ B 쇼핑몰:
  $131,000 \times 0.97 - 3,500 = 123,570$
㉢ C 쇼핑몰
• 회원혜택을 선택한 경우:
  $130,000 \times 0.93 + 2,500 = 123,400$
• 5,000원 할인쿠폰을 선택한 경우: $130,000 - 5,000 + 2,500 = 127,500$
∴ C<B<A

답 ④

(3) 도표분석능력

① 도표의 종류

　㉠ 목적별 : 관리(계획 및 통제), 해설(분석), 보고

　㉡ 용도별 : 경과 그래프, 내역 그래프, 비교 그래프, 분포 그래프, 상관 그래프, 계산 그래프

　㉢ 형상별 : 선 그래프, 막대 그래프, 원 그래프, 점 그래프, 층별 그래프, 레이더 차트

② 도표의 활용

　㉠ 선 그래프

　　• 주로 시간의 경과에 따라 수량에 의한 변화 상황(시계열 변화)을 절선의 기울기로 나타내는 그래프이다.

　　• 경과, 비교, 분포를 비롯하여 상관관계 등을 나타낼 때 쓰인다.

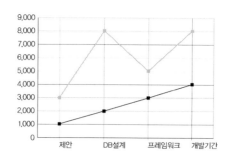

ⓛ 막대 그래프

- 비교하고자 하는 수량을 막대 길이로 표시하고 그 길이를 통해 수량 간의 대소관계를 나타내는 그래프이다.
- 내역, 비교, 경과, 도수 등을 표시하는 용도로 쓰인다.

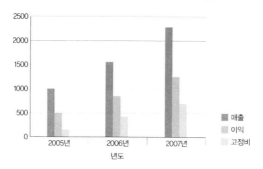

ⓒ 원 그래프

- 내역이나 내용의 구성비를 원을 분할하여 나타낸 그래프이다.
- 전체에 대해 부분이 차지하는 비율을 표시하는 용도로 쓰인다.

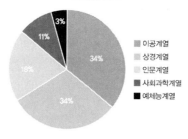

ⓔ 점 그래프
- 종축과 횡축에 2요소를 두고 보고자 하는 것이 어떤 위치에 있는가를 나타내는 그래프이다.
- 지역분포를 비롯하여 도시, 기방, 기업, 상품 등의 평가나 위치ㆍ성격을 표시하는데 쓰인다.

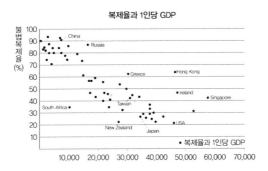

ⓜ 층별 그래프
- 선 그래프의 변형으로 연속내역 봉 그래프라고 할 수 있다. 선과 선 사이의 크기로 데이터 변화를 나타낸다.
- 합계와 부분의 크기를 백분율로 나타내고 시간적 변화를 보고자 할 때나 합계와 각 부분의 크기를 실수로 나타내고 시간적 변화를 보고자 할 때 쓰인다.

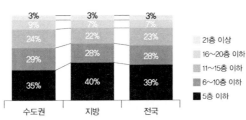

ⓗ 레이더 차트(거미줄 그래프)
- 원 그래프의 일종으로 비교하는 수량을 직경, 또는 반경으로 나누어 원의 중심에서의 거리에 따라 각 수량의 관계를 나타내는 그래프이다.
- 비교하거나 경과를 나타내는 용도로 쓰인다.

③ 도표 해석상의 유의사항

　㉠ 요구되는 지식의 수준을 넓힌다.

　㉡ 도표에 제시된 자료의 의미를 정확히 숙지한다.

　㉢ 도표로부터 알 수 있는 것과 없는 것을 구별한다.

　㉣ 총량의 증가와 비율의 증가를 구분한다.

　㉤ 백분위수와 사분위수를 정확히 이해하고 있어야 한다.

│ 예제 5

다음 표는 2009 ~ 2010년 지역별 직장인들의 자기개발에 관해 조사한 내용을 정리한 것이다. 이에 대한 분석으로 옳은 것은?

(단위 : %)

연도＼구분＼지역	2009				2010			
	자기개발 하고 있음	자기개발 비용 부담 주체			자기개발 하고 있음	자기개발 비용 부담 주체		
		직장 100%	본인 100%	직장50%＋ 본인50%		직장 100%	본인 100%	직장50%＋ 본인50%
충청도	36.8	8.5	88.5	3.1	45.9	9.0	65.5	24.5
제주도	57.4	8.3	89.1	2.9	68.5	7.9	68.3	23.8
경기도	58.2	12	86.3	2.6	71.0	7.5	74.0	18.5
서울시	60.6	13.4	84.2	2.4	72.7	11.0	73.7	15.3
경상도	40.5	10.7	86.1	3.2	51.0	13.6	74.9	11.6

① 2009년과 2010년 모두 자기개발 비용을 본인이 100% 부담하는 사람의 수는 응답자의 절반 이상이다.

② 자기개발을 하고 있다고 응답한 사람의 수는 2009년과 2010년 모두 서울시가 가장 많다.

③ 자기개발 비용을 직장과 본인이 각각 절반씩 부담하는 사람의 비율은 2009년과 2010년 모두 서울시가 가장 높다.

④ 2009년과 2010년 모두 자기개발을 하고 있다고 응답한 비율이 가장 높은 지역에서 자기개발비용을 직장이 100% 부담한다고 응답한 사람의 비율이 가장 높다.

[출제의도]
그래프, 그림, 도표 등 주어진 자료를 이해하고 의미를 파악하여 필요한 정보를 해석하는 능력을 평가하는 문제이다.

[해설]
② 지역별 인원수가 제시되어 있지 않으므로, 각 지역별 응답자 수는 알 수 없다.
③ 2009년에는 경상도에서, 2010년에는 충청도에서 가장 높은 비율을 보인다.
④ 2009년과 2010년 모두 '자기개발을 하고 있다'고 응답한 비율이 가장 높은 지역은 서울시이며, 2010년의 경우 자기개발 비용을 직장이 100% 부담한다고 응답한 사람의 비율이 가장 높은 지역은 경상도이다.

답 ①

(4) 도표작성능력

① 도표작성 절차
   ㉠ 어떠한 도표로 작성할 것인지를 결정
   ㉡ 가로축과 세로축에 나타낼 것을 결정
   ㉢ 한 눈금의 크기를 결정
   ㉣ 자료의 내용을 가로축과 세로축이 만나는 곳에 표현
   ㉤ 표현한 점들을 선분으로 연결
   ㉥ 도표의 제목을 표기

② 도표작성 시 유의사항
   ㉠ 선 그래프 작성 시 유의점
     • 세로축에 수량, 가로축에 명칭구분을 제시한다.
     • 선의 높이에 따라 수치를 파악하는 경우가 많으므로 세로축의 눈금을 가로축보다 크게 하는 것이 효과적이다.
     • 선이 두 종류 이상일 경우 반드시 그 명칭을 기입한다.
   ㉡ 막대 그래프 작성 시 유의점
     • 막대 수가 많을 경우에는 눈금선을 기입하는 것이 알아보기 쉽다.
     • 막대의 폭은 모두 같게 하여야 한다.
   ㉢ 원 그래프 작성 시 유의점
     • 정각 12시의 선을 기점으로 오른쪽으로 그리는 것이 보통이다.
     • 분할선은 구성비율이 큰 순서로 그린다.
   ㉣ 층별 그래프 작성 시 유의점
     • 눈금은 선 그래프나 막대 그래프보다 적게 하고 눈금선은 넣지 않는다.
     • 층별로 색이나 모양이 완전히 다른 것이어야 한다.
     • 같은 항목은 옆에 있는 층과 선으로 연결하여 보기 쉽도록 한다.

1 A팀 후보 x명, B팀 후보 4명 중 국가대표 선수 두 명을 뽑는다. 뽑힌 두 명의 선수가 같은 팀일 확률이 $\frac{21}{45}$일 때, A팀 후보는 총 몇 명인가?

① 6명　　　　　　　　　　　　② 7명
③ 8명　　　　　　　　　　　　④ 9명

$$\frac{{}_x C_2 + {}_4 C_2}{{}_{x+4} C_2} = \frac{\dfrac{x \times (x-1)}{2 \times 1} + \dfrac{4 \times 3}{2 \times 1}}{\dfrac{(x+4) \times (x+3)}{2 \times 1}} = \frac{21}{45}$$

$$\therefore \ x = 6명$$

2 축구 경기 승부차기에서 A팀이 골을 넣을 확률이 $\frac{70}{100}$일 때, 무승부가 될 가능성이 $\frac{46}{100}$이라면 B팀이 골을 넣을 확률은 얼마인가? (단, 각 팀당 한 번씩만 찰 수 있고, 더 이상의 기회는 없다고 가정한다.)

① 30%　　　　　　　　　　　② 40%
③ 50%　　　　　　　　　　　④ 60%

B팀이 골을 넣을 확률을 $\frac{x}{100}$라 하면,

• A팀과 B팀이 각각 골을 넣을 경우 : $\frac{70}{100} \times \frac{x}{100} = \frac{70x}{10000}$

• A팀과 B팀이 각각 골을 못 넣을 경우 : $\frac{30}{100} \times \frac{100-x}{100} = \frac{30(100-x)}{10000}$

따라서 $\frac{70x}{10,000} + \frac{30(100-x)}{10000} = \frac{46}{100}$ 　∴ $x = 40\%$

3 A전자의 신입 사원 응시자가 200명이고, 합격자의 평균은 70점, 불합격자의 평균은 40점이었다. 합격한 사람이 총 160명이라면, 시험 전체 평균 점수는 얼마인가?

① 62점　　　　　　　　　　　② 63점

③ 64점　　　　　　　　　　　④ 65점

 시험 전체 평균 점수를 x라 하면,
$x \times 200 = 70 \times 160 + 40 \times 40$
$200x = 11,200 + 1,600$
$\therefore x = 64$점

4 주사위 2개를 던져 나오는 눈의 수를 각각 십의 자리, 일의 자리의 숫자로 만들 때, 42보다 큰 정수의 개수는?

① 13개　　　　　　　　　　　② 14개

③ 15개　　　　　　　　　　　④ 16개

 42보다 큰 정수가 되려면
• 십의자리에 4가 오는 경우 3, 4, 5, 6이 가능하다.
• 십의자리에 5 또는 6이 오는 경우 1, 2, 3, 4, 5, 6이 가능하다.
따라서 42보다 큰 정수는 4+6+6=16개이다.

5 길이가 각각 20cm, 45cm인 두 개의 양초가 있다. 길이가 20cm인 양초는 10분마다 2cm씩 타고, 길이가 45cm인 양초는 10분마다 7cm씩 탄다고 한다. 이 두 양초의 길이가 같아지는 것은 몇 분 후인가?

① 50분 후　　　　　　　　　　② 60분 후

③ 70분 후　　　　　　　　　　④ 80분 후

 10분마다 타서 줄어드는 횟수를 x라 하면,
$20 - 2x = 45 - 7x$
$\therefore x = 5$
따라서 50분 후에 두 양초의 길이가 같아진다.

Answer ↪ 1.① 2.② 3.③ 4.④ 5.①

6 맞물려 있는 두 톱니바퀴의 톱니 수는 각각 36개, 38개이다. 두 톱니바퀴가 회전하여 처음 맞물렸던 위치로 돌아오려면, 톱니 수가 57개인 톱니바퀴는 몇 바퀴 회전해야 하는가?

① 11바퀴

② 12바퀴

③ 13바퀴

④ 14바퀴

 36과 38의 최소공배수는 684이다. 따라서 톱니 수가 57개인 톱니바퀴는 12바퀴 회전해야 한다.

7 2진법의 수 10001과 5진법의 수 1220의 실제 수의 합은?

① 185

② 197

③ 202

④ 215

 $\bigcirc 1 \times 2^4 + 0 \times 2^3 + 0 \times 2^2 + 0 \times 2^1 + 1 \times 2^0 = 17$
$\bigcirc 1 \times 5^3 + 2 \times 5^2 + 2 \times 5^1 + 0 \times 5^0 = 185$
$\therefore 17 + 185 = 202$

8 수지는 2017년 1월 1일부터 휴대폰을 개통하여 하루에 쓰는 통화요금은 1,800원이다. 3월 16일까지 사용한 양은 1,500분으로 총 135,000원이 누적되었을 때, 하루에 통화한 시간은?

① 5분

② 10분

③ 15분

④ 20분

 $\bigcirc$ 분당 사용 요금을 x 라 하면,
$1,500x = 135,000, \ x = 90$원/min
$\bigcirc$ 하루에 통화한 시간을 y 라 하면,
$90 \times y = 1,800, \ y = 20$분

9 어떤 일을 하는데 수빈이는 16일, 혜림이는 12일이 걸린다. 처음에는 수빈이 혼자서 3일 동안 일하고, 그 다음은 수빈이와 혜림이가 같이 일을 하다가 마지막 하루는 혜림이만 일 하여 일을 끝냈다. 수빈이와 혜림이가 같이 일 한 기간은?

① 3일   ② 4일

③ 5일   ④ 6일

 수빈이가 하루 일하는 양 : $\dfrac{1}{16}$

혜림이가 하루 일하는 양 : $\dfrac{1}{12}$

전체 일의 양을 1로 놓고 같이 일을 한 일을 x 라 하면

$$\dfrac{3}{16}+\left(\dfrac{1}{16}+\dfrac{1}{12}\right)x+\dfrac{1}{12}=1$$

$$\dfrac{13+7x}{48}=1$$

$$\therefore \ x=5일$$

10 8%의 소금물 150g에 소금 x g을 섞었더니 31%의 소금물이 되었다. 추가된 소금의 양은 얼마인가?

① 20g   ② 30g

③ 40g   ④ 50g

 $\dfrac{12+x}{150+x}=\dfrac{31}{100}$

$$\therefore x=50(g)$$

11 1시간에 책을 60쪽씩 읽는 사람이 있다. 30분씩 읽고 난 후 5분씩 휴식하면서 3시간동안 읽으면 모두 몇 쪽을 읽게 되는가? (단, 읽는 속도는 일정하다)

① 155쪽

② 135쪽

③ 115쪽

④ 105쪽

> (Tip) 1시간에 60쪽을 읽으므로, 1분에 1쪽을 읽는 것과 같다.
> 30분씩 읽고 5분 휴식하는 것을 묶어 35분으로 잡는다.
> $180 = 35 \times 5 + 5$이므로 30분씩 5번 읽고, 5분을 더 읽는 것과 같다.
> $30 \times 5 + 5 = 155$

12 두 자리의 자연수에 대하여 각 자리의 숫자의 합은 11이고, 이 자연수의 십의 자리 숫자와 일의 자리 숫자를 바꾼 수의 3배 보다 5 큰 수는 처음 자연수와 같다고 한다. 처음 자연수의 십의 자리 숫자는?

① 9

② 7

③ 5

④ 3

> (Tip) 십의 자리 숫자를 x, 일의 자리 숫자를 y라고 할 때,
> $x + y = 11 \cdots \bigcirc$
> $3(10y + x) + 5 = 10x + y \cdots \bigcirc\!\!\bigcirc$
> $\bigcirc\!\!\bigcirc$을 전개하여 정리하면 $-7x + 29y = -5$이므로
> $\bigcirc \times 7 + \bigcirc\!\!\bigcirc$을 계산하면 $36y = 72$
> 따라서 $y = 2$, $x = 9$이다.

13 갑동이는 올해 10살이다. 엄마의 나이는 갑동이와 누나의 나이를 합한 값의 두 배이고, 3년 후의 엄마의 나이는 누나의 나이의 세 배일 때, 올해 누나의 나이는 얼마인가?

① 12세

② 13세

③ 14세

④ 15세

> (Tip) 누나의 나이를 x, 엄마의 나이를 y라 하면,
> $2(10 + x) = y$
> $3(x + 3) = y + 3$
> 두 식을 연립하여 풀면,
> $x = 14(세)$

14 흰 공 6개와 검은 공 4개가 들어있는 상자가 있다. 연속하여 두 번 꺼낸 공이 모두 흰 공일 확률은? (단, 꺼낸 공은 다시 넣지 않는다)

① $\dfrac{1}{2}$ ② $\dfrac{1}{3}$

③ $\dfrac{5}{6}$ ④ $\dfrac{3}{10}$

 처음에 흰 공을 꺼낼 확률 : $\dfrac{6}{10}$

두 번째에 흰 공을 꺼낼 확률 : $\dfrac{5}{9}$

동시에 일어나야 하므로 $\dfrac{6}{10} \times \dfrac{5}{9} = \dfrac{1}{3}$

15 정가 5,000원의 시계를 할인하여 3,500원으로 판다면 할인율은 얼마인가?

① 1할 ② 2할

③ 3할 ④ 5할

 할인액은 $5,000 - 3,500 = 1,500$(원)

할인율은 $\dfrac{1,500}{5,000} = 0.3$

∴ 3할이다.

16 어떤 수에 15를 더하면 이 수의 7배보다 3만큼 더 작다고 한다. 이 수를 구하면?

① 3 ② 5

③ 7 ④ 10

 어떤 수를 x라 하면,

$x + 15 = 7x - 3$

$6x = 18$

∴ $x = 3$

17 가희와 미희는 가위바위보를 해서 계단을 오르내리는 게임을 하였다. 같은 칸에서 시작하여 이기면 3칸 올라가고, 지면 2칸 내려가기로 했을 때 총 열 번의 가위바위보가 끝난 시점에 가희가 미희보다 20칸 위에 있다면 가희는 미희보다 몇 번 더 이겼는가? (단, 두 사람은 한 번도 비기지 않았다.)

① 4회   ② 5회

③ 6회   ④ 7회

 가희가 이긴 횟수를 a, 미희가 이긴 횟수를 b라 할 때,
$a+b=10\cdots\bigcirc$ 이고,
가희의 움직임은 $(3a-2b)$, 미희의 움직임은 $(3b-2a)$이므로
$(3a-2b)-(3b-2a)=20$
$a-b=4\cdots\bigcirc$의 식이 성립한다.
$\bigcirc+\bigcirc$하면 $a=7$, $b=3$이므로 가희는 미희보다 4회 더 많이 이겼다.

18 다음에 제시된 왼쪽 네모 칸의 수들이 일정한 규칙에 의하여 오른쪽 네모 칸의 같은 위치의 수들과 대응관계를 이룰 때, 빈 칸에 들어갈 알맞은 숫자는 어느 것인가?

53	62
63	41

→

82	84
93	( )

① 72

② 74

③ 53

④ 93

 왼쪽 네모 칸의 숫자를 십의 자리 수와 일의 자리 수로 분리하여 두 수를 더한 값과 뺀 값 각각 십의 자리와 일의 자리 수로 한 값을 오른쪽 네모 칸에 써 넣은 것이다. 즉, (A, B) → (A+B, A-B)가 되는 것이다. 따라서 41 → 4+1=5와 4-1=3이 되어 53이 된다.

19 △△기업의 인적성검사는 오답인 경우 감점이 있다. 한 문제당 점수는 5점, 오답 감점점수는 2점이다. 총 20문제를 풀어서 70점 이상 받아야 합격일 때, 최소한 몇 문제를 맞아야 합격할 수 있는가? (단, 빈칸으로 놔둔 문제도 오답으로 간주한다.)

① 15개   ② 16개
③ 17개   ④ 18개

 정답의 개수를 a, 오답의 개수를 $20-a$라 할 때,
20문제 중 70점 이상 받아야 합격이므로 이를 식으로 나타내면 다음과 같다.
$5a-2(20-a) \geq 70$
$7a \geq 110$
$a \geq 15.xx$
∴ 16문제 이상 맞아야 합격할 수 있다.

20 다음에 제시되는 'x를 포함하는 수'들은 일정한 규칙을 가지고 나열되어 있다. 규칙에 의할 경우, 마지막 빈칸 A에 들어갈 수 있는 'x를 포함하는 수'는 다음 중 무엇인가?

$$(x^2+3) \div 4 \qquad 2x \div 2 \qquad (6+x) \div 3 \qquad (x+x+x) \div 3 \qquad (\quad A \quad)$$

① $3x-10$
② $x+x-2$
③ $10-2x$
④ $4x^2-100$

 왼쪽부터 x의 값에 1부터 차례대로 정수를 대입할 경우 'x를 포함하는 수'도 같은 정수가 된다. 즉, x가 1이면 'x를 포함하는 수'도 1, x가 2이면 'x를 포함하는 수'도 2가 된다. 따라서 마지막에는 5를 넣어서 5가 되는 수가 와야 하므로 3x5-10=5인 보기 ①이 정답이 된다.

Answer ⤵ 17.① 18.③ 19.② 20.①

21 지헌이는 생활이 어려워 수집했던 고가의 피규어를 인터넷 경매를 통해 판매하려고 한다. 경매 방식과 규칙, 예상 응찰 현황이 다음과 같을 때, 경매 결과를 바르게 예측한 것은?

- 경매 방식 : 각 상품은 따로 경매하거나 묶어서 경매
- 경매 규칙
- 낙찰자 : 최고가로 입찰한 자
- 낙찰가 : 두 번째로 높은 입찰가
- 두 상품을 묶어서 경매할 경우 낙찰가의 5%를 할인해 준다.
- 입찰자는 낙찰가의 총액이 100,000원을 초과할 경우 구매를 포기한다.
- 예상 응찰 현황

입찰자	A 입찰가	B 입찰가	합계
甲	20,000	50,000	70,000
乙	30,000	40,000	70,000
丙	40,000	70,000	110,000
丁	50,000	30,000	80,000
戊	90,000	10,000	100,000
己	40,000	80,000	120,000
庚	10,000	20,000	30,000
辛	30,000	10,000	40,000

---

① 두 상품을 묶어서 경매한다면 낙찰자는 己이다.

② 경매 방식에 상관없이 지헌이의 예상 수입은 동일하다.

③ 두 상품을 따로 경매한다면 얻는 수입은 120,000원이다.

④ 두 상품을 따로 경매한다면 A의 낙찰자는 丁이다.

 ③ 두 상품을 따로 경매한다면 A는 戊에게 50,000원에, B는 己에게 70,000원에 낙찰되므로 얻는 수입은 120,000원이다.

① 두 상품을 묶어서 경매한다면 최고가 입찰자는 己이다. 己가 낙찰 받는 금액은 110,000원으로 5% 할인을 해주어도 그 금액이 100,000원이 넘는다. 입찰자는 낙찰가의 총액이 100,000원을 초과할 경우 구매를 포기한다는 조건에 의해 己는 구매를 포기하게 되므로 낙찰자는 丙이 된다.

② 지헌이가 얻을 수 있는 예상 수입은 두 상품을 따로 경매할 경우 120,000원, 두 상품을 묶어서 경매할 경우 95,000원으로 동일하지 않다.

④ 두 상품을 따로 경매한다면 A의 낙찰자는 戊이다.

22 A씨는 30 % 할인 행사 중인 백화점에 갔다. 매장에 도착하니 당일 구매물품의 정가 총액에 따라 아래의 〈혜택〉 중 하나를 택할 수 있다고 한다. 정가 10만원짜리 상의와 15만원짜리 하의를 구입하고자 한다. 옷을 하나 이상 구입하여 일정 혜택을 받고 교통비를 포함해 총비용을 계산할 때, 〈보기〉의 설명 중 옳은 것을 모두 고르면? (단, 1회 왕복교통비는 5천 원이고, 소요시간 등 기타사항은 금액으로 환산하지 않는다)

〈혜택〉
• 추가할인 : 정가 총액이 20만 원 이상이면, 할인된 가격의 5%를 추가로 할인
• 할인쿠폰 : 정가 총액이 10만 원 이상이면, 세일기간이 아닌 기간에 사용할 수 있는 40% 할인권 제공

〈보기〉
㉠ 오늘 상·하의를 모두 구입하는 것이 가장 싸게 구입하는 방법이다.
㉡ 상·하의를 가장 싸게 구입하면 17만 원 미만의 비용이 소요된다.
㉢ 상·하의를 가장 싸게 구입하는 경우와 가장 비싸게 구입하는 경우의 비용 차이는 1회 왕복 교통비 이상이다.
㉣ 오늘 하의를 구입하고, 세일기간이 아닌 기간에 상의를 구입하면 17만 5천 원이 든다.

① ㉠㉡ ② ㉠㉢
③ ㉡㉢ ④ ㉢㉣

 갑씨가 선택할 수 있는 방법은 총 세 가지이다.
• 오늘 상·하의를 모두 구입하는 방법(추가할인적용)
  $(250,000 \times 0.7) \times 0.95 + 5,000 = 171,250$(원)
• 오늘 상의를 구입하고, 세일기간이 아닌 기간에 하의를 구입하는 방법(할인쿠폰사용)
  $(100,000 \times 0.7) + (150,000 \times 0.6) + 10,000 = 170,000$(원)
• 오늘 하의를 구입하고, 세일기간이 아닌 기간에 상의를 구입하는 방법(할인쿠폰사용)
  $(150,000 \times 0.7) + (100,000 \times 0.6) + 10,000 = 175,000$(원)
∴ ㉠ 가장 싸게 구입하는 방법은 오늘 상의를 구입하고, 세일기간이 아닌 기간에 하의를 구입하는 것이다.
  ㉡ 상·하의를 가장 싸게 구입하면 17만 원의 비용이 소요된다.

Answer↱ 21.③ 22.④

23 다이어트 중인 수진이는 품목별 가격과 칼로리, 오늘의 행사 제품 여부에 따라 물건을 구입하려고 한다. 예산이 10,000원이라고 할 때, 칼로리의 합이 가장 높은 조합은?

〈품목별 가격과 칼로리〉

품목	피자	돈가스	도넛	콜라	아이스크림
가격(원/개)	2,500	4,000	1,000	500	2,000
칼로리(kcal/개)	600	650	250	150	350

〈오늘의 행사〉

> 행사 1 : 피자 두 개 한 묶음을 사면 콜라 한 캔이 덤으로!
> 행사 2 : 돈가스 두 개 한 묶음을 사면 돈가스 하나가 덤으로!
> 행사 3 : 아이스크림 두 개 한 묶음을 사면 아이스크림 하나가 덤으로!
> 단, 행사는 품목당 한 묶음까지만 적용됩니다.

① 피자 2개, 아이스크림 2개, 도넛 1개 ② 돈가스 2개, 피자 1개, 콜라 1개
③ 아이스크림 2개, 도넛 6개 ④ 돈가스 2개, 도넛 2개

① 피자 2개, 아이스크림 2개, 도넛 1개를 살 경우, 행사 적용에 의해 피자 2개, 아이스크림 3개, 도넛 1개, 콜라 1개를 사는 효과가 있다. 따라서 총 칼로리는 (600 × 2) + (350 × 3) + 250 + 150 = 2,650kcal이다.
② 돈가스 2개(8,000원), 피자 1개(2,500원), 콜라 1개(500원)의 조합은 예산 10,000원을 초과한다.
③ 아이스크림 2개, 도넛 6개를 살 경우, 행사 적용에 의해 아이스크림 3개, 도넛 6개를 구입하는 효과가 있다. 따라서 총 칼로리는 (350 × 3) + (250 × 6) = 2,550kcal이다.
④ 돈가스 2개, 도넛 2개를 살 경우, 행사 적용에 의해 돈가스 3개, 도넛 2개를 구입하는 효과가 있다. 따라서 총 칼로리는 (650 × 3) + (250 × 2) = 2,450kcal이다.

24 다음은 조선시대 한양의 조사시기별 가구수 및 인구수와 가구 구성비에 대한 자료이다. 이에 대한 설명 중 옳은 것만을 모두 고르면?

〈조사시기별 가구수 및 인구수〉

(단위 : 호, 명)

조사시기	가구 수	인구 수
1729년	1,480	11,790
1765년	7,210	57,330
1804년	8,670	68,930
1867년	27,360	144,140

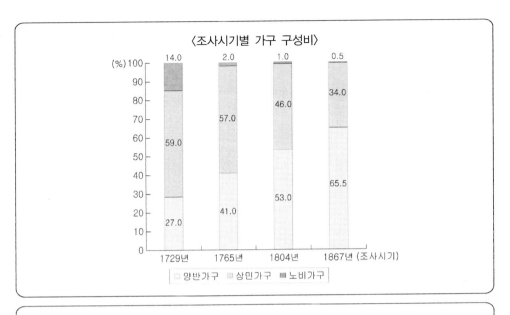

〈조사시기별 가구 구성비〉

① 1804년 대비 1867년의 가구 당 인구 수는 증가하였다.
ⓒ 1765년 상민가구 수는 1804년 양반가구 수보다 적다.
ⓒ 노비가구 수는 1804년이 1765년보다는 적고 1867년보다는 많다.
ⓔ 1729년 대비 1765년에 상민가구 구성비는 감소하였고 상민가구 수는 증가하였다.

① ㉠, ㉡   ② ㉠, ㉢
③ ㉡, ㉣   ④ ㉠, ㉢, ㉣

㉠ 1804년 가구 당 인구 수는 $\frac{68,930}{8,670}$ = 약 7.95이고, 1867년 가구 당 인구 수는 $\frac{144,140}{27,360}$ = 약 5.26
이므로 1804년 대비 1867년의 가구 당 인구 수는 감소하였다.

ⓒ 1765년 상민가구 수는 7,210 × 0.57 = 4109.7이고, 1804년 양반가구 수는 8,670 × 0.53
= 4595.1로, 1765년 상민가구 수는 1804년 양반가구 수보다 적다.

ⓒ 1804년의 노비가구 수는 8,670 × 0.01 = 86.7로 1765년의 노비가구 수인 7,210 × 0.02
= 144.2보다 적고, 1867년의 노비가구 수인 27,360 × 0.005 = 136.8보다도 적다.

ⓔ 1729년 대비 1765년에 상민가구 구성비는 59.0%에서 57.0%로 감소하였고, 상민가구 수
는 1,480 × 0.59 = 873.2에서 7,210 × 0.57 = 4109.7로 증가하였다.

25 다음은 우리나라의 시·군 중 2016년 경지 면적, 논 면적, 밭 면적 상위 5개 시·군에 대한 자료이다. 이에 대한 설명 중 옳은 것을 모두 고르면?

(단위 : ha)

구분	순위	시·군	면적
경지 면적	1	해남군	35,369
	2	제주시	31,585
	3	서귀포시	31,271
	4	김제시	28,501
	5	서산시	27,285
논 면적	1	김제시	23,415
	2	해남군	23,042
	3	서산시	21,730
	4	당진시	21,726
	5	익산시	19,067
밭 면적	1	제주시	31,577
	2	서귀포시	31,246
	3	안동시	13,231
	4	해남군	12,327
	5	상주시	11,047

※ 경지 면적 = 논 면적 + 밭 면적

> ㉠ 해남군의 논 면적은 해남군 밭 면적의 2배 이상이다.
> ㉡ 서귀포시의 논 면적은 제주시 논 면적보다 크다.
> ㉢ 서산시의 밭 면적은 김제시 밭 면적보다 크다.
> ㉣ 상주시의 밭 면적은 익산시 논 면적의 90% 이하이다.

① ㉡, ㉢

② ㉡, ㉣

③ ㉠, ㉢, ㉣

④ ㉡, ㉢, ㉣

 ㉠ 해남군의 논 면적은 23,042ha로, 해남군 밭 면적인 12,327ha의 2배 이하이다.
　㉡ 서귀포시의 논 면적은 31,271−31,246=25ha로, 제주시 논 면적인 31,585−31,577=
　　8ha보다 크다.
　㉢ 서산시의 밭 면적은 27,285−21,730=5,555ha로 김제시 밭 면적인 28,501−23,415=
　　5,086ha보다 크다.
　㉣ 상주시의 밭 면적은 11,047ha로 익산시 논 면적의 90%(=17,160.3ha) 이하이다.

26 다음은 사원 6명의 A~E항목 평가 자료의 일부이다. 이에 대한 설명 중 옳은 것은?

(단위 : 점)

사원＼과목	A	B	C	D	E	평균
김영희	( )	14	13	15	( )	( )
이민수	12	14	( )	10	14	13.0
박수민	10	12	9	( )	18	11.8
최은경	14	14	( )	17	( )	( )
정철민	( )	20	19	17	19	18.6
신상욱	10	( )	16	( )	16	( )
계	80	( )	( )	84	( )	
평균	( )	14.5	14.5	( )	( )	( )

※ 항목별 평가 점수 범위는 0~20점이고, 모든 항목 평가에서 누락자는 없음
※ 사원의 성취수준은 5개 항목 평가 점수의 산술평균으로 결정함
 -평가 점수 평균이 18점 이상 20점 이하 : 수월수준
 -평가 점수 평균이 15점 이상 18점 미만 : 우수수준
 -평가 점수 평균이 12점 이상 15점 미만 : 보통수준
 -평가 점수 평균이 12점 미만 : 기초수준

① 김영희 사원의 성취수준은 E항목 평가 점수가 17점 이상이면 '우수수준'이 될 수 있다.
② 최은경 사원의 성취수준은 E항목 시험 점수에 따라 '기초수준'이 될 수 있다.
③ 신상욱 사원의 평가 점수는 B항목은 13점, D항목은 15점으로 성취수준은 '우수수준'이다.
④ 이민수 사원의 C항목 평가 점수는 정철민 사원의 A항목 평가 점수보다 높다.

(Tip) 빈칸 중 추론이 가능한 부분을 채우면 다음과 같다.

사원＼과목	A	B	C	D	E	평균
김영희	(16)	14	13	15	( )	( )
이민수	12	14	(15)	10	14	13.0
박수민	10	12	9	(10)	18	11.8
최은경	14	14	(15)	17	( )	( )
정철민	(18)	20	19	17	19	18.6
신상욱	10	(13)	16	(15)	16	(14)
계	80	(87)	(87)	84	( )	( )
평균	($\frac{80}{6}$)	14.5	14.5	(14)	( )	( )

Answer 25.④ 26.①

① 김영희 사원의 성취수준은 E항목 평가 점수가 17점 이상이면 평균이 15점 이상으로 '우수수준'이 될 수 있다.
② 최은경 사원의 성취수준은 E항목 시험 점수가 0점이라고 해도 평균 12점으로 '보통수준'이다. 따라서 '기초수준'이 될 수 없다.
③ 신상욱 사원의 평가 점수는 B항목은 13점, D항목은 15점, 평균 14점으로 성취수준은 '보통수준'이다.
④ 이민수 사원의 C항목 평가 점수는 15점으로, 정철민 사원의 A항목 평가 점수는 18점보다 낮다.

27 다음은 어느 카페의 메뉴판이다. 오늘의 커피와 단호박 샌드위치를 먹으려할 때, 세트로 구매하는 것은 단품으로 시키는 것보다 얼마가 더 저렴한가?

〈메뉴〉

음료
| 오늘의 커피 | 3,000 |

샌드위치
| 하우스 샌드위치 | 5,000 |

아메리카노	3,500	단호박 샌드위치	5,500
카페라떼	4,000	치즈듬뿍 샌드위치	5,500
생과일주스	4,000	베이컨토마토 샌드위치	6,000

수프
콘수프   4,500
감자수프   5,000
브로콜리수프   5,000

세트 7,000
오늘의 커피 + 하우스 샌드위치 or 콘수프 중 택1
※ 커피종류는 변경할 수 없음
※ 샌드위치 또는 수프 변경 시 가격의 차액만큼 추가

---

① 500원
② 1,000원
③ 1,500원
④ 2,000원

단품으로 구매 시 : 오늘의 커피(3,000) + 단호박 샌드위치(5,500) = 8,500원
세트로 구매 시 : 7,000 + 샌드위치 차액(500) = 7,500원
∴ 세트로 구매하는 것이 단품으로 구매하는 것보다 1,000원 더 저렴하다.

28 다음은 2007~2013년 동안 흡연율 및 금연계획률에 관한 자료이다. 이에 대한 설명으로 옳은 것은?

〈성별 흡연율〉

성별 \ 연도	2007	2008	2009	2010	2011	2012	2013
남성	45.0	47.7	46.9	48.3	47.3	43.7	42.1
여성	5.3	7.4	7.1	6.3	6.8	7.9	6.1
전체	20.6	23.5	23.7	24.6	25.2	24.9	24.1

〈소득수준별 남성 흡연율〉

소득 \ 연도	2007	2008	2009	2010	2011	2012	2013
최상	38.9	39.9	38.7	43.5	44.1	40.8	36.6
상	44.9	46.4	46.4	45.8	44.9	38.6	41.3
중	45.2	49.6	50.9	48.3	46.6	45.4	43.1
하	50.9	55.3	51.2	54.2	53.9	48.2	47.5

〈금연계획율〉

구분 \ 연도	2007	2008	2009	2010	2011	2012	2013
금연계획률	59.8	56.9	( )	( )	56.3	55.2	56.5
단기	19.4	( )	18.2	20.8	20.2	19.6	19.3
장기	40.4	39.2	39.2	32.7	( )	35.6	37.2

※ 흡연율(%) = $\dfrac{흡연자\ 수}{인구\ 수} \times 100$

※ 금연계획률(%) = $\dfrac{금연계획자\ 수}{흡연자\ 수} \times 100$ = 단기 금연계획률 + 장기 금연계획률

① 매년 남성 흡연율은 여성 흡연율의 6배 이상이다.

② 매년 소득수준이 높을수록 남성 흡연율은 낮다.

③ 2008~2010년 동안 매년 금연계획률은 전년대비 감소한다.

④ 2011년의 장기 금연계획률은 2008년의 단기 금연계획률의 두 배 이상이다.

 ① 2012년의 남성 흡연율은 43.7이고 여성 흡연율은 7.9로 6배 이하이다.
② 2012년 소득수준이 최상인 남성 흡연율이 상인 남성 흡연율보다 높다.
③ 2009년의 금연계획률은 57.4, 2010년의 금연계획률은 53.5로 2009년은 전년대비 증가하였고, 2010년은 전년대비 감소하였다.
④ 2011년의 장기 금연계획률은 36.1로 2008년의 단기 금연계획률인 17.7의 두 배 이상이다.

Answer 27.② 28.④

29 다음은 A 자동차 회사의 광고모델 후보 4명에 대한 자료이다. 〈조건〉을 적용하여 광고모델을 선정할 때, 총 광고 효과가 가장 큰 모델은?

〈표〉 광고모델별 1년 계약금 및 광고 1회당 광고효과

(단위 : 만 원)

광고모델	1년 계약금	1회당 광고효과	
		수익 증대 효과	브랜드 가치 증대 효과
A	1,000	100	100
B	600	60	100
C	700	60	110
D	1,200	110	110

〈조건〉

㉠ 광고효과는 수익 증대 효과와 브랜드 가치 증대 효과로만 구성된다.
- 총 광고효과 = 1회당 광고효과 × 1년 광고횟수
- 1회당 광고효과 = 1회당 수익 증대 효과 + 1회당 브랜드 가치 증대 효과

㉡ 1회당 광고비는 20만 원으로 고정되어 있다.

- 1년 광고횟수 = $\dfrac{1년 광고비}{1회당 광고비}$

㉢ 1년 광고비는 3,000만 원(고정값)에서 1년 계약금을 뺀 금액이다.

- 1년 광고비 = 3,000만 원 − 1년 계약금

※ 광고는 tv를 통해서만 1년 내에 모두 방송됨

① A
② B
③ C
④ D

 총 광고효과 = 1회당 광고효과 × 1년 광고횟수

$$= (1회당 수익 증대 효과 + 1회당 브랜드 가치 증대 효과) \times \dfrac{3,000만 원 - 1년 계약금}{1회당 광고비}$$

A : $(100 + 100) \times \dfrac{3,000 - 1,000}{20} = 20,000$만 원

B : $(60 + 100) \times \dfrac{3,000 - 600}{20} = 19,200$만 원

C : $(60 + 110) \times \dfrac{3,000 - 700}{20} = 19,550$만 원

D : $(110 + 110) \times \dfrac{3,000 - 1,200}{20} = 19,800$만 원

30 다음은 연령별 저축률에 대한 자료이다. 이에 대한 설명으로 가장 바른 것은?

연도	2010		2012		2014		2016	
구분	저축 중인 인원	저축률	저축 중인 인원	저축률	저축 중인 인원	저축률	저축 중인 인원	저축률
30대 이하	60명	73%	68명	68%	117명	81%	99명	70%
40대	270명	60%	277명	61%	180명	70%	210명	65%
50대	440명	59%	540명	55%	380명	59%	380명	54%
60대	470명	48%	540명	54%	540명	41%	540명	40%
70대 이상	580명	28%	560명	37%	770명	25%	755명	22%

① 70대 이상의 저축률은 꾸준히 감소되고 있다.
② 30대 이하와 40대의 연령별 저축률은 동일한 증감추이를 보이고 있다.
③ 30대 이하와 50대의 연령별 저축률은 반대의 증감추이를 보이고 있다.
④ 60대와 70대 이상의 저축률은 모두 동일한 증감추이를 보이고 있다.

 (Tip)
① 2010년과 2012년 사이에는 증가하였다.
② 30대 이하는 감소→증가→감소를 나타내고, 40대는 증가→증가→감소를 나타내므로 두 연령층의 증감추이는 동일하지 않다.
③ 30대 이하와 50대의 연령별 저축률은 감소→증가→감소의 동일한 변화를 보이고 있다.
④ 60대와 70대 이상의 저축률은 모두 증가→감소→감소의 동일한 변화를 보이고 있다.

Answer 29.① 30.④

31 제시된 자료를 참조하여, 2013년부터 2015년의 건강수명 비교에 대한 설명으로 옳은 것은?

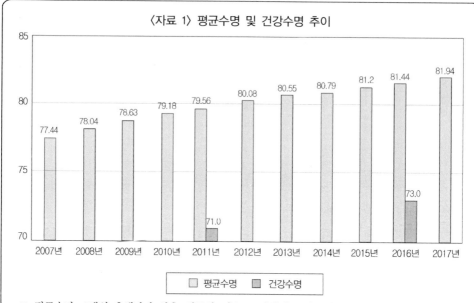

〈자료 1〉 평균수명 및 건강수명 추이

※ 평균수명 : 0세의 출생자가 향후 생존할 것으로 기대되는 평균생존연수 '0세의 기대여명'을 나타냄

※ 건강수명 : 평균수명에서 질병이나 부상으로 인하여 활동하지 못한 기간을 뺀 기간을 나타냄

※ 2017년은 예상 수치임

〈자료 2〉 건강수명 예상치 추정 정보

• 건강수명 예상치의 범위는 평균수명의 90%에서 ±1% 수준이다.

• 건강수명 예상치는 환경 개선 정도에 영향을 받는다고 가정한다.

연도	2012년	2013년	2014년	2015년
환경 개선	보통	양호	불량	불량

– 해당 연도 환경 개선 정도가 '양호'이면 최대치(+1%)로 계산된다.

– 해당 연도 환경 개선 정도가 '보통'이면 중간치(±0%)로 계산된다.

– 해당 연도 환경 개선 정도가 '불량'이면 최소치(-1%)로 계산된다.

① 2013년 건강수명이 2014년 건강수명보다 짧다.

② 2014년 건강수명이 2015년 건강수명보다 짧다.

③ 2013년 건강수명이 2015년 건강수명 보다 짧다.

④ 2014년 환경 개선 정도가 보통일 경우 2013년 건강수명이 2014년 건강수명보다 짧다.

② 〈자료 1〉에 따르면 건강수명은 평균수명에서 질병이나 부상으로 인하여 활동하지 못한 기간을 뺀 기간이다. 〈자료 2〉에서 건강수명 예상치의 범위는 평균수명의 90%에서 ±1% 수준이고, 해당 연도 환경 개선 정도에 따라 계산한다고 기준을 제시하고 있으므로 이를 통해 2014년과 2015년의 건강수명을 구할 수 있다.
- 2014년 건강수명 = 80.79세(평균수명) × 89%(환경 개선 불량) = 71.9031세
- 2015년 건강수명 = 81.2세(평균수명) × 89%(환경 개선 불량) = 72.268세
따라서 2014년 건강수명이 2015년 건강수명보다 짧다.
①③ 2013년의 건강수명 = 80.55세(평균수명) × 91%(환경 개선 양호) = 73.3005세로 2014년의 건강수명인 71.9031세 또는 2015년의 건강수명인 72.268세보다 길다.
④ 2014년 환경 개선 정도가 보통일 경우 건강수명 = 80.79세 × 90% = 72.711세이다. 2013년의 건강수명은 73.3005세이므로 2013년 건강수명이 2014년 건강수명보다 길다.

32 다음은 국민연금 보험료를 산정하기 위한 소득월액 산정 방법에 대한 설명이다. 다음 설명을 참고할 때, 김갑동 씨의 신고 소득월액은 얼마인가?

> 소득월액은 입사(복직) 시점에 따른 근로자간 신고 소득월액 차등이 발생하지 않도록 입사(복직) 당시 약정되어 있는 급여 항목에 대한 1년치 소득총액에 대하여 30일로 환산하여 결정하며, 다음과 같은 계산 방식을 적용한다.
>
> > 소득월액 = 입사(복직) 당시 지급이 약정된 각 급여 항목에 대한 1년간 소득총액 ÷ 365 × 30

> 〈김갑동 씨의 급여 내역〉
> - 기본급 : 1,000,000원
> - 교통비 : 월 100,000원
> - 고정 시간외 수당 : 월 200,000원
> - 분기별 상여금(1, 4, 7, 10월 지급) : 기본급의 100%
> - 하계휴가비(매년 7월 지급) : 500,000원

① 1,645,660원   ② 1,652,055원
③ 1,668,900원   ④ 1,727,050원

 주어진 조건에 의해 다음과 같이 계산할 수 있다.
{(1,000,000 + 100,000 + 200,000) × 12 + (1,000,000 × 4) + 500,000} ÷ 365 × 30 = 1,652,055원
따라서 소득월액은 1,652,055원이 된다.

Answer⤷ 31.② 32.②

33 다음은 2018년 한국인 사망 원인 '5대 암'과 관련된 자료이다. 2018년 총 인구를 5,100만 명이라고 할 때, 치명률을 구하는 공식으로 옳은 것을 고르면?

종류	환자수	완치자수	후유장애자수	사망자수	치명률
폐암	101,600명	3,270명	4,408명	2,190명	2.16%
간암	120,860명	1,196명	3,802명	1,845명	1.53%
대장암	157,200명	3,180명	2,417명	1,624명	1.03%
위암	184,520명	2,492명	3,557명	1,950명	1.06%
췌장암	162,050명	3,178명	2,549명	2,765명	1.71%

※ 환자수란 현재 해당 암을 앓고 있는 사람 수를 말한다.

※ 완치자수란 과거에 해당 암을 앓았던 사람으로 일상생활에 문제가 되는 장애가 남지 않고 5년 이내 재발이 없는 경우를 말한다.

※ 후유장애자수란 과거에 해당 암을 앓았던 사람으로 암으로 인하여 일상생활에 문제가 되는 영구적인 장애가 남은 경우를 말한다.

※ 사망자수란 해당 암으로 사망한 사람 수를 말한다.

① 치명률 $= \dfrac{완치자수}{환자수} \times 100$

② 치명률 $= \dfrac{후유장애자수}{환자수} \times 100$

③ 치명률 $= \dfrac{사망자수}{환자수} \times 100$

④ 치명률 $= \dfrac{사망자수 + 후유장애자수}{인구수} \times 100$

 자료에 제시된 각 암별 치명률이 나올 수 있는 공식은 보기 중 ③이다. 참고적으로 치명률 은 어떤 질환에 의한 사망자수를 그 질환의 환자수로 나눈 것으로 보통 백분율로 나타내 며, 치사율이라고도 한다.

34 제시된 자료는 ○○기관 직원의 교육비 지원에 대한 내용이다. 다음 중 A~D 직원 4명의 총 교육비 지원 금액은 얼마인가?

교육비 지원 기준

- 임직원 본인의 대학 및 대학원 학비 : 100% 지원
- 임직원 가족의 대학 및 대학원 학비
- 임직원의 직계 존·비속 : 90% 지원
- 임직원의 형제 및 자매 : 80% 지원(단, 직계 존·비속 지원이 우선되며, 해당 신청이 없을 경우에 한하여 지급함)
- 교육비 지원 신청은 본인을 포함 최대 3인에 한한다.

교육비 신청 내역

A 직원	본인 대학원 학비 3백만 원, 동생 대학 학비 2백만 원
B 직원	딸 대학 학비 2백만 원
C 직원	본인 대학 학비 3백만 원, 아들 대학 학비 4백만 원
D 직원	본인 대학 학비 2백만 원, 딸 대학 학비 2백만 원, 아들 대학원 학비 2백만 원

① 15,200,000원   ② 17,000,000원

③ 18,600,000원   ④ 26,200,000원

 교육비 지원 기준에 따라 각 직원이 지원 받을 수 있는 내역을 정리하면 다음과 같다.

A	• 본인 대학원 학비 3백만 원(100% 지원) • 동생 대학 학비 2백만 원(형제 및 자매→80% 지원) = 160만 원	총 460만 원
B	딸 대학 학비 2백만 원(직계 비속→90% 지원) = 180만 원	총 180만 원
C	본인 대학 학비 3백만 원(100% 지원) 아들 대학 학비 4백만 원(직계 비속→90% 지원) = 360만 원	총 660만 원
D	본인 대학 학비 2백만 원(100% 지원) 딸 대학 학비 2백만 원(90% 지원) = 180만 원 아들 대학원 학비 2백만 원(90% 지원) = 180만 원	총 560만 원

따라서 A~D 직원 4명의 총 교육비 지원 금액은 1,860만 원이고, 이를 원단위로 표현하면 18,600,000원이다.

Answer ☞ 33.③ 34.③

35 다음은 건설업과 관련된 주요 지표이다. 이에 대한 설명으로 옳은 것은?

〈건설업 주요 지표〉

(단위 : 개, 천 명, 조 원, %)

구분	2016년	2017년	전년대비	
			증감	증감률
기업체수	69,508	72,376	2,868	4.1
종사자수	1,573	1,670	97	6.1
건설공사 매출액	356.6	392.0	35.4	9.9
국내 매출액	313.1	354.0	40.9	13.1
해외 매출액	43.5	38.0	−5.5	−12.6
건설비용	343.2	374.3	31.1	9.1
건설 부가가치	13.4	17.7	4.3	32.1

〈연도별 건설업체수 및 매출 증감률〉

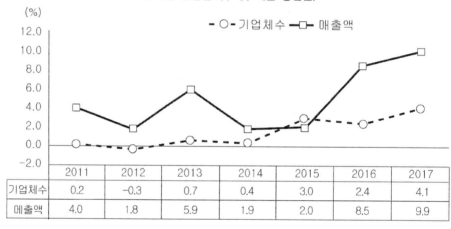

	2011	2012	2013	2014	2015	2016	2017
기업체수	0.2	−0.3	0.7	0.4	3.0	2.4	4.1
매출액	4.0	1.8	5.9	1.9	2.0	8.5	9.9

① 2012년의 기업체 수는 65,000개 이하이다.

② 건설공사 매출액 중 국내 매출액의 비중은 2017년보다 2016년이 더 크다.

③ 해외 매출액의 증감은 건설 부가가치의 증감에 영향을 미친다.

④ 건설업 주요 지표별 증감 추이는 모든 항목이 동일하다.

③ 표를 통해 건설 부가가치는 '건설공사 매출액 − 건설비용'의 산식이 적용됨을 알 수 있다. 건설공사 매출액은 국내와 해외 매출액의 합산이므로 해외 매출액의 증감은 건설 부가가치에 직접적인 영향을 미친다.

① 제시된 기업체 수 증가율을 통하여 연도별 기업체 수를 확인할 수 있으며, 2012년도에는 기업체 수가 약 65,183개로 65,000개 이상이 된다.

② 2016년은 313.3 ÷ 356.6 × 100 = 약 87.9%이며, 2017년은 354.0 ÷ 392.0 × 100 = 약 90.3%이다.

④ 다른 항목은 2017년에 모두 증가하였지만, 건설공사 매출액 중 해외 매출액 지표는 감소하였다.

Answer⤷ 35.③

36 다음은 차량 A, B, C의 연료 및 경제속도 연비, 연료별 리터당 가격에 대한 자료이다. 제시된 〈조건〉을 적용하였을 때, 두 번째로 높은 연료비가 소요되는 차량과 해당 차량의 연료비를 바르게 나열한 것은?

〈A, B, C 차량의 연료 및 경제속도 연비〉

차량 \ 구분	연료	경제속도 연비(km/L)
A	LPG	10
B	휘발유	16
C	경유	20

※ 차량 경제속도는 60km/h 이상 90km/h 미만임

〈연료별 리터당 가격〉

연료	LPG	휘발유	경유
리터당 가격(원/L)	1,000	2,000	1,600

〈조건〉

1. A, B, C 차량은 모두 아래와 같이 각 구간을 한 번씩 주행하고, 각 구간별 주행속도 범위 내에서만 주행한다.

구간	1구간	2구간	3구간
주행거리(km)	100	40	60
주행속도(km/h)	30 이상 60 미만	60 이상 90 미만	90 이상 120 미만

2. A, B, C 차량의 주행속도별 연비적용률은 다음과 같다.

차량	주행속도(km/h)	연비적용률(%)
A	30 이상 60 미만	50.0
	60 이상 90 미만	100.0
	90 이상 120 미만	80.0
B	30 이상 60 미만	62.5
	60 이상 90 미만	100.0
	90 이상 120 미만	75.0
C	30 이상 60 미만	50.0
	60 이상 90 미만	100.0
	90 이상 120 미만	75.0

※ 연비적용률이란 경제속도 연비 대비 주행속도 연비를 백분율로 나타낸 것임

① A, 31,500원

② B, 24,500원

③ B, 35,000원

④ C, 25,600원

 주행속도에 따른 연비와 구간별 소요되는 연료량을 계산하면 다음과 같다.

차량	주행속도(km/h)	연비(km/L)	구간별 소요되는 연료량(L)		
A (LPG)	30 이상 60 미만	10 × 50.0% = 5	1구간	20	총 31.5
	60 이상 90 미만	10 × 100.0% = 10	2구간	4	
	90 이상 120 미만	10 × 80.0% = 8	3구간	7.5	
B (휘발유)	30 이상 60 미만	16 × 62.5% = 10	1구간	10	총 17.5
	60 이상 90 미만	16 × 100.0% = 16	2구간	2.5	
	90 이상 120 미만	16 × 75.0% = 12	3구간	5	
C (경유)	30 이상 60 미만	20 × 50.0% = 10	1구간	10	총 16
	60 이상 90 미만	20 × 100.0% = 20	2구간	2	
	90 이상 120 미만	20 × 75.0% = 15	3구간	4	

따라서 조건에 따른 주행을 완료하는 데 소요되는 연료비는 A 차량은 31.5 × 1,000 = 31,500원, B 차량은 17.5 × 2,000 = 35,000원, C 차량은 16 × 1,600 = 25,600원으로, 두 번째로 높은 연료비가 소요되는 차량은 A며 31,500원의 연료비가 든다.

Answer → 36.①

신입사원 甲은 각 부서별 소모품 구매업무를 맡게 되었다. 아래 자료를 참고할 때, 가장 저렴한 가격에 소모품을 구입할 수 있는 곳은 어디인가?

〈소모품별 1회 구매수량 및 구매 제한가격〉

구분	A 물품	B 물품	C 물품	D 물품	E 물품
1회 구매수량	2 묶음	3 묶음	2 묶음	2 묶음	2 묶음
구매 제한가격	25,000원	5,000원	5,000원	3,000원	23,000원

※ 물품 신청 시 1회 구매수량은 부서에 상관없이 매달 일정하다. 예를 들어, A 물품은 2 묶음, B 물품은 3 묶음 단위이다.

※ 물품은 제한된 가격 내에서 구매해야 하며, 구매 제한가격을 넘는 경우에는 구매할 수 없다. 단, 총 구매 가격에는 제한이 없다.

〈소모품 구매 신청서〉

구분	A 물품	B 물품	C 물품	D 물품	E 물품
부서 1	○		○		○
부서 2		○	○	○	
부서 3	○		○	○	○
부서 4		○	○		○
부서 5	○		○	○	○

〈업체별 물품 단가〉

구분	A 물품	B 물품	C 물품	D 물품	E 물품
가 업체	12,400	1,600	2,400	1,400	11,000
나 업체	12,200	1,600	2,450	1,400	11,200
다 업체	12,400	1,500	2,550	1,500	11,500
라 업체	12,500	1,500	2,400	1,300	11,300

(물품 단가는 한 묶음당 가격)

① 가 업체
② 나 업체
③ 다 업체
④ 라 업체

구매 제한가격에 따라 다 업체에서는 C 물품을 구매할 수 없다. 나머지 가, 나, 라 업체의 소모품 구매 가격을 정리하면 다음과 같다.

구분	구매 가격
가 업체	$(12,400 \times 2) + (1,600 \times 3) + (2,400 \times 2) + (1,400 \times 2) + (11,000 \times 2) = 59,200$원
나 업체	$(12,200 \times 2) + (1,600 \times 3) + (2,450 \times 2) + (1,400 \times 2) + (11,200 \times 2) = 59,300$원
라 업체	$(12,500 \times 2) + (1,500 \times 3) + (2,400 \times 2) + (1,300 \times 2) + (11,300 \times 2) = 59,500$원

따라서 가장 저렴한 가격에 소모품을 구입할 수 있는 곳은 가 업체로 구매 가격은 59,200원이다.

38 다음은 이 대리가 휴가 기간 중 할 수 있는 활동 내역을 정리한 표이다. 집을 출발한 이 대리가 활동을 마치고 다시 집으로 돌아올 경우 전체 소요시간이 가장 짧은 것은 어느 것인가?

활동	이동수단	거리	속력	목적지 체류시간
당구장	전철	12km	120km/h	3시간
한강공원 라이딩	자전거	30km	15km/h	-
파워워킹	도보	5.4km	3km/h	-
북카페 방문	자가용	15km	50km/h	2시간

① 당구장
② 한강공원 라이딩
③ 파워워킹
④ 북카페 방문

 '거리 = 속력 × 시간'을 이용하여 체류시간을 감안한 총 소요 시간을 다음과 같이 정리해 볼 수 있다. 시간은 왕복이므로 2번 계산한다.

활동	이동수단	거리	속력 (시속)	목적지 체류시간	총 소요시간
당구장	전철	12km	120km	3시간	3시간 + 0.1시간 × 2 = 3시간 12분
한강공원 라이딩	자전거	30km	15km	-	2시간 × 2 = 4시간
파워워킹	도보	5.4km	3km	-	1.8시간 × 2 = 3시간 36분
북카페 방문	자가용	15km	50km	2시간	2시간 + 0.3시간 × 2 = 2시간 36분

따라서 북카페를 방문하고 돌아오는 것이 2시간 36분으로 가장 짧은 소요시간이 걸린다.

Answer 37.① 38.④

39 다음은 지역별, 소득계층별, 점유형태별 최저주거기준 미달가구 비율에 대한 자료이다. 해당 자료를 바르게 분석하지 못한 것은?

〈지역별, 소득계층별, 점유형태별 최저주거기준 미달가구 비율〉

(단위 : %)

구분		최저주거기준 미달	면적기준 미달	시설기준 미달	침실기준 미달
지역	수도권	51.7	66.8	37.9	60.8
	광역시	18.5	15.5	22.9	11.2
	도지역	29.8	17.7	39.2	28.0
	계	100.0	100.0	100.0	100.0
소득 계층	저소득층	65.4	52.0	89.1	33.4
	중소득층	28.2	38.9	9.4	45.6
	고소득층	6.4	9.1	1.5	21.0
	계	100.0	100.0	100.0	100.0
점유 형태	자가	22.8	14.2	27.2	23.3
	전세	12.0	15.3	6.3	12.5
	월세(보증금 有)	37.5	47.7	21.8	49.7
	월세(보증금 無)	22.4	19.5	37.3	9.2
	무상	5.3	3.3	7.4	5.3
	계	100.0	100.0	100.0	100.0

① 점유형태가 무상인 경우의 미달가구 비율은 네 가지 항목 모두에서 가장 낮다.

② 침실기준 미달 비율은 수도권, 도지역, 광역시 순으로 높다.

③ 지역과 소득계층 면에서는 광역시에 거주하는 고소득층의 면적기준 미달 비율이 가장 낮다.

④ 저소득층은 중소득층보다 침실기준 미달 비율이 더 낮다. 다면 최저주거기준 미달가구는 수도권이 나머지 지역의 합보다 많다.

 ① 점유 형태가 무상인 경우의 미달가구 비율은 시설기준 면에서 전세가 더 낮음을 알 수 있다.

② 각각 60.8%, 28.0%, 11.2%이다.

③ 15.5%와 9.1%로 가장 낮은 비율을 보이고 있다.

④ 33.4%로 45.6%보다 더 낮다.

40 다음 운송비 표를 참고할 때, 박스의 규격이 28 × 10 × 10(inch)인 실제 무게 18파운드짜리 솜 인형을 배송할 경우, A배송사에서 적용하는 운송비는 얼마인가? (1inch = 2.54cm이며, 물품의 무게는 반올림하여 정수로 표시한다. 물품의 무게 이외의 다른 사항은 고려하지 않는다.)

항공 배송의 경우, 비행기 안에 많은 공간을 차지하게 되는 물품은 그렇지 않은 물품을 적재할 때보다 비용 면에서 항공사 측에 손해가 발생하게 된다. 비행기 안에 스티로폼 200박스를 적재하는 것과 스마트폰 2,000개를 적재하는 것을 생각해 보면 쉽게 이해할 수 있다. 이 경우 항공사 측에서는 당연히 스마트폰 2,000개를 적재하는 것이 더 경제적일 것이다. 이와 같은 문제로 거의 모든 항공 배송사에선 제품의 무게에 비해 부피가 큰 제품들은 '부피무게'를 따로 정해서 운송비를 계산하게 된다. 이때 사용하는 부피무게 측정 방식은 다음과 같다.

부피무게(파운드) = 가로(inch) × 세로(inch) × 높이(inch) ÷ 166

A배송사는 물건의 무게에 다음과 같은 규정을 적용하여 운송비를 결정한다.
1. 실제 무게 < 부피무게 → 부피무게
2. 실제 무게 > 부피무게이지만 박스의 어느 한 변의 길이가 50cm 이상인 경우 → (실제 무게 + 부피무게) × 60%

17파운드 미만	14,000원	19~20파운드 미만	17,000원
17~18파운드 미만	15,000원	20~21파운드 미만	18,000원
18~19파운드 미만	16,000원	21~22파운드 미만	19,000원

① 17,500원　　　　　　　② 18,000원
③ 18,500원　　　　　　　④ 19,000원

 솜 인형의 실제 무게는 18파운드이며, 주어진 산식으로 부피무게를 계산해 보아야 한다. 부피무게는 28 × 10 × 10 ÷ 166 = 17파운드가 되어 실제 무게보다 가볍다. 그러나 28inch는 28 × 2.54 = 약 71cm가 되어 한 변의 길이가 50cm 이상이므로, A배송사에서는 (18 + 17) × 0.6 = 21파운드의 무게를 적용하게 된다. 따라서 솜 인형의 운송비는 19,000원이다.

04 문제해결능력

1 문제와 문제해결

(1) 문제의 정의와 분류

① 정의 … 문제란 업무를 수행함에 있어서 답을 요구하는 질문이나 의논하여 해결해야 되는 사항이다.

② 문제의 분류

구분	창의적 문제	분석적 문제
문제제시 방법	현재 문제가 없더라도 보다 나은 방법을 찾기 위한 문제 탐구→문제 자체가 명확하지 않음	현재의 문제점이나 미래의 문제로 예견될 것에 대한 문제 탐구→문제 자체가 명확함
해결방법	창의력에 의한 많은 아이디어의 작성을 통해 해결	분석, 논리, 귀납과 같은 논리적 방법을 통해 해결
해답 수	해답의 수가 많으며, 많은 답 가운데 보다 나은 것을 선택	답의 수가 적으며 한정되어 있음
주요특징	주관적, 직관적, 감각적, 정성적, 개별적, 특수성	객관적, 논리적, 정량적, 이성적, 일반적, 공통성

(2) 업무수행과정에서 발생하는 문제 유형

① 발생형 문제(보이는 문제) … 현재 직면하여 해결하기 위해 고민하는 문제이다. 원인이 내재되어 있기 때문에 원인지향적인 문제라고도 한다.
  ㉠ 일탈문제 : 어떤 기준을 일탈함으로써 생기는 문제
  ㉡ 미달문제 : 어떤 기준에 미달하여 생기는 문제

② 탐색형 문제(찾는 문제) … 현재의 상황을 개선하거나 효율을 높이기 위한 문제이다. 방치할 경우 큰 손실이 따르거나 해결할 수 없는 문제로 나타나게 된다.
  ㉠ 잠재문제 : 문제가 잠재되어 있어 인식하지 못하다가 확대되어 해결이 어려운 문제

ⓛ 예측문제 : 현재로는 문제가 없으나 현 상태의 진행 상황을 예측하여 찾아야 앞으로 일어날 수 있는 문제가 보이는 문제

ⓒ 발견문제 : 현재로서는 담당 업무에 문제가 없으나 선진기업의 업무 방법 등 보다 좋은 제도나 기법을 발견하여 개선시킬 수 있는 문제

③ **설정형 문제(미래 문제)** … 장래의 경영전략을 생각하는 것으로 앞으로 어떻게 할 것인가 하는 문제이다. 문제해결에 창조적인 노력이 요구되어 창조적 문제라고도 한다.

█ 예제 1

D회사 신입사원으로 입사한 귀하는 신입사원 교육에서 업무수행과정에서 발생하는 문제 유형 중 설정형 문제를 하나씩 찾아오라는 지시를 받았다. 이에 대해 귀하는 교육받은 내용을 다시 복습하려고 한다. 설정형 문제에 해당하는 것은?

① 현재 직면하여 해결하기 위해 고민하는 문제
② 현재의 상황을 개선하거나 효율을 높이기 위한 문제
③ 앞으로 어떻게 할 것인가 하는 문제
④ 원인이 내재되어 있는 원인지향적인 문제

[출제의도]
업무수행 중 문제가 발생하였을 때 문제 유형을 구분하는 능력을 측정하는 문항이다.
[해설]
업무수행과정에서 발생하는 문제 유형으로는 발생형 문제, 탐색형 문제, 설정형 문제가 있으며 ①④는 발생형 문제이며 ②는 탐색형 문제, ③이 설정형 문제이다.

답 ③

---

(3) 문제해결

① **정의** … 목표와 현상을 분석하고 이 결과를 토대로 과제를 도출하여 최적의 해결책을 찾아 실행·평가해 가는 활동이다.

② **문제해결에 필요한 기본적 사고**
  ㄱ **전략적 사고** : 문제와 해결방안이 상위 시스템과 어떻게 연결되어 있는지를 생각한다.
  ㄴ **분석적 사고** : 전체를 각각의 요소로 나누어 그 의미를 도출하고 우선순위를 부여하여 구체적인 문제해결방법을 실행한다.
  ㄷ **발상의 전환** : 인식의 틀을 전환하여 새로운 관점으로 바라보는 사고를 지향한다.
  ㄹ **내·외부자원의 활용** : 기술, 재료, 사람 등 필요한 자원을 효과적으로 활용한다.

③ **문제해결의 장애요소**
  ㄱ 문제를 철저하게 분석하지 않는 경우
  ㄴ 고정관념에 얽매이는 경우
  ㄷ 쉽게 떠오르는 단순한 정보에 의지하는 경우
  ㄹ 너무 많은 자료를 수집하려고 노력하는 경우

④ 문제해결방법
　㉠ 소프트 어프로치 : 문제해결을 위해서 직접적인 표현보다는 무언가를 시사하거나 암시를 통하여 의사를 전달하여 문제해결을 도모하고자 한다.
　㉡ 하드 어프로치 : 상이한 문화적 토양을 가지고 있는 구성원을 가정하고, 서로의 생각을 직설적으로 주장하고 논쟁이나 협상을 통해 서로의 의견을 조정해 가는 방법이다.
　㉢ 퍼실리테이션(facilitation) : 촉진을 의미하며 어떤 그룹이나 집단이 의사결정을 잘 하도록 도와주는 일을 의미한다.

2　문제해결능력을 구성하는 하위능력

(1) 사고력

① 창의적 사고 … 개인이 가지고 있는 경험과 지식을 통해 새로운 가치 있는 아이디어를 산출하는 사고능력이다.
　㉠ 창의적 사고의 특징
　　• 정보와 정보의 조합
　　• 사회나 개인에게 새로운 가치 창출
　　• 창조적인 가능성

예제 2

M사 홍보팀에서 근무하고 있는 귀하는 입사 5년차로 창의적인 기획안을 제출하기로 유명하다. S부장은 이번 신입사원 교육 때 귀하에게 창의적인 사고란 무엇인지 교육을 맡아달라고 부탁하였다. 창의적인 사고에 대한 귀하의 설명으로 옳지 않은 것은?

① 창의적인 사고는 새롭고 유용한 아이디어를 생산해 내는 정신적인 과정이다.
② 창의적인 사고는 특별한 사람들만이 할 수 있는 대단한 능력이다.
③ 창의적인 사고는 기존의 정보들을 특정한 요구조건에 맞거나 유용하도록 새롭게 조합시킨 것이다.
④ 창의적인 사고는 통상적인 것이 아니라 기발하거나, 신기하며 독창적인 것이다.

[출제의도]
창의적 사고에 대한 개념을 정확히 파악하고 있는지를 묻는 문항이다.
[해설]
흔히 사람들은 창의적인 사고에 대해 특별한 사람들만이 할 수 있는 대단한 능력이라고 생각하지만 그리 대단한 능력이 아니며 이미 알고 있는 경험과 지식을 해체하여 다시 새로운 정보로 결합하여 가치 있는 아이디어를 산출하는 사고라고 할 수 있다.

답 ②

ⓛ **발산적 사고** : 창의적 사고를 위해 필요한 것으로 자유연상법, 강제연상법, 비교발상법 등을 통해 개발할 수 있다.

구분	내용
자유연상법	생각나는 대로 자유롭게 발상 ex) 브레인스토밍
강제연상법	각종 힌트에 강제적으로 연결 지어 발상 ex) 체크리스트
비교발상법	주제의 본질과 닮은 것을 힌트로 발상 ex) NM법, Synectics

Point 》 브레인스토밍

ⓐ 진행방법
- 주제를 구체적이고 명확하게 정한다.
- 구성원의 얼굴을 볼 수 있는 좌석 배치와 큰 용지를 준비한다.
- 구성원들의 다양한 의견을 도출할 수 있는 사람을 리더로 선출한다.
- 구성원은 다양한 분야의 사람들로 5~8명 정도로 구성한다.
- 발언은 누구나 자유롭게 할 수 있도록 하며, 모든 발언 내용을 기록한다.
- 아이디어에 대한 평가는 비판해서는 안 된다.

ⓑ 4대 원칙
- 비판엄금(Support) : 평가 단계 이전에 결코 비판이나 판단을 해서는 안 되며 평가는 나중까지 유보한다.
- 자유분방(Silly) : 무엇이든 자유롭게 말하고 이런 바보 같은 소리를 해서는 안 된다는 등의 생각은 하지 않아야 한다.
- 질보다 양(Speed) : 질에는 관계없이 가능한 많은 아이디어들을 생성해내도록 격려한다.
- 결합과 개선(Synergy) : 다른 사람의 아이디어에 자극되어 보다 좋은 생각이 떠오르고, 서로 조합하면 재미있는 아이디어가 될 것 같은 생각이 들면 즉시 조합시킨다.

② **논리적 사고** … 사고의 전개에 있어 전후의 관계가 일치하고 있는가를 살피고 아이디어를 평가하는 사고능력이다.

ⓐ **논리적 사고를 위한 5가지 요소** : 생각하는 습관, 상대 논리의 구조화, 구체적인 생각, 타인에 대한 이해, 설득

ⓑ **논리적 사고 개발 방법**

- 피라미드 구조 : 하위의 사실이나 현상부터 사고하여 상위의 주장을 만들어가는 방법
- so what기법 : '그래서 무엇이지?'하고 자문자답하여 주어진 정보로부터 가치 있는 정보를 이끌어 내는 사고 기법

③ **비판적 사고** … 어떤 주제나 주장에 대해서 적극적으로 분석하고 종합하며 평가하는 능동적인 사고이다.

ⓐ **비판적 사고 개발 태도** : 비판적 사고를 개발하기 위해서는 지적 호기심, 객관성, 개방성, 융통성, 지적 회의성, 지적 정직성, 체계성, 지속성, 결단성, 다른 관점에 대한 존중과 같은 태도가 요구된다.

  〭 비판적 사고를 위한 태도

   • 문제의식 : 비판적인 사고를 위해서 가장 먼저 필요한 것은 바로 문제의식이다. 자신이 지니고 있는 문제와 목적을 확실하고 정확하게 파악하는 것이 비판적인 사고의 시작이다.

   • 고정관념 타파 : 지각의 폭을 넓히는 일은 정보에 대한 개방성을 가지고 편견을 갖지 않는 것으로 고정관념을 타파하는 일이 중요하다.

(2) 문제처리능력과 문제해결절차

① 문제처리능력 … 목표와 현상을 분석하고 이를 토대로 문제를 도출하여 최적의 해결책을 찾아 실행·평가하는 능력이다.

② 문제해결절차 … 문제 인식 → 문제 도출 → 원인 분석 → 해결안 개발 → 실행 및 평가

  〭 문제 인식 : 문제해결과정 중 'waht'을 결정하는 단계로 환경 분석 → 주요 과제 도출 → 과제 선정의 절차를 통해 수행된다.

   • 3C 분석 : 환경 분석 방법의 하나로 사업환경을 구성하고 있는 요소인 자사(Company), 경쟁사(Competitor), 고객(Customer)을 분석하는 것이다.

예제 3

L사에서 주력 상품으로 밀고 있는 TV의 판매 이익이 감소하고 있는 상황에서 귀하는 B부장으로부터 3C분석을 통해 해결방안을 강구해 오라는 지시를 받았다. 다음 중 3C에 해당하지 않는 것은?

① Customer   ② Company
③ Competitor   ④ Content

[출제의도]
3C의 개념과 구성요소를 정확히 숙지하고 있는지를 측정하는 문항이다.

[해설]
3C 분석에서 사업 환경을 구성하고 있는 요소인 자사(Company), 경쟁사(Competitor), 고객을 3C(Customer)라고 한다. 3C 분석에서 고객 분석에서는 '고객은 자사의 상품·서비스에 만족하고 있는지'를, 자사 분석에서는 '자사가 세운 달성목표와 현상 간에 차이가 없는지'를 경쟁사 분석에서는 '경쟁기업의 우수한 점과 자사의 현상과 차이가 없는지'에 대한 질문을 통해서 환경을 분석하게 된다.

답 ④

- SWOT 분석 : 기업내부의 강점과 약점, 외부환경의 기회와 위협요인을 분석·평가하여 문제해결 방안을 개발하는 방법이다.

		내부환경요인	
		강점(Strengths)	약점(Weaknesses)
외부환경요인	기회 (Opportunities)	SO 내부강점과 외부기회 요인을 극대화	WO 외부기회를 이용하여 내부약점을 강점으로 전환
	위협 (Threat)	ST 외부위협을 최소화하기 위해 내부강점을 극대화	WT 내부약점과 외부위협을 최소화

ⓛ **문제 도출** : 선정된 문제를 분석하여 해결해야 할 것이 무엇인지를 명확히 하는 단계로, 문제 구조 파악 → 핵심 문제 선정 단계를 거쳐 수행된다.

- Logic Tree : 문제의 원인을 파고들거나 해결책을 구체화할 때 제한된 시간 안에서 넓이와 깊이를 추구하는데 도움이 되는 기술로 주요 과제를 나무모양으로 분해·정리하는 기술이다.

ⓒ **원인 분석** : 문제 도출 후 파악된 핵심 문제에 대한 분석을 통해 근본 원인을 찾는 단계로 Issue 분석 → Data 분석 → 원인 파악의 절차로 진행된다.

ⓔ **해결안 개발** : 원인이 밝혀지면 이를 효과적으로 해결할 수 있는 다양한 해결안을 개발하고 최선의 해결안을 선택하는 것이 필요하다.

ⓜ **실행 및 평가** : 해결안 개발을 통해 만들어진 실행계획을 실제 상황에 적용하는 활동으로 실행계획 수립 → 실행 → Follow-up의 절차로 진행된다.

예제 4

C사는 최근 국내 매출이 지속적으로 하락하고 있어 사내 분위기가 심상치 않다. 이에 대해 Y부장은 이 문제를 극복하고자 문제처리 팀을 구성하여 해결방안을 모색하도록 지시하였다. 문제처리 팀의 문제해결 절차를 올바른 순서로 나열한 것은?

① 문제 인식 → 원인 분석 → 해결안 개발 → 문제 도출 → 실행 및 평가
② 문제 도출 → 문제 인식 → 해결안 개발 → 원인 분석 → 실행 및 평가
③ 문제 인식 → 원인 분석 → 문제 도출 → 해결안 개발 → 실행 및 평가
④ 문제 인식 → 문제 도출 → 원인 분석 → 해결안 개발 → 실행 및 평가

[출제의도]
실제 업무 상황에서 문제가 일어났을 때 해결 절차를 알고 있는지를 측정하는 문항이다.
[해설]
일반적인 문제해결절차는 '문제 인식 → 문제 도출 → 원인 분석 → 해결안 개발 → 실행 및 평가로 이루어진다.

답 ④

04 출제예상문제

┃1~2┃ 다음은 '위비 짠테크 적금'에 관한 내용이다. 물음에 답하시오.

1. 개요

　매주 마다, 매일 마다, 아낀 만큼 적립

　짠돌이 재테커들에게 딱 맞는 위비뱅크전용 적금상품

　위비뱅크(앱설치)에서 신규가능

2. 특징

㉠ 52주 짠플랜, 매일매일 캘린더플랜, 1DAY절약플랜 성공 시 최대 연 1%p 금리우대

㉡ 우리은행 거래고객에게 연 0.2% 금리우대쿠폰 제공

3. 예금자 보호

　이 예금은 예금자보호법에 따라 예금보험공사가 보호하되, 보호 한도는 본 은행에 있는 귀하의 모든 예금보호 대상 금융상품의 원금과 소정의 이자를 합하여 1인당 "최고 5천만 원"이며, 5천만 원을 초과하는 나머지 금액은 보호하지 않습니다.

4. 가입대상

　실명의 개인(1인 1계좌)

5. 적립금액

　월 최대 50만 원 이내 자유롭게 적립가능

※ 비대면 실명확인을 통해 이 적금을 0원으로 신규한 경우, 신규 당일에 적립한도 범위 내에서 추가입금이 필요하며 당일 추가입금 실적이 없는 경우 이 적금은 다음날 자동 해지됩니다.

※ 52주 짠플랜, 매일매일 캘린더플랜 자동이체서비스는 당행 출금통장에서 신청 시에만 가능합니다.

※ 비대면 실명 확인을 통해 이 적금을 신규하실 경우, 비대면계좌개설서비스를 통해 입출금통장도 추가 신규 하셔야 본 서비스 이용이 가능합니다.

6. 가입기간

　1년, 2년, 3년

7. 기본금리

1년제 연1.25%, 2년제 연1.35%, 3년제 연1.45%

※ 2018.04.02. 현재, 세금납부전 기준 / 기본 금리는 매일 변경 고시됩니다.

8. 우대금리

최대 연 1.3%p 우대금리 제공

㉠ 우리은행 첫 거래 고객 연 0.2%p

㉡ 금리우대쿠폰을 등록시연 0.2%p

㉢ 만기 시 위비톡 및 위비톡알림 이용 고객인 경우 연 0.3%p

　※ 만기해지 전전월까지 위비톡 앱을 1회 이상 이용 & 위비톡알림 동의시 이용고객으로 인정됨

㉣ 이 적금 가입 후 아래와 같이 재테크(짠테크) 적립플랜 횟수를 충족한 경우 연 1.0%p

• 52주 짠플랜 자동이체 횟수 총 50회 이상

• 매일매일 캘린더플랜 자동이체 횟수 총 200회 이상

• 1DAY 절약플랜 이체 횟수 총 200회 이상

9. 만기 후 이율

만기일 당시 고시하는 일반 정기적금 만기 후 이자율 적용

10. 중도해지 이율

신규일 당시 고시한 일반 정기적금 중도해지 이자율 적용

1　다음 중 연 1.0%p의 우대금리를 제공받을 수 있는 사람으로 짝지어진 것은?

> • 은성 : 나는 금리우대쿠폰을 등록했지.
> • 유진 : 나는 짠플랜 자동이체 횟수가 70회를 넘었어.
> • 성주 : 나는 1DAY 절약플랜 이체 횟수가 250회가 되었어.
> • 지환 : 나는 매일매일 캘린더플랜 자동이체 횟수가 120회를 넘었어.

① 은성, 유진　　　　　　　② 유진, 성주

③ 성주, 지환　　　　　　　④ 지환, 은성

 이 적금 가입 후 아래와 같이 재테크(짠테크) 적립플랜 횟수를 충족한 경우 연 1.0%p

• 52주 짠플랜 자동이체 횟수 총 50회 이상

• 매일매일 캘린더플랜 자동이체 횟수 총 200회 이상

• 1DAY 절약플랜 이체 횟수 총 200회 이상

Answer␣ 1.②

2 다음은 '위비 짠테크 적금' 적용 이율에 관한 자료이다. 인성이는 해당 적금에 2018년 7월에 가입하여 2019년 4월에 해지할 예정이다. 다음 중 적용될 수 있는 이자율은?

구분	기간 및 금액	금리(연)	비고
약정 이율	1년제	1.25	우대조건 충족 시 최대 연 1.3%p 금리우대
	2년제	1.35	
	3년제	1.45	
만기 후 이율	만기 후 이율	▶	만기일 당시 고시한 일반정기적금 만기 후 이자율
중도 해지 이율	중도 해지 이율	▶	신규일 당시 고시한 일반정기적금 중도해지 이자율

① 신규일 당시 고시한 일반정기적금 중도해지 이자율
② 만기일 당시 고시한 일반정기적금 만기 후 이자율
③ 우대조건을 충족한 1년제 약정 이율
④ 우대조건을 충족하지 못한 2년제 약정 이율

Tip 인성이는 2018년에 가입하여 1년이 안된 상황에서 중도 해지하는 상황이다.
따라서 중도해지 이율은 신규일 당시 고시한 일반 정기적금 중도해지 이자율을 적용한다.

3 다음은 우리은행에서 판매하는 예금상품의 정보이다. 보기의 고객에게 맞는 상품은 무엇인가?

상품명	가입 대상	가입 기간	가입 금액
위비 꿀마켓 예금	개인	12개월	1백만 원~5천만 원
위비꾹적금	개인 및 개인사업자	6개월, 12개월	월 최대 30만 원 이내
위비 꿀마켓 적금	개인	12개월	월 50만 원 이내
iTouch우리예금	제한 없음	3개월, 6개월, 12개월	제한 없음

〈보기〉

성진이는 아르바이트로 1년간 돈을 모으는 동안 매달 예금을 하기 위해 예금상품을 찾아보고 있다. 가입 금액은 30만 원을 넘지 않아야 하고, 개인사업자는 아니다.

① 위비 꿀마켓 예금

② 위비꾹적금

③ 위비 꿀마켓 적금

④ iTouch우리예금

 성진이의 정보를 정리해보면,
- 가입 대상 : 개인
- 가입 기간 : 12개월
- 가입 금액 : 30만 원 이하
따라서 성진이에게 맞는 상품은 '위비꾹적금'이다.

4. 다음은 우리은행의 인터넷해외송금에 대한 설명이다. 미국에서 공부하고 있는 진영이에게 경수가 저녁 9시에 송금을 하는 경우, 가능한 금액은?

---

1. 송금시 환율우대 및 수수료 우대

구분	기본통화(USD, JPY, EUR)	기타통화
우대율	50%	30%

※ 금액에 관계 없이 최대 50% 우대환율 제공

※ 송금 수수료 50% 우대 (단, 전신료는 별도)

※ 중계수수료 부담 송금인(송금하시는 분) 선택시 중계수수료 발생

2. 송금사유별 건당 송금한도

구분	지급증빙서류미제출송금 외국인/비거주자의 국내 소득 송금	유학생, 해외체재자	해외이주비
09:00~16:00 (월~금요일)	USD 1만 불 상당액 이하	USD 5만 불 상당액 이하	USD 5만 불 상당액 이하
16:00~익일 09:00 (월~금요일)	USD 5천 불 상당액 이하	USD 5천 불 상당액 이하	불가
토요일 09:00 ~월요일 09:00	USD 5천 불 상당액 이하	USD 5천 불 상당액 이하	불가

※ 해외이주비 송금은 월~금요일(공휴일 제외) 17:30시까지 가능

---

① USD 4,800 불

② USD 5,200 불

③ USD 6,400 불

④ USD 7,100 불

 송금사유별 건당 송금한도

구분	지급증빙서류미제출송금 외국인/비거주자의 국내 소득 송금	유학생, 해외체재자	해외이주비
09:00~16:00 (월~금요일)	USD 1만 불 상당액 이하	USD 5만 불 상당액 이하	USD 5만 불 상당액 이하
16:00~익일 09:00 (월~금요일)	USD 5천 불 상당액 이하	USD 5천 불 상당액 이하	불가
토요일 09:00 ~월요일 09:00	USD 5천 불 상당액 이하	USD 5천 불 상당액 이하	불가

┃5~6┃ 다음은 '글로벌 위안화 회전식 정기예금'에 관한 설명이다. 물음에 답하시오.

1. 개요
   금리회전주기 단위로 이자가 복리계산되는 위안화 정기예금

2. 상품특징
   해외로 송금 보내실 때 수수료 우대

3. 예금자보호
   이 예금은 예금자보호법에 따라 예금보험공사가 보호하되, 보호 한도는 본 은행에 있는 귀하의 모든 예금보호 대상 금융상품의 원금과 소정의 이자를 합하여 1인당 "최고 5천만 원"이며, 5천만 원을 초과하는 나머지 금액은 보호하지 않습니다.

4. 예치통화
   CNY

5. 가입 대상
   개인 또는 기업 제한 없음

6. 가입 기간
   1년, 2년, 3년

7. 기본금리
   신규 및 회전 시 고시된 CNY 기간별 외화정기예금금리
   ※ 금리회전주기 : 1개월, 2개월, 3개월, 6개월(회전주기 변경 불가)

8. 우대금리
   없음 [특별우대금리 (0.2%) 기간 종료 (~2016.06.30)]

9. 만기 후 이율
   최종 회전기일 약정이율의 3/10

Answer 4.①

10. 중도해지 이율
㉠ 7일미만 : 무이자
㉡ 1개월 미만 : 최종 회전기일 약정이율 1/10
㉢ 1개월 이상 : 최종 회전기일 약정이율 3/10
㉣ 3개월 이상 : 최종 회전기일 약정이율 4/10
(다만, 회전기일 이후 중도해지 시 최종 회전기일 전일까지는 약정이율 적용)

11. 이자지급방법
만기일시지급식 (회전주기마다 복리로 이자 계산)

12. 수수료 면제
㉠ 당발송금(해외로 송금보내실 때) 수수료 면제
㉡ 이 예금의 만기해지일(만기 후 해지 포함)당일에 예금주 명의로 해외로 송금하시는 경우 수수료 면제(금액 및 횟수 제한 없음)

5 우성이는 1억 원을 아내와 본인 이름으로 각각 다른 통장에 반절씩 예금하였다. 경기 불황으로 인해 은행이 문을 닫게 되었다면 우성이네가 보장받을 수 있는 최대 금액으로 적절한 것은?

① 1억 원
② 1억 1천만 원
③ 1억 2천만 원
④ 1억 3천만 원

 모든 예금보호 대상 금융상품의 원금과 소정의 이자를 합하여 1인당 "최고 5천만 원"이며, 5천만 원을 초과하는 나머지 금액은 보호하지 않는다.
따라서 우성이의 통장 5천만 원+아내의 통장 5천만 원=총 1억 원을 보장받을 수 있다.

6 정연이가 해당 예금을 3년이라는 기간으로 가입할 때, 만기 후 적용받을 수 있는 이율로 적절한 것은?

① 최종 회전기일 약정이율의 1/10
② 최종 회전기일 약정이율의 2/10
③ 최종 회전기일 약정이율의 3/10
④ 최종 회전기일 약정이율의 4/10

 만기 후 이율은 최종 회전기일 약정이율의 3/10이다.

7 다음은 연도별·연령별 산전 진찰 초진시기 및 의료기관 방문 횟수에 대한 자료이다. 주어진 〈보기〉의 내용을 바탕으로, 빈 칸 ㉠~㉣에 들어갈 적절한 연령대를 순서대로 올바르게 나열한 것은 어느 것인가?

(단위 : 주, 번)

모(母) 연령	2003년		2006년		2009년		2012년		2015년	
	초진 시기	방문 횟수	초진 시기	방문 횟수	초진 시기	방문 횟수	초진 시기	방문 횟수	초진 시기	방문 횟수
㉠	5.64	12.80	5.13	13.47	5.45	13.62	5.01	13.41	5.23	13.67
㉡	5.86	12.57	5.51	12.87	5.42	14.25	6.24	13.68	5.42	13.27
㉢	6.02	12.70	5.34	13.32	5.40	13.16	5.01	13.22	5.23	13.17
㉣	6.68	12.11	5.92	12.56	6.78	13.28	7.36	13.52	5.97	13.11

〈보기〉

a. 25~29세와 30~34세 연령대 임신부 초진 시기의 연도별 변동 패턴(빨라지거나 늦어짐)은 동일하다.

b. 15~24세 임신부의 임신 기간 중 의료기관 방문 횟수가 연령별로 가장 적었던 해는 5개 비교년도 중 3번이다.

c. 35세 이상 연령대의 임신부와 30~34세 연령대의 임신부와의 2003년 대비 2006년의 의료기관 방문횟수 증감률의 차이는 약 2.5%p이다.

	㉠	㉡	㉢	㉣
①	35세 이상	25~29세	30~34세	15~24세
②	25~29세	35세 이상	15~24세	30~34세
③	25~29세	35세 이상	30~34세	15~24세
④	25~29세	30~34세	35세 이상	15~24세

 a. 연령대별 임신부 초진 시기가 연도별로 빨라지거나 늦어지는 변동 패턴이 동일한 것은 ㉠과 ㉢이므로 둘 중 하나가 25~29세이며, 나머지 하나가 30~34세가 된다.

b. 의료기관 방문 횟수가 연령별로 가장 적었던 해가 3번인 것은 ㉣의 2003, 2006, 2015년 밖에 없다. 따라서 ㉣이 15~24세가 된다.

c. a와 b를 근거로 ㉡이 35세 이상 연령대가 됨을 알 수 있으며, ㉡과의 증감률 비교를 통해 ㉠과 ㉢을 구분할 수 있다. ㉠, ㉡, ㉢의 방문 횟수 증감률을 차례로 계산해 보면 다음과 같다.

㉠ (13.47－12.8)÷12.8×100=약 5.2%

㉡ (12.87－12.57)÷12.57×100=약 2.4%

㉢ (13.32－12.7)÷12.7×100=약 4.9%

따라서 ㉡과 ㉢이 2.5%p의 차이를 보이고 있으므로 ㉢이 30~34세 연령대의 임신부임을 알 수 있다.

Answer▸ 5.① 6.③ 7.③

8 Y씨는 선배들의 커피 심부름을 부탁받아 카페에 갔다 오려고 한다. Y씨는 자주 가는 카페에서 자신의 회원카드를 제시하려고 하며, 현재의 적립금은 2,050점으로 적립금을 최대한 사용할 예정이다. 다음 조건에 따라 계산할 경우 최종적으로 지불해야 하는 금액은 얼마인가?

〈선배들의 취향〉
- 김부장님 : 아메리카노 L
- 유과장님 : 휘핑크림 추가한 녹차라떼 R
- 신대리님 : 카페라떼 R
- 정대리님 : 카라멜 마끼야또 L
- Y씨 : 핫초코

〈메뉴〉

	R 사이즈(원)	L 사이즈(원)
아메리카노	2,500	2,800
카페라떼	3,500	3,800
카라멜 마끼야또	3,800	4,200
녹차라떼	3,000	3,500
핫초코	3,500	3,800

※ 휘핑크림 추가 : 800원

※ 오늘의 차 : 핫초코 균일가 3,000원

※ 카페 2주년 기념행사 : 총 금액 20,000원 초과 시 5% 할인

〈회원특전〉
- 10,000원 이상 결제 시 회원카드를 제시하면 총 결제 금액에서 1,000원 할인
- 적립금이 2,000점 이상인 경우, 현금처럼 사용가능(1점당 1원, 100원 단위로만 사용가능하며, 타 할인 혜택 적용 후 최종금액의 10%까지만 사용가능)
- 할인혜택은 중복적용 가능

① 14,300원
② 14,700원
③ 15,300원
④ 15,700원

9 다음 글에서 설명하고 있는 개념과 관련된 내용으로 알맞은 것은?

> '확산적 사고'라고도 하며, Guilford가 연구한 지능에 대한 가설적 모형에서 쓰여진 용어이다. 그에 따르면, 지능은 6개의 인지활동(cognitive operations)과 5개의 내용영역(content areas), 그리고 6개의 산출(products)의 세 차원이 상호작용하는 180개의 상이한 다른 능력으로 구성된다고 한다. 발산적 사고는 6개의 인지활동 차원 중 한 가지 요소로서 창의적 사고의 특성으로 간주된다. 여기에는 유창성, 융통성, 독창성의 특성이 있다. 발산적 사고는 인지나 기억된 정보로부터 새롭고 신기하며 다양하고 관습에서 벗어난 생각과 해결책을 생성하는 생산적인 사고이다.

① 문제를 정확하게 파악하는 문제의식으로부터 시작한다.

② 자유연상법, 강제연상법 등을 통해 개발할 수 있다.

③ 주제나 주장에 대해서 분석하여 평가하는 능동적인 사고를 말한다.

④ 이것을 개발하기 위해서 지적 호기심, 객관성, 개방성 등의 태도가 요구된다.

 제시된 글은 발산적 사고에 관한 설명이다.
①③④은 비판적 사고에 관한 설명이다.

10 다음 조건에 따라 가영, 세경, 봉숙, 혜진, 분이 5명의 자리를 배정하려고 할 때 1번에 앉는 사람은 누구인가?

> • 친한 사람끼리는 바로 옆자리에 배정해야 하고, 친하지 않은 사람끼리는 바로 옆자리에 배정해서는 안 된다.
> • 봉숙이와 세경이는 서로 친하지 않다.
> • 가영이와 세경이는 서로 친하다.
> • 가영이와 봉숙이는 서로 친하다.
> • 분이와 봉숙이는 서로 친하지 않다.
> • 혜진이는 분이와 친하며, 5번 자리에 앉아야 한다.
>
> | 1 | 2 | 3 | 4 | 5 |
> |---|---|---|---|---|
> | ( ) | ( ) | ( ) | ( ) | 혜진 |

① 가영　　　　　　　　　　② 세경

③ 봉숙　　　　　　　　　　④ 분이

 조건에 따라 배정한 결과는 다음과 같으며 1번 자리에는 봉숙이가 앉게 된다.

1	2	3	4	5
봉숙	가영	세경	분이	혜진

11 M회사 구내식당에서 근무하고 있는 N씨는 식단을 편성하는 업무를 맡고 있다. 식단편성을 위한 조건이 다음과 같을 때 월요일에 편성되는 식단은?

> 〈조건〉
> • 다음 5개의 메뉴를 월요일~금요일 5일에 각각 하나씩 편성해야 한다.
> 　– 돈가스 정식, 나물 비빔밥, 크림 파스타, 오므라이스, 제육덮밥
> • 월요일에는 돈가스 정식을 편성할 수 없다.
> • 목요일에는 오므라이스를 편성할 수 없다.
> • 제육덮밥은 금요일에 편성해야 한다.
> • 나물 비빔밥은 제육덮밥과 연달아 편성할 수 없다.
> • 돈가스 정식은 오므라이스보다 먼저 편성해야 한다.

① 나물 비빔밥　　　　　　　② 크림 파스타

③ 오므라이스　　　　　　　④ 제육덮밥

금요일에는 제육덮밥이 편성된다. 목요일에는 오므라이스를 편성할 수 없고, 다섯 번째 조건에 의해 나물 비빔밥도 편성할 수 없다. 따라서 목요일에는 돈가스 정식 또는 크림 파스타가 편성되어야 한다. 마지막 조건과 두 번째 조건에 의해 돈가스 정식은 월요일, 목요일에도 편성할 수 없으므로 돈가스 정식은 화요일에 편성된다. 따라서 목요일에는 크림 파스타, 월요일에는 나물 비빔밥이 편성된다.

12 전월세전환율을 다음 〈보기〉와 같이 구한다고 할 때, A~D 지역 중에서 전월세전환율이 가장 높은 아파트는?

〈보기〉
• 전월세전환율은 보증금을 월세로 전환할 시 적용되는 비율로 임대인은 요구수익률, 임차인은 전월세 선택 및 월세 계약시 기회비용을 계산하는 지표로 활용한다.
• 전월세전환율은 [{월세/(전세금－월세보증금)}×100]으로 산정된 월세이율을 연이율로 환산(월세이율×12)하여 산정하고, 단위는 %이다.

〈표〉 아파트의 전세 및 월세 현황

(단위 : 천 원)

아파트	전세금	월세보증금	월세
A	85,000	10,000	360
B	85,000	5,000	420
C	130,000	10,000	750
D	125,000	60,000	350

① A
② B
③ C
④ D

Tip
① $\dfrac{360}{(85,000-10,000)} \times 100 \times 12 = 5.76$

② $\dfrac{420}{(85,000-5,000)} \times 100 \times 12 = 6.3$

③ $\dfrac{750}{(130,000-10,000)} \times 100 \times 12 = 7.5$

④ $\dfrac{350}{(125,000-60,000)} \times 100 \times 12 = 6.46$

Answer ➝ 10.③ 11.① 12.③

13 다음은 공공기관을 구분하는 기준이다. 다음 규정에 따라 각 기관을 구분한 결과가 옳지 않은 것은?

〈공공기관의 구분〉

제00조 제1항

공공기관을 공기업·준정부기관과 기타공공기관으로 구분하여 지정한다. 직원 정원이 50인 이상인 공공기관은 공기업 또는 준정부기관으로, 그 외에는 기타공공기관으로 지정한다.

제00조 제2항

제1항의 규정에 따라 공기업과 준정부기관을 지정하는 경우 자체수입액이 총수입액의 2분의 1 이상인 기관은 공기업으로, 그 외에는 준정부기관으로 지정한다.

제00조 제3항

제1항 및 제2항의 규정에 따른 공기업을 다음의 구분에 따라 세분하여 지정한다.
• 시장형 공기업 : 자산규모가 2조 원 이상이고, 총 수입액 중 자체수입액이 100분의 85 이상인 공기업
• 준시장형 공기업 : 시장형 공기업이 아닌 공기업

〈공공기관의 현황〉

공공기관	직원 정원	자산규모	자체수입비율
A	70명	4조 원	90%
B	45명	2조 원	50%
C	65명	1조 원	55%
D	60명	1.5조 원	45%

※ 자체수입비율 : 총 수입액 대비 자체수입액 비율

---

① A - 시장형 공기업　　　　　② B - 기타공공기관

③ C - 준정부기관　　　　　　④ D - 준정부기관

 ③ C는 정원이 50명이 넘으므로 기타공공기관이 아니며, 자체수입비율이 55%이므로 자체수입액이 총수입액의 2분의 1 이상이기 때문에 공기업이다. 시장형 공기업 조건에 해당하지 않으므로 C는 준시장형 공기업이다.

14 다음은 수미의 소비상황과 각종 신용카드 혜택 정보이다. 수미가 가장 유리한 하나의 신용카드만을 결제수단으로 사용할 때 적절한 소비수단은?

- 뮤지컬, OO테마파크 및 서점은 모두 B신용카드의 문화 관련업에 해당한다.
- 신용카드 1포인트는 1원이고, 문화상품권 1매는 1만 원으로 가정한다.
- 혜택을 금전으로 환산하여 액수가 많을수록 유리하다.
- 액수가 동일한 경우 할인혜택, 포인트 적립, 문화상품권 지급 순으로 유리하다.
- 혜택의 액수 및 혜택의 종류가 동일한 경우 혜택 부여시기가 빠를수록 유리하다(현장할인은 결제 즉시 할인되는 것을 말하며, 청구할인은 카드대금 청구 시 할인 되는 것을 말한다).

〈수미의 소비상황〉

서점에서 여행서적(정가 각 3만 원) 3권과 DVD 1매(정가 1만 원)를 구입(직전 1개월간 A신용카드 사용금액은 15만 원이며, D신용카드는 가입 후 미사용 상태임)

〈각종 신용카드의 혜택〉

A신용카드	OO테마파크 이용시 본인과 동행 1인의 입장료의 20% 현장 할인(단, 직전 1개월 간 A신용카드 사용금액이 30만 원 이상인 경우에 한함)
B신용카드	문화 관련 가맹업 이용시 총액의 10% 청구 할인(단, 할인되는 금액은 5만 원을 초과할 수 없음)
C신용카드	이용시마다 사용금액의 10%를 포인트로 즉시 적립. 사용금액이 10만 원을 초과하는 경우에는 사용금액의 20%를 포인트로 즉시 적립
D신용카드	가입 후 2만 원 이상에 상당하는 도서류(DVD 포함) 구매시 최초 1회에 한하여 1만 원 상당의 문화상품권 증정(단, 문화상품권은 다음달 1일에 일괄 증정)

---

① A신용카드
② B신용카드
③ C신용카드
④ D신용카드

 수미 소비상황을 봤을 때 A신용카드 혜택이 없으며, B신용카드는 1만 원 청구할인, C신용카드는 1만 원 포인트 적립, D신용카드는 1만 원 문화상품권을 증정한다. 액수가 동일한 경우 할인혜택, 포인트 적립, 문화상품권 지급 순으로 유리하다고 했으므로 수미는 B신용카드를 선택한다.

Answer 13.③ 14.②

15 다음은 특보의 종류 및 기준에 관한 자료이다. ⊙과 ⓒ의 상황에 어울리는 특보를 올바르게 짝지은 것은?

〈특보의 종류 및 기준〉

종류	주의보	경보
강풍	육상에서 풍속 14m/s 이상 또는 순간풍속 20m/s 이상이 예상될 때. 다만, 산지는 풍속 17m/s 이상 또는 순간풍속 25m/s 이상이 예상될 때	육상에서 풍속 21m/s 이상 또는 순간풍속 26m/s 이상이 예상될 때. 다만, 산지는 풍속 24m/s 이상 또는 순간풍속 30m/s 이상이 예상될 때
호우	6시간 강우량이 70mm 이상 예상되거나 12시간 강우량이 110mm 이상 예상될 때	6시간 강우량이 110mm 이상 예상되거나 12시간 강우량이 180mm 이상 예상될 때
태풍	태풍으로 인하여 강풍, 풍랑, 호우 현상 등이 주의보 기준에 도달할 것으로 예상될 때	태풍으로 인하여 풍속이 17m/s 이상 또는 상우량이 100mm 이상 예상될 때. 다만, 예상되는 바람과 비의 정도에 따라 아래와 같이 세분한다.
폭염	6월~9월에 일최고기온이 33℃ 이상이고, 일최고열지수가 32℃ 이상인 상태가 2일 이상 지속될 것으로 예상될 때	6월~9월에 일최고기온이 35℃ 이상이고, 일최고열지수가 41℃ 이상인 상태가 2일 이상 지속될 것으로 예상될 때

	3급	2급	1급
바람(m/s)	17~24	25~32	33이상
비(mm)	100~249	250~399	400이상

> ⊙ 태풍이 남해안에 상륙하여 울산지역에 270mm의 비와 함께 풍속 26m/s의 바람이 예상된다.
> ⓒ 지리산에 오후 3시에서 오후 9시 사이에 약 130mm의 강우와 함께 순간풍속 28m/s가 예상된다.

	⊙	ⓒ
①	태풍경보 1급	호우주의보
②	태풍경보 2급	호우경보+강풍주의보
③	태풍주의보	강풍주의보
④	태풍경보 2급	호우경보+강풍경보

⊙ : 태풍경보 표를 보면 알 수 있다. 비가 270mm이고 풍속 26m/s에 해당하는 경우는 태풍경보 2급이다.

ⓛ : 6시간 강우량이 130mm 이상 예상되므로 호우경보에 해당하며 산지의 경우 순간풍속 28m/s 이상이 예상되므로 강풍주의보에 해당한다.

16 다음 조건에 따를 때, 거짓말을 하는 나쁜 사람을 모두 고르면?

> • 5명은 착한 사람이 아니면 나쁜 사람이며 중간적인 성향은 없다.
> • 5명 중 3명은 항상 진실만을 말하는 착한 사람이고, 2명은 항상 거짓말만 하는 나쁜 사람이다.
> • 5명의 진술은 다음과 같다.
> – 주영 : 나는 착한 사람이다.
> – 영철 : 주영이가 착한 사람이면, 창진이도 착한 사람이다.
> – 혜미 : 창진이가 나쁜 사람이면, 주영이도 나쁜 사람이다.
> – 창진 : 민준이가 착한 사람이면, 주영이도 착한 사람이다.
> – 민준 : 주영이는 나쁜 사람이다.

① 주영, 창진　　　　　　　② 영철, 민준

③ 주영, 민준　　　　　　　④ 창진, 혜미

 주영이와 민준이의 진술이 모순이므로 둘 중에 하나는 거짓말을 하고 있다.

⊙ 주영이가 참말을 하고 민준이가 거짓말을 하는 경우 : 창진이의 진술은 민준이와 주영이가 동시에 착한 사람이 될 수 없으므로 거짓이다. 따라서 창진이가 나쁜 사람이면 주영이도 나쁜 사람이라는 혜미의 진술 또한 거짓이다. 따라서 2명이 거짓을 말한다는 조건에 모순된다.

ⓛ 주영이가 거짓말 하고 민준이가 참말을 하는 경우 : 창진이의 진술은 민준이와 주영이가 동시에 착한 사람이 될 수 없으므로 거짓이다. 따라서 창진이가 나쁜 사람이면 주영이도 나쁜 사람이라는 혜미의 진술은 참이 되고 영철의 진술 또한 참이 된다. 따라서 거짓말을 하는 나쁜 사람은 주영이와 창진이다.

❚17~18❚ 다음은 금융 관련 긴급상황 발생시 행동요령에 대한 내용이다. 이를 읽고 물음에 답하시오.

금융 관련 긴급상황 발생 행동요령

1. 신용카드 및 체크카드를 분실한 경우

   카드를 분실했을 경우 카드회사 고객센터에 분실신고를 하여야 한다.

   분실신고 접수일로부터 60일 전과 신고 이후에 발생한 부정 사용액에 대해서는 납부의무가 없다. 카드에 서명을 하지 않은 경우, 비밀번호를 남에게 알려준 경우, 카드를 남에게 빌려 준 경우 등 카드 주인의 특별한 잘못이 있는 경우에는 보상을 하지 않는다.

   비밀번호가 필요한 거래(현금인출, 카드론, 전자상거래)의 경우 분실신고 전 발생한 제2자의 부정사용액에 대해서는 카드사가 책임을 지지 않는다. 그러나 저항할 수 없는 폭력이나 생명의 위협으로 비밀번호를 누설한 경우 등 카드회원의 과실이 없는 경우는 제외

2. 다른 사람의 계좌에 잘못 송금한 경우

   본인의 거래은행에 잘못 송금한 사실을 먼저 알린다. 전화로 잘못 송금한 사실을 말하고 거래은행 영업점을 방문해 착오입금반환의뢰서를 작성하면 된다.

   수취인과 연락이 되지 않거나 돈을 되돌려 주길 거부하는 경우에는 부당이득반환소송 등 법적 조치를 취하면 된다.

3. 대출사기를 당한 경우

   대출사기를 당했거나 대출수수료를 요구할 땐 경찰서, 금융감독원에 전화로 신고를 하여야 한다. 아니면 금감원 홈페이지 참여마당 → 금융범죄/비리/기타신고 → 불법 사금융 개인정보 불법유통 및 불법 대출 중개수수료 피해신고 코너를 통해 신고하면 된다.

4. 신분증을 잃어버린 경우

   가까운 은행 영업점을 방문하여 개인정보 노출자 사고 예방 시스템에 등록을 한다. 신청인의 개인정보를 금융회사에 전파하여 신청인의 명의로 금융거래를 하면 금융회사가 본인확인을 거쳐 2차 피해를 예방한다.

---

17 만약 당신이 신용카드를 분실했을 경우 가장 먼저 취해야 할 행동으로 적절한 것은?

① 경찰서에 전화로 분실신고를 한다.

② 해당 카드회사에 전화로 분실신고를 한다.

③ 금융감독원에 분실신고를 한다.

④ 카드사에 전화를 걸어 카드를 해지한다.

(Tip) 신용카드 및 체크카드를 분실한 경우 카드회사 고객센터에 분실신고를 하여야 한다.

18 매사 모든 일에 철두철미하기로 유명한 당신이 보이스피싱에 걸려 대출사기를 당했다고 느껴질 경우 당신이 취할 수 있는 가장 적절한 행동은?

① 가까운 은행을 방문하여 개인정보 노출자 사고 예방 시스템에 등록을 한다.

② 해당 거래 은행에 송금 사실을 전화로 알린다.

③ 경찰서나 금융감독원에 전화로 신고를 한다.

④ 법원에 부당이득반환소송을 청구한다.

 대출사기를 당했거나 대출수수료를 요구할 땐 경찰서, 금융감독원에 전화로 신고를 하여야 한다.

19 다음은 카지노를 경영하는 사업자에 대한 관광진흥개발기금 납부에 관한 규정이다. 카지노를 경영하는 甲은 연간 총매출액이 90억 원이며 기한 내 납부금으로 4억 원만을 납부했다. 다음 규정에 따를 경우 甲의 체납된 납부금에 대한 가산금은 얼마인가?

> 카지노를 경영하는 사업자는 아래의 징수비율에 해당하는 납부금을 '관광진흥개발기금'에 내야 한다. 만일 납부기한까지 납부금을 내지 않으면, 체납된 납부금에 대해서 100분의 3에 해당하는 가산금이 1회에 한하여 부과된다(다만, 가산금에 대한 연체료는 없다).
>
> 〈납부금 징수비율〉
> • 연간 총매출액이 10억 원 이하인 경우 : 총매출액의 100분의 1
> • 연간 총매출액이 10억 원을 초과하고 100억 원 이하인 경우 : 1천만 원+(총매출액 중 10억 원을 초과하는 금액의 100분의 5)
> • 연간 총매출액이 100억 원을 초과하는 경우 : 4억 6천만 원+(총매출액 중 100억 원을 초과하는 금액의 100분의 10)

① 30만 원   ② 90만 원

③ 160만 원   ④ 180만 원

 주어진 규정에 따를 경우 甲이 납부해야 하는 금액은 4억 1천만 원이다. 甲이 4억 원만을 납부했으므로 나머지 1천만 원에 대한 가산금을 계산하면 된다. 1천만 원의 100분의 3은 30만 원이다.

20 Z회사에 근무하는 7명의 직원이 교육을 받으려고 한다. 교육실에서 직원들이 앉을 좌석의 조건이 다음과 같을 때 직원 중 빈 자리 바로 옆 자리에 배정받을 수 있는 사람은?

〈교육실 좌석〉			
첫 줄	A	B	C
중간 줄	D	E	F
마지막 줄	G	H	I

〈조건〉

• 직원은 강훈, 연정, 동현, 승만, 문성, 봉선, 승일 7명이다.
• 서로 같은 줄에 있는 좌석들끼리만 바로 옆 자리일 수 있다.
• 봉선의 자리는 마지막 줄에 있다.
• 동현이의 사리는 승만이의 바로 옆 자리이며, 또한 빈 자리 바로 옆이다.
• 승만이의 자리는 상훈이의 비로 뒷 자리이다.
• 문성이와 승일이는 같은 줄의 좌석을 배정 받았다.
• 문성이나 승일이는 누구도 강훈이의 바로 옆 자리에 배정받지 않았다.

① 승만
② 문성
③ 연정
④ 봉선

 주어진 조건을 정리해 보면 마지막 줄에는 봉선, 문성, 승일이가 앉게 되며 중간 줄에는 동현이와 승만이가 앉게 된다. 그러나 동현이가 승만이 바로 옆 자리이며, 또한 빈자리가 바로 옆이라고 했으므로 승만이는 빈자리 옆에 앉지 못한다. 첫 줄에는 강훈이와 연정이가 앉게 되고 빈자리가 하나 있다. 따라서 연정이는 빈 자리 옆에 배정 받을 수 있다.

21 K지점으로부터 은행, 목욕탕, 편의점, 미용실, 교회 건물이 각각 다음과 같은 조건에 맞게 위치해 있다. 모두 K지점으로부터 일직선상에 위치해 있다고 할 때, 다음 설명 중 올바른 것은 어느 것인가? (언급되지 않은 다른 건물은 없다고 가정한다)

> • K지점으로부터 50m 이상 떨어져 있는 건물은 목욕탕, 미용실, 은행이다.
> • 목욕탕과 교회 건물 사이에는 편의점을 포함한 2개의 건물이 있다.
> • 5개의 건물은 각각 K지점에서 15m, 40m, 60m, 70m, 100m 떨어진 거리에 있다.

① 목욕탕과 편의점과의 거리는 40m이다.

② 연이은 두 건물 간의 거리가 가장 먼 것은 은행과 편의점이다.

③ 미용실과 편의점의 사이에는 1개의 건물이 있다.

④ K지점에서 미용실이 가장 멀리 있다면 은행과 교회는 45m 거리에 있다.

(Tip) 5개의 건물이 위치한 곳을 그림과 기호로 표시하면 다음과 같다.

첫 번째 조건을 통해 목욕탕, 미용실, 은행은 C, D, E 중 한 곳, 교회와 편의점은 A, B 중 한 곳임을 알 수 있다.

두 번째 조건에 의하면 목욕탕과 교회 사이에 편의점과 또 하나의 건물이 있어야 한다. 이 조건을 충족하려면 A가 교회이고, B가 편의점이어야 하며 또한 D가 목욕탕이어야 한다. C와 E 는 어느 곳이 미용실과 은행의 위치인지 주어진 조건만으로 알 수 없다.

따라서 보기 ④에서 언급된 바와 같이 미용실이 E가 된다면 은행은 C가 되어 교회인 A와 45m 거리에 있게 된다.

22 다음을 읽고 공장이 (나)의 전략을 선택하기 위한 조건을 〈보기〉에서 모두 고른 것은?

　　공장이 자사 상품의 재고량을 어느 수준으로 유지해야 하는가는 각 공장이 처한 상황에 따라 달라질 수 있다. 우선 그림 (가)에서는 공장이 생산량 수준을 일정하게 유지하면서 재고를 보유하는 경우를 나타낸다. 수요량에 맞추어 생산량을 변동하려면 노동자와 기계가 쉬거나 초과 근무를 하는 경우가 발생할 수 있으며, 이 경우 생산 비용이 상승할 수 있다. 따라서 공장은 생산량을 일정하게 유지하는 것을 선호하며, 이때 생산량과 수요량의 차이가 재고량을 결정한다. 즉 판매가 저조할 때에는 재고량이 늘고 판매가 활발할 때에는 재고량이 줄게 되는 것이다.

　　그런데 공장에 따라 그림 (나)와 같은 경우도 발견된다. 이러한 공장 등의 생산량과 수요량의 관계를 분석해 보면, 수요량이 증가할 때 생산량이 증가하고 수요량이 감소할 때 생산량도 감소하는 경향을 보이며, 생산량의 변동이 수요량의 변동에 비해 오히려 더 크다.

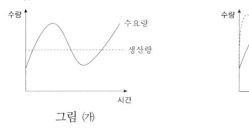

그림 (가)　　　　　　　　　　그림 (나)

〈보기〉
㉠ (가)의 전략을 택하는 공장에 비해서 공장의 제품 생산 비용이 생산량에 의해 크게 영향을 받지 않는다.
㉡ (가)의 전략을 택하는 공장에 비해서 수요가 상승하는 추세에서 생산량 및 재고량이 수요량을 충족시키지 못하는 경우 시장 점유 측면에서 상대적으로 불리하다.
㉢ 가격과 품질 등 다른 조건이 동일한 상품에 대하여, 수요가 줄어드는 추세에서 발생한 재고에 따르는 추가적인 재고 관리 비용이 (가)의 전략을 선택하는 공장에 비해 더 크다.

① ㉠　　　　　　　　　　② ㉠, ㉢
③ ㉡, ㉢　　　　　　　　　④ ㉠, ㉡, ㉢

 ㉠ 그림 (나)의 경우는 수요량에 맞추어 생산량을 결정하고 있다. 이러한 전략을 사용할 경우 지문의 내용처럼 '수요량에 맞추어 생산량을 변동하려면 노동자와 기계가 쉬거나 초과 근무를 하는 경우가 발생할 수 있으며, 이 경우 생산 비용이 상승할 수 있다. 만약 이러한 문제만 발생하지 않는다면 (나)와 같은 방법을 선택할 수 있다.
㉡ (나)의 전략은 수요량에 따라 생산량을 조정하는 것이기 때문에 만약 수요량을 재고량이나 생산량이 정상적으로 따라가지 못하는 경우에는 (나)는 제대로 된 전략이 될 수 없다.
㉢ (나)의 전략은 매번 수요에 따른 생산량을 결정하는 것이기 때문에 수요가 줄어드는 추세에서 가격과 품질 등 다른 조건이 동일한 상품에 대해서 재고관리가 (가)보다 어렵게 된다.

23 다음 제시문을 읽고 바르게 추론한 것을 〈보기〉에서 모두 고른 것은?

> A회사에서는 1,500명의 소속직원들이 마실 생수를 구입하기로 하였다. 모든 조건이 동일한 두 개의 생수회사가 최종 경쟁을 하게 되었다. 구입 담당자는 직원들에게 시음하게 하여 직원들이 가장 좋아하는 생수를 선정하고자 하였다. 다음과 같은 절차를 통하여 구입 담당자가 시음회를 주관하였다.
> • 직원들로부터 더 많이 선택받은 생수회사를 최종적으로 선정한다.
> • 생수 시음회 참여를 원하는 직원을 대상으로 신청자를 접수하고 그 중 남자 15명과 여자 15명을 무작위로 선정하였다.
> • 두 개의 컵을 마련하여 하나는 1로 표기하고 다른 하나는 2로 표기하여 회사이름을 가렸다.
> • 참가직원들은 1번 컵의 생수를 마신 후 2번 컵의 생수를 마시고 둘 중 어느 쪽을 선호하는지 표시하였다.

> 〈보기〉
> ㉠ 참가자들이 특정 번호를 선호할 가능성을 고려하지 못하였다.
> ㉡ 참가자가 무작위로 선정되었으므로 전체 직원에 대한 대표성이 확보되었다.
> ㉢ 참가자의 절반은 2번 컵을 먼저 마시고 1번 컵을 나중에 마시도록 했어야 한다.
> ㉣ 우리나라의 남녀 비율이 50대 50이므로 남자직원과 여자직원을 동수로 뽑은 것은 적절하였다.

① ㉠, ㉡   ② ㉠, ㉢

③ ㉡, ㉢   ④ ㉡, ㉣

 ㉡ 참가자는 무작위로 선정한 것이 아니라 시음회의 참여를 원하는 직원을 대상으로 선정하였기 때문에 전체 직원에 대한 대표성이 확보되었다고 보기는 어렵다.
㉣ 대표성을 확보하기 위해서는 우리나라의 남녀 비율이 아닌 A회사의 남녀 비율을 고려하여 선정하는 것이 더 적절하다.

24 다음 글과 상황을 근거로 판단할 때, A국 각 지역에 설치될 것으로 예상되는 풍력발전기 모델명을 바르게 짝지은 것은?

풍력발전기는 회전축의 방향에 따라 수평축 풍력발전기와 수직축 풍력발전기로 구분된다. 수평축 풍력발전기는 구조가 간단하고 설치가 용이하며 에너지 변환효율이 우수하다. 하지만 바람의 방향에 영향을 많이 받기 때문에 바람의 방향이 일정한 지역에만 설치가 가능하다. 수직축 풍력발전기는 바람의 방향에 영향을 받지 않아 바람의 방향이 일정하지 않은 지역에도 설치가 가능하며, 이로 인해 사막이나 평원에도 설치가 가능하다. 하지만 부품이 비싸고 수평축 풍력발전기에 비해 에너지 변환효율이 떨어진다는 단점이 있다. B사는 현재 4가지 모델의 풍력발전기를 생산하고 있다. 각 풍력발전기는 정격 풍속이 최대 발전량에 도달하며, 가동이 시작되면 최소 발전량 이상의 전기를 생산한다. 각 발전기의 특성은 아래와 같다.

모델명	U-50	U-57	U-88	U-93
시간당 최대 발전량(kW)	100	100	750	2,000
시간당 최소 발전량(kW)	20	20	150	400
발전기 높이(m)	50	68	80	84.7
회전축 방향	수직	수평	수직	수평

〈상황〉

A국은 B사의 풍력발전기를 X, Y, Z지역에 각 1기씩 설치할 계획이다. X지역은 산악지대로 바람의 방향이 일정하며, 최소 150kW 이상의 시간당 발전량이 필요하다. Y지역은 평원지대로 바람의 방향이 일정하지 않으며, 철새보호를 위해 발전기 높이는 70m 이하가 되어야 한다. Z지역은 사막지대로 바람의 방향이 일정하지 않으며, 주민 편의를 위해 정격 풍속에서 600kW 이상의 시간당 발전량이 필요하다. 복수의 모델이 각 지역의 조건을 충족할 경우, 에너지 변환효율을 높이기 위해 수평축 모델을 설치하기로 한다.

X지역	Y지역	Z지역		X지역	Y지역	Z지역
① U-88	U-50	U-88		② U-88	U-57	U-93
③ U-93	U-50	U-88		④ U-93	U-50	U-93

ⓐ X지역 : 바람의 방향이 일정하므로 수직·수평축 모두 사용할 수 있고, 최소 150kW 이상의 시간당 발전량이 필요하므로 U-88과 U-93 중 하나를 설치해야 한다. 에너지 변환효율을 높이기 위해 수평축 모델인 U-93을 설치한다.
ⓑ Y지역 : 수직축 모델만 사용 가능하며, 높이가 70m 이하인 U-50만 설치 가능하다.
ⓒ Z지역 : 수직축 모델만 사용 가능하며, 정격 풍속이 600kW 이상의 시간당 발전량을 갖는 U-88만 설치 가능하다.

▌25~26 ▌ 다음 상황과 자료를 보고 물음에 답하시오.

도서출판 서원각에 근무하는 K씨는 고객으로부터 9급 건축직 공무원 추천도서를 요청받았다. K씨는 도서를 추천하기 위해 다음과 같은 9급 건축직 발행도서의 종류와 특성을 참고하였다.

K씨 : 감사합니다. 도서출판 서원각입니다.
고객 : 9급 공무원 건축직 관련 도서 추천을 좀 받고 싶습니다.
K씨 : 네, 어떤 종류의 도서를 원하십니까?
고객 : 저는 기본적으로 이론은 대학에서 전공을 했습니다. 그래서 많은 예상문제를 풀 수 있는 것이 좋습니다.
K씨 : 아. 문제가 많은 것이라면 딱 잘라서 말씀드리기가 어렵습니다.
고객 : 알아요. 그래도 적당히 가격도 그리 높지 않고 예상문제가 많이 들어 있는 것이면 됩니다.
K씨 : 네. 알겠습니다. 많은 예상문제풀이가 가능한 것 외에는 다른 필요한 사항은 없으십니까?
고객 : 가급적이면 20,000원 이하가 좋을 듯 합니다.

도서명	예상문제 문항 수	기출문제 수	이론 유무	가격
실력평가모의고사	400	120	무	18,000
전공문제집	500	160	유	25,000
문제완성	600	40	무	20,000
합격선언	300	200	유	24,000

25 다음 중 K씨가 고객의 요구에 맞는 도서를 추천해 주기 위해 가장 우선적으로 고려해야 하는 특성은 무엇인가?

① 기출문제 수　　　　　　　　② 이론 유무
③ 가격　　　　　　　　　　　④ 예상문제 문항 수

(Tip) 고객은 많은 문제를 풀어보기를 원하므로 우선적으로 예상문제의 수가 많은 것을 찾아야 한다.

Answer⌐→ 24.③ 25.④

26 고객의 요구를 종합적으로 반영하였을 때 많은 문제와 가격을 맞춘 가장 적당한 도서는?

① 실력평가모의고사   ② 전공문제집

③ 문제완성   ④ 합격선언

 고객의 요구인 20,000원 가격선과 예상문제의 수가 많은 도서는 문제완성이 된다.

27 다음 대화를 보고 추론할 수 없는 내용은?

> 지수 : 역시! 날짜를 바꾸지 않고 오늘 오길 잘한 것 같아. 비가 오기는커녕 구름 한 점 없는 날씨잖아!
>
> 민지 : 맞아. 여전히 뉴스의 일기예보는 믿을 수가 없다니까.
>
> 지수 : 그나저나 이 놀이기구에는 키 제한이 있어. 싱희야, 네 아들 성식이는 이제 막 100cm가 넘었지? 그럼 이건 성식이랑 같이 탈 수 없겠네. 민지가 이게 꼭 타고 싶다고 해서 여기로 온 거잖아. 어떡하지?
>
> 성희 : 어쩔 수 없지. 너희가 이 놀이기구를 타는 동안 나랑 성식이는 사파리에 갔다 올게.
>
> 성식 : 신난다!! 사파리에 가면 호랑이도 볼 수 있어??
>
> 성희 : 그래. 호랑이도 있을 거야.
>
> 지수 : 성식이는 좋겠네. 엄마랑 호랑이보면서 이따가 점심 때 뭘 먹을지도 생각해봐.
>
> 민지 : 그러는 게 좋겠다. 그럼 30분 뒤에 동문 시계탑 앞에서 만나자. 잊으면 안 돼! 동문 시계탑이야. 저번처럼 다른 곳 시계탑으로 착각하면 안 돼. 오늘은 성식이도 있잖아. 헤매면 곤란해.
>
> 성희 : 알겠어. 내가 길치이긴 하지만 동쪽과 서쪽 정도는 구분할 수 있어. 지도도 챙겼으니까 걱정하지 않아도 돼.

① 호랑이를 좋아하는 성식이는 성희의 아들이다.

② 지수와 민지가 타려는 놀이기구는 키가 110cm 이상이 되어야 탈 수 있다.

③ 놀이공원의 서문 쪽에도 시계탑이 있다.

④ 일기예보에서는 오늘 비가 온다고 보도했었고, 이들은 약속날짜를 바꾸려고 했었다.

 ② 주어진 대화에는 놀이기구에 키 제한이 있고, 성식이의 키는 이제 100cm를 넘었다는 정보는 있지만, 키 제한이 정확히 얼마인지에 대한 정보는 나와 있지 않다.

28 다음은 주식회사 서원각의 팀별 성과급 지급 기준이다. Y팀의 성과평가결과가 다음과 같다면 지급되는 성과급의 1년 총액은?

〈성과급 지급 방법〉

(가) 성과급 지급은 성과평가 결과와 연계함.

(나) 성과평가는 유용성, 안전성, 서비스 만족도의 총합으로 평가함. 단, 유용성, 안전성, 서비스 만족도의 가중치를 각각 0.4, 0.4, 0.2로 부여함.

(다) 성과평가 결과를 활용한 성과급 지급 기준은 다음과 같음.

성과평가 점수	성과평가 등급	분기별 성과급 지급액	비고
9.0 이상	A	100만 원	성과평가 등급이 A이면 직전분기 차감액의 50%를 가산하여 지급
8.0 이상 9.0 미만	B	90만 원 (10만 원 차감)	
7.0 이상 8.0 미만	C	80만 원 (20만 원 차감)	
7.0 미만	D	40만 원 (60만 원 차감)	

구분	1/4 분기	2/4 분기	3/4 분기	4/4 분기
유용성	8	8	10	8
안전성	8	6	8	8
서비스 만족도	6	8	10	8

① 350만 원   ② 360만 원

③ 370만 원   ④ 380만 원

 먼저 아래 표를 항목별로 가중치를 부여하여 계산하면,

구분	1/4 분기	2/4 분기	3/4 분기	4/4 분기
유용성	$8 \times \dfrac{4}{10} = 3.2$	$8 \times \dfrac{4}{10} = 3.2$	$10 \times \dfrac{4}{10} = 4.0$	$8 \times \dfrac{4}{10} = 3.2$
안전성	$8 \times \dfrac{4}{10} = 3.2$	$6 \times \dfrac{4}{10} = 2.4$	$8 \times \dfrac{4}{10} = 3.2$	$8 \times \dfrac{4}{10} = 3.2$
서비스 만족도	$6 \times \dfrac{2}{10} = 1.2$	$8 \times \dfrac{2}{10} = 1.6$	$10 \times \dfrac{2}{10} = 2.0$	$8 \times \dfrac{2}{10} = 1.6$
합계	7.6	7.2	9.2	8
성과평가 등급	C	C	A	B
성과급 지급액	80만 원	80만 원	110만 원	90만 원

성과평가 등급이 A이면 직전분기 차감액의 50%를 가산하여 지급한다고 하였으므로, 3/4분기의 성과급은 직전분기 차감액 20만 원의 50%인 10만 원을 가산하여 지급한다.

∴ $80 + 80 + 110 + 90 = 360$(만 원)

SWOT전략은 강점(Strength), 약점(Weakness), 기회(Opportunity), 위협(Threat)의 머리글자를 모아 만든 단어로 경영전략을 수립하기 위한 분석도구이다. SWOT 분석을 통해 도출된 조직의 내부, 외부 환경을 분석 결과를 통해 대응하는 전략을 도출하게 된다.

SO전략은 기회를 활용하면서 강점을 더욱 강화하는 공격적인 전략이고, WO전략은 외부환경의 기회를 활용하면서 자신의 약점을 보완하는 전략으로 이를 통해 기업이 처한 국면의 전환을 가능하게 할 수 있다. ST전략은 외부환경의 위험요소를 회피하면서 강점을 활용하는 것이며, WT전략은 외부환경의 위험요소를 회피하고 자사의 약점을 보완하는 전략으로 방어적 성격을 갖는다.

내부환경 외부환경	강점(Strength)	약점(Weakness)
기회(Opportunity)	강점-기회 전략	약점-기회 전략
위협(Threat)	강점-위협 전략	약점-위협 전략

29 다음 환경 분석결과에 대응하는 가장 적절한 전략은?

강점	• 탁월한 수준의 영어 실력 • 탁월한 수준의 인터넷 실력
약점	• 비명문대 출신 • 대학원 진학에 대한 부모의 경제적 후원 어려움
기회	• 외국 기업의 국내 진출 활성화 • 능력 위주의 인사
위협	• 국내 대기업의 신입사원 채용 기피 • 명문대 출신 우대 및 사내 파벌화

내부환경 외부환경	강점	약점
기회	① 국내 기업에 입사	② 명문대 대우해주는 대기업에 입사
위협	③ 대기업 포기, 영어와 인터넷 실력 원하는 중소기업 입사	④ 명문대 출신이 많은 기업에 입사

① SO전략 : 외국 기업에 입사
② WO전략 : 비명문대 출신도 능력만 있으면 대우해주는 대기업에 입사
③ ST전략 : 대기업 포기, 영어와 인터넷 실력 원하는 중소기업 입사, 진학하여 MBA 획득
④ WT전략 : 선배가 경영주인 기업 또는 선배가 많은 기업에 입사, 대학원은 명문대에 장학생으로 진학 후 2년 후 국내경기가 활성화되면 취업

30 다음 환경 분석결과는 ○○학회의 문제를 제시한 것이다. 조직성과를 올리기 위한 전략을 도출하려고 할 때 이에 대응하는 가장 적절한 전략은?

강점	마케팅 수업과 스터디, 교수님과의 연계로 타 학회보다 높은 퀄리티를 가지고 있다.
약점	• 정해진 커리큘럼 없이 조직원들의 혼란이 있다. • 결속력이 약하고 조직원 간 커뮤니케이션의 부재와 조직 사기 저하가 일어났다.
기회	• 공모전이 취업에 높은 비중을 차지한다. • 공모전 증가로 참여 기회가 많아 졌다.
위협	• 외부 동아리, 연합 동아리 등이 증가하고 있다. • 학생들의 가입과 참여가 줄어들고 있다.

내부환경 외부환경	강점	약점
기회	① 지도 교수의 지도로 최신 이론을 통해 수준 높은 퀄리티로 공모전에 참여한다.	② 목표를 설정하고 세분화하여 경쟁자를 줄인다.
위협	③ 결속력을 강화하기 위한 프로그램을 만들어 학생들의 가입을 유도한다.	④ 공모전을 목표로 학회의 방향을 명확히 한다.

① SO전략 : 지도 교수의 지도로 최신 이론을 통해 수준 높은 퀄리티로 공모전에 참여한다.
② WO전략 : 공모전을 위한 커리큘럼을 구성하고 실천한다.
③ ST전략 : 지도교수 체제 하에 전문성을 특화로 타 동아리와 차별성을 갖는다.
④ WT전략 : 차별화된 커리큘럼이나 프로세스를 구성하여 차별성을 갖는다.

31 다음 조건을 바탕으로 할 때, 김 교수의 연구실 위치한 건물과 오늘 갔던 서점이 위치한 건물을 순서대로 올바르게 짝지은 것은?

> • 최 교수, 김 교수, 정 교수의 연구실은 경영관, 문학관, 홍보관 중 한 곳에 있으며 서로 같은 건물에 있지 않다.
> • 이들은 오늘 각각 자신의 연구실이 있는 건물이 아닌 다른 건물에 있는 서점에 갔었으며, 서로 같은 건물의 서점에 가지 않았다.
> • 정 교수는 홍보관에 연구실이 있으며, 최 교수와 김 교수는 오늘 문학관 서점에 가지 않았다.
> • 김 교수는 정 교수가 오늘 갔던 서점이 있는 건물에 연구실이 있다.

① 문학관, 경영관   ② 경영관, 경영관

③ 홍보관, 홍보관   ④ 문학관, 홍보관

 첫 번째와 두 번째 조건을 정리해 보면, 세 사람은 모두 각기 다른 건물에 연구실이 있으며, 오늘 갔던 서점도 서로 겹치지 않는 건물에 있다.

세 번째 조건에서 최 교수와 김 교수는 오늘 문학관 서점에 가지 않았다고 하였으므로 정 교수가 문학관 서점에 간 것을 알 수 있다. 즉, 정 교수는 홍보관에 연구실이 있고 문학관 서점에 갔다.

네 번째 조건에서 김 교수는 정 교수가 오늘 갔던 서점이 있는 건물에 연구실이 있다고 하였으므로 김 교수의 연구실은 문학관에 있고, 따라서 최 교수는 경영관에 연구실이 있다.

두 번째 조건에서 자신의 연구실이 있는 건물이 아닌 다른 건물에 있는 서점에 갔었다고 했으므로, 김 교수가 경영관 서점을 갔고 최 교수가 홍보관 서점을 간 것이 된다. 이를 표로 나타내면 다음과 같다.

교수	정 교수	김 교수	최 교수
연구실	홍보관	문학관	경영관
서점	문학관	경영관	홍보관

32 빵, 케이크, 마카롱, 쿠키를 판매하고 있는 달콤 베이커리 프랜차이즈에서 최근 각 지점 제품을 섭취하고 복숭아 알레르기가 발생했다는 민원이 제기되었다. 해당 제품에는 모두 복숭아가 들어가지 않지만, 복숭아를 사용한 제품과 인접 시설에서 제조하고 있다. 아래의 사례를 참고할 때 다음 중 반드시 거짓인 경우는?

> • 복숭아 알레르기 유발 원인이 된 제품은 빵, 케이크, 마카롱, 쿠키 중 하나이다.
> • 각 지점에서 복숭아 알레르기가 있는 손님이 섭취한 제품과 알레르기 유무는 아래와 같다.
>
> | 광화문점 | 빵과 케이크를 먹고 마카롱과 쿠키를 먹지 않은 경우, 알레르기가 발생했다. |
> |---|---|
> | 종로점 | 빵과 마카롱을 먹고 케이크 와 쿠키를 먹지 않은 경우, 알레르기가 발생하지 않았다. |
> | 대학로점 | 빵과 쿠키를 먹고 케이크와 마카롱을 먹지 않은 경우 알레르기가 발생했다. |
> | 홍대점 | 케이크와 마카롱을 먹고 빵과 쿠키를 먹지 않은 경우 알레르기가 발생했다. |
> | 상암점 | 케이크와 쿠키를 먹고 빵 과 마카롱을 먹지 않은 경우 알레르기가 발생하지 않았다. |
> | 강남점 | 마카롱과 쿠키를 먹고 빵과 케이크를 먹지 않은 경우 알레르기가 발생하지 않았다. |

① 광화문점, 종로점, 홍대점의 사례만을 고려하면 케이크가 알레르기의 원인이다.
② 광화문점, 대학로점, 상암점의 사례만을 고려하면, 빵이 알레르기의 원인이다.
③ 종로점, 홍대점, 강남점의 사례만을 고려하면, 케이크가 알레르기의 원인이다.
④ 대학로점, 홍대점, 강남점의 사례만을 고려하면, 마카롱이 알레르기의 원인이다.

 ④ 대학로점 손님은 마카롱을 먹지 않은 경우에도 알레르기가 발생했고, 강남점 손님은 마카롱을 먹고도 알레르기가 발생하지 않았다. 따라서 대학로점, 홍대점, 강남점의 사례만을 고려하면 마카롱이 알레르기 원인이라고 볼 수 없다.

33 R사는 공작기계를 생산하는 업체이다. 이번 주 R사에서 월요일~토요일까지 생산한 공작기계가 다음과 같을 때, 월요일에 생산한 공작기계의 수량이 될 수 있는 수를 모두 더하면 얼마인가? (단, 1대도 생산하지 않은 날은 없었다.)

- 화요일에 생산된 공작기계는 금요일에 생산된 수량의 절반이다.
- 이 공장의 최대 하루 생산 대수는 9대이고, 이번 주에는 요일별로 생산한 공작기계의 대수가 모두 달랐다.
- 목요일부터 토요일까지 생산한 공작기계는 모두 15대이다.
- 수요일에는 9대의 공작기계가 생산되었고, 목요일에는 이보다 1대가 적은 공작기계가 생산되었다.
- 월요일과 토요일에 생산된 공작기계를 합하면 10대가 넘는다.

① 10   ② 11

③ 12   ④ 13

 네 번째 조건에서 수요일에 9대가 생산되었으므로 목요일에 생산된 공작기계는 8대가 된다.

월요일	화요일	수요일	목요일	금요일	토요일
		9대	8대		

첫 번째 조건에 따라 금요일에 생산된 공작기계 수는 화요일에 생산된 공작기계 수의 2배가 되는데, 두 번째 조건에서 요일별로 생산한 공작기계의 대수가 모두 달랐다고 하였으므로 금요일에 생산된 공작기계의 수는 6대, 4대, 2대의 세 가지 중 하나가 될 수 있다.

그런데 금요일의 생산 대수가 6대일 경우, 세 번째 조건에 따라 목~토요일의 합계 수량이 15대가 되어야 하므로 토요일은 1대를 생산한 것이 된다. 그러나 토요일에 1대를 생산하였다면 다섯 번째 조건인 월요일과 토요일에 생산된 공작기계의 합이 10대를 넘지 않는다. (∵ 하루 최대 생산 대수는 9대이고 요일별로 생산한 공작기계의 대수가 모두 다른 상황에서 수요일에 이미 9대를 생산하였으므로)

금요일에 4대를 생산하였을 경우에도 토요일의 생산 대수가 3대가 되므로 다섯 번째 조건에 따라 월요일은 7대보다 많은 수량을 생산한 것이 되어야 하므로 이 역시 성립할 수 없다. 즉, 세 가지 경우 중 금요일에 2대를 생산한 경우만 성립하며 화요일에는 1대, 토요일에는 5대를 생산한 것이 된다.

월요일	화요일	수요일	목요일	금요일	토요일
	1대	9대	8대	2대	5대

34 다음은 이야기 내용과 그에 관한 설명이다. 이야기에 관한 설명 중 이야기 내용과 일치하는 것은 모두 몇 개인가?

> [이야기 내용] A국의 역사를 보면 갑, 을, 병, 정의 네 나라가 시대 순으로 연이어 존재했다. 네 나라의 수도는 각각 달랐는데 관주, 금주, 평주 한주 중 하나였다. 한주가 수도인 나라는 평주가 수도인 나라의 바로 전 시기에 있었고, 금주가 수도인 나라는 관주가 수도인 나라의 바로 다음 시기에 있었으나, 정보다는 이전 시기에 있었다. 병은 가장 먼저 있었던 나라는 아니지만, 갑보다 이전 시기에 있었다. 병과 정은 시대 순으로 볼 때 연이어 존재하지 않았다.
>
> [이야기에 관한 설명]
> 1. 금주는 갑의 수도이다.
> 2. 관주는 병의 수도이다.
> 3. 평주는 정의 수도이다.
> 4. 을은 갑의 다음 시기에 존재하였다.
> 5. 평주는 가장 마지막에 존재한 나라의 수도이다.
> 6. 을과 병은 연이어 존재했다.

① 0개   ② 1개

③ 2개   ④ 3개

 한주가 수도인 나라는 평주가 수도인 나라의 바로 전 시기에 있었고, 금주가 수도인 나라는 관주가 수도인 나라 바로 다음 시기에 있었으나 정보다는 이전 시기에 있었으므로 수도는 관주 > 금주 > 한주 > 평주 순임을 알 수 있다. 병은 가장 먼저 있었던 나라는 아니지만, 갑보다 이전 시기에 있었으므로 두 번째나 세 번째가 되는데, 병과 정이 시대 순으로 볼 때 연이어 존재하지 않았으므로 을 > 병 > 갑 > 정이 되어야 한다. 따라서 나라와 수도를 연결해 보면, 을 – 관주, 병 – 금주, 갑 – 한주, 정 – 평주가 되며 [이야기 내용]과 일치하는 것은 3, 5, 6이다.

35 〈보기〉에 제시된 네 개의 명제가 모두 참일 때, 다음 중 거짓인 것은?

〈보기〉
㉠ 甲 지역이 1급 상수원이면 乙 지역은 1급 상수원이 아니다.
㉡ 丙 지역이 1급 상수원이면 乙 지역도 1급 상수원이다.
㉢ 丁 지역이 1급 상수원이면 甲 지역도 1급 상수원이다.
㉣ 丙 지역이 1급 상수원이 아니면 戊 지역도 1급 상수원이 아니다.

---

① 甲 지역이 1급 상수원이면 丙 지역도 1급 상수원이다.
② 丁 지역이 1급 상수원이면 丙 지역은 1급 상수원이 아니다.
③ 丙 지역이 1급 상수원이면 甲 지역은 1급 상수원이 아니다.
④ 戊 지역이 1급 상수원이면 丁 지역은 1급 상수원이 아니다.

 제시된 네 개의 명제의 대우명제를 정리하면 다음과 같다.
㉠→乙 지역이 1급 상수원이면 甲 지역은 1급 상수원이 아니다.
㉡→乙 지역이 1급 상수원이 아니면 丙 지역도 1급 상수원이 아니다.
㉢→甲 지역이 1급 상수원이 아니면 丁 지역도 1급 상수원이 아니다.
㉣→戊 지역이 1급 상수원이면 丙 지역은 1급 상수원이다.
戊 지역이 1급 상수원임을 기준으로 원래의 명제와 대우명제를 함께 정리하면 '戊 지역→丙 지역→乙 지역→~甲 지역→~丁 지역'의 관계가 성립하게 되고, 이것의 대우인 '丁 지역→甲 지역→~乙 지역→~丙 지역→~戊 지역'도 성립한다. 따라서 甲 지역이 1급 상수원이면 丙 지역은 1급 상수원이 아니므로 ①은 거짓이다.

36 고 대리, 윤 대리, 염 사원, 서 사원 중 1명은 갑작스런 회사의 사정으로 인해 오늘 당직을 서야 한다. 이들은 논의를 통해 당직자를 결정하였으나, 동료인 최 대리에게 다음 〈보기〉와 같이 말하였고, 이 중 1명만이 진실을 말하고, 3명은 거짓말을 하였다. 당직을 서게 될 사람과 진실을 말한 사람을 순서대로 알맞게 나열한 것은 어느 것인가?

〈보기〉

고 대리 : "윤 대리가 당직을 서겠다고 했어."

윤 대리 : "고 대리는 지금 거짓말을 하고 있어."

염 사원 : "저는 오늘 당직을 서지 않습니다, 최 대리님."

서 사원 : "당직을 서는 사람은 윤 대리님입니다."

① 고 대리, 서 사원   ② 염 사원, 고 대리

③ 서 사원, 윤 대리   ④ 염 사원, 윤 대리

 이런 유형은 문제에서 제시한 상황, 즉 1명이 당직을 서는 상황을 각각 설정하여 1명만 진실이 되고 3명은 거짓말이 되는 경우를 확인하는 방식의 풀이가 유용하다. 각각의 경우, 다음과 같은 논리가 성립한다.

고 대리가 당직을 선다면, 진실을 말한 사람은 윤 대리와 염 사원이 된다.

윤 대리가 당직을 선다면, 진실을 말한 사람은 고 대리, 염 사원, 서 사원이 된다.

염 사원이 당직을 선다면, 진실을 말한 사람은 윤 대리가 된다.

서 사원이 당직을 선다면, 진실을 말한 사람은 윤 대리와 염 사원이 된다.

따라서 진실을 말한 사람이 1명이 되는 경우는 염 사원이 당직을 서고 윤 대리가 진실을 말하는 경우가 된다.

Answer → 35.① 36.④

| 37~38 | 다음은 K지역의 지역방송 채널 편성정보이다. 다음을 보고 이어지는 물음에 답하시오.

[지역방송 채널 편성규칙]

- K시의 지역방송 채널은 채널1, 채널2, 채널3, 채널4 네 개이다.
- 오후 7시부터 12시까지는 다음을 제외한 모든 프로그램이 1시간 단위로만 방송된다.

시사정치	기획물	예능	영화 이야기	지역 홍보물
최소 2시간 이상	1시간 30분	40분	30분	20분

- 모든 채널은 오후 7시부터 12시까지 뉴스 프로그램이 반드시 포함되어 있다.

[오후 7시~12시 프로그램 편성내용]
- 채널1은 3개 프로그램이 방송되었으며, 9시 30분부터 시사정치를 방송하였다.
- 채널2는 시사정치와 지역 홍보물 방송이 없었으며, 기획물, 예능, 영화 이야기가 방송되었다.
- 채널3은 6시부터 시작한 시사정치 방송이 9시에 끝났으며, 바로 이어서 뉴스가 방송되었고 기획물도 방송되었다.
- 채널4에서는 예능 프로그램이 연속 2회 편성되었고, 예능을 포함한 4종류의 프로그램이 방송되었다.

---

37 다음 중 위의 자료를 참고할 때, 오후 7시~12시까지의 방송 프로그램에 대하여 바르게 설명하지 못한 것? (단, 프로그램의 중간에 광고방송 시간은 고려하지 않는다.)

① 채널1에서 기획물이 방송되었다면 예능은 방송되지 않았다.

② 채널2는 정확히 12시에 프로그램이 끝나며 새로 시작되는 프로그램이 있을 수 없다.

③ 채널3에서 영화 이야기가 방송되었다면, 정확히 12시에 어떤 프로그램이 끝나게 된다.

④ 채널4에서 예능 프로그램이 연속 2회 방송되기 위해서는 반드시 뉴스보다 먼저 방송되어야 한다.

④ 예능 프로그램 2회 방송의 총 소요 시간은 1시간 20분으로 1시간짜리 뉴스와의 방송 순서는 총 방송 편성시간에 아무런 영향을 주지 않는다.

① 채널1은 3개의 프로그램이 방송되었는데 뉴스 프로그램을 반드시 포함해야 하므로, 기획물이 방송되었다면 뉴스, 기획물, 시사정치의 3개 프로그램이 방송되었다.

② 기획물, 예능, 영화 이야기에 뉴스를 더한 방송시간은 총 3시간 40분이 된다. 채널2는 시사정치와 지역 홍보물 방송이 없고 나머지 모든 프로그램은 1시간 단위로만 방송하므로 정확히 12시에 프로그램이 끝나고 새로 시작하는 편성 방법은 없다.

③ 9시에 끝난 시사정치 프로그램에 바로 이어진 뉴스가 끝나면 10시가 된다. 기획물의 방송시간은 1시간 30분이므로, 채널3에서 영화 이야기가 방송되었다면 정확히 12시에 기획물이나 영화 이야기 중 하나가 끝나게 된다.

38 다음 중 각 채널별로 정각 12시에 방송하던 프로그램을 마치기 위한 방법을 설명한 것으로 옳지 않은 것은? (단, 프로그램의 중간에 광고방송 시간은 고려하지 않는다.)

① 채널1에서 기획물을 방송한다면 시사정치를 2시간 반만 방송한다.

② 채널2에서 지역 홍보물 프로그램을 추가한다.

③ 채널3에서 영화 이야기 프로그램을 추가한다.

④ 채널2에서 영화 이야기 프로그램 편성을 취소한다.

 ④ 채널2에서 영화 이야기 프로그램 편성을 취소하면 3시간 10분의 방송 소요시간만 남게 되므로 정각 12시에 프로그램을 마칠 수 없다.

① 기획물 1시간 30분 + 뉴스 1시간 + 시사정치 2시간 30분 = 5시간으로 정각 12시에 마칠 수 있다.

② 뉴스 1시간 + 기획물 1시간 30분 + 예능 40분 + 영화 이야기 30분 + 지역 홍보물 20분 = 4시간이므로 1시간짜리 다른 프로그램을 추가하면 정각 12시에 마칠 수 있다.

③ 시사정치 2시간 + 뉴스 1시간 + 기획물 1시간 30분 + 영화 이야기 30분 = 5시간으로 정각 12시에 마칠 수 있다.

┃39~40┃ 다음은 블루투스 이어폰을 구매하기 위하여 전자제품 매장을 찾은 K씨가 제품 설명서를 보고 점원과 나눈 대화와 설명서 내용의 일부이다. 다음을 보고 이어지는 물음에 답하시오.

K씨 : "블루투스 이어폰을 좀 사려고 합니다."
점원 : "네 고객님, 어떤 조건을 원하시나요?"
K씨 : "제 것과 친구에게 선물할 것 두 개를 사려고 하는데요, 두 개 모두 가볍고 배터리 사용시간이 좀 길었으면 합니다. 무게는 42g까지가 적당할 거 같고요, 저는 충전시간이 짧으면서도 통화시간이 긴 제품을 원해요. 선물하려는 제품은, 일주일에 한 번만 충전해도 통화시간이 16시간은 되어야 하고, 음악은 운동하면서 매일 하루 1시간씩만 들을 수 있으면 돼요. 스피커는 고감도인 게 더 낫겠죠."
점원 : "그럼 고객님께는 (   )모델을, 친구 분께 드릴 선물로는 (   )모델을 추천해 드립니다."

〈제품 사양서〉

구분	무게	충전시간	통화시간	음악재생시간	스피커 감도
A모델	40.0g	2.2H	15H	17H	92db
B모델	43.5g	2.5H	12H	14H	96db
C모델	38.4g	3.0H	12H	15H	94db
D모델	42.0g	2.2H	13H	18H	85db

※ A, B모델 : 통화시간 1시간 감소 시 음악재생시간 30분 증가
※ C, D모델 : 음악재생시간 1시간 감소 시 통화시간 30분 증가

39 다음 중 위 네 가지 모델에 대한 설명으로 옳은 것을 〈보기〉에서 모두 고르면?

〈보기〉
㈎ 충전시간 당 통화시간이 긴 제품일수록 음악재생시간이 길다.
㈏ 충전시간 당 통화시간이 5시간 이상인 것은 A, D모델이다.
㈐ A모델은 통화에, C모델은 음악재생에 더 많은 배터리가 사용된다.
㈑ B모델의 통화시간을 10시간으로 제한하면 음악재생시간을 C모델과 동일하게 유지할 수 있다.

① ㈎, ㈏   ② ㈏, ㈑
③ ㈐, ㈑   ④ ㈎, ㈐

(가) 충전시간 당 통화시간은 A모델 6.8H > D모델 5.9H > B모델 4.8H > C모델 4.0H 순이다. 음악재생시간은 D모델 > A모델 > C모델 > B모델 순으로 그 순위가 다르다. (X)

(나) 충전시간 당 통화시간이 5시간 이상인 것은 A모델 6.8H과 D모델 5.9H이다. (O)

(다) 통화 1시간을 감소하여 음악재생 30분의 증가 효과가 있다는 것은 음악재생에 더 많은 배터리가 사용된다는 것을 의미하므로 A모델은 음악재생에, C모델은 통화에 더 많은 배터리가 사용된다. (X)

(라) B모델은 통화시간 1시간 감소 시 음악재생시간 30분이 증가한다. 현행 12시간에서 10시간으로 통화시간을 2시간 감소시키면 음악재생시간이 1시간 증가하여 15시간이 되므로 C모델과 동일하게 된다. (O)

40 다음 중 점원이 K씨에게 추천한 빈칸의 제품이 순서대로 올바르게 짝지어진 것은 어느 것인가?

	K씨	선물
①	C모델	A모델
②	C모델	D모델
③	A모델	C모델
④	A모델	B모델

두 개의 제품 모두 무게가 42g 이하여야 하므로 B모델은 제외된다. K씨는 충전시간이 짧고 통화시간이 길어야 한다는 조건만 제시되어 있으므로 나머지 세 모델 중 A모델이 가장 적절하다.

친구에게 선물할 제품은 통화시간이 16시간이어야 하므로 통화시간을 더 늘릴 수 없는 A모델은 제외되어야 한다. 나머지 C모델, D모델은 모두 음악재생시간을 조절하여 통화시간을 16시간으로 늘릴 수 있으며 이때 음악재생시간 감소는 C, D모델이 각각 8시간(통화시간 4시간 증가)과 6시간(통화시간 3시간 증가)이 된다. 따라서 두 모델의 음악재생 가능시간은 15 − 8 = 7시간, 18 − 6 = 12시간이 된다. 그런데 일주일 1회 충전하여 매일 1시간씩의 음악을 들을 수 있으면 된다고 하였으므로 7시간 이상의 음악재생시간이 필요하지는 않으며, 7시간만 충족될 경우 고감도 스피커 제품이 더 낫다고 요청하고 있다. 따라서 D모델보다 C모델이 더 적절하다는 것을 알 수 있다.

Answer ☞ 39.② 40.③

PART

III

인성검사

인성검사 개요

1 인성(성격)검사의 개념과 목적

인성(성격)이란 개인을 특징짓는 평범하고 일상적인 사회적 이미지, 즉 지속적이고 일관된 공적 성격(Public-personality)이며, 환경에 대응함으로써 선천적·후천적 요소의 상호작용으로 결정화된 심리적·사회적 특성 및 경향을 의미한다.

인성검사는 직무적성검사를 실시하는 대부분의 기업체에서 병행하여 실시하고 있으며, 인성검사만 독자적으로 실시하는 기업도 있다.

기업체에서는 인성검사를 통하여 각 개인이 어떠한 성격 특성이 발달되어 있고, 어떤 특성이 얼마나 부족한지, 그것이 해당 직무의 특성 및 조직문화와 얼마나 맞는지를 알아보고 이에 적합한 인재를 선발하고자 한다. 또한 개인에게 적합한 직무 배분과 부족한 부분을 교육을 통해 보완하도록 할 수 있다.

인성검사의 측정요소는 검사방법에 따라 차이가 있다. 또한 각 기업체들이 사용하고 있는 인성검사는 기존에 개발된 인성검사방법에 각 기업체의 인재상을 적용하여 자신들에게 적합하게 재개발하여 사용하는 경우가 많다. 그러므로 기업체에서 요구하는 인재상을 파악하여 그에 따른 대비책을 준비하는 것이 바람직하다. 본서에서 제시된 인성검사는 크게 '특성'과 '유형'의 측면에서 측정하게 된다.

(1) 정서적 측면

정서적 측면은 평소 마음의 당연시하는 자세나 정신상태가 얼마나 안정하고 있는지 또는 불안정한지를 측정한다.

정서의 상태는 직무수행이나 대인관계와 관련하여 태도나 행동으로 드러난다. 그러므로, 정서적 측면을 측정하는 것에 의해, 장래 조직 내의 인간관계에 어느 정도 잘 적응할 수 있을까(또는 적응하지 못할까)를 예측하는 것이 가능하다. 그렇기 때문에, 정서적 측면의 결과는 채용시에 상당히 중시된다. 아무리 능력이 좋아도 장기적으로 조직 내의 인간관계에 잘 적응할 수 없다고 판단되는 인재는 기본적으로는 채용되지 않는다.

일반적으로 인성(성격)검사는 채용과는 관계없다고 생각하나 정서적으로 조직에 적응하지 못하는 인재는 채용단계에서 가려내지는 것을 유의하여야 한다.

① 민감성(신경도) … 꼼꼼함, 섬세함, 성실함 등의 요소를 통해 일반적으로 신경질적인지 또는 자신의 존재를 위협받는다라는 불안을 갖기 쉬운지를 측정한다.

EXAMPLE

질문	그렇다	약간 그렇다	그저 그렇다	별로 그렇지 않다	그렇지 않다
• 배려적이라고 생각한다. • 어질러진 방에 있으면 불안하다. • 실패 후에는 불안하다. • 세세한 것까지 신경쓴다. • 이유 없이 불안할 때가 있다.					

▸ **측정결과**

㉠ **'그렇다'가 많은 경우**(상처받기 쉬운 유형) : 사소한 일에 신경쓰고 다른 사람의 사소한 한마디 말에 상처를 받기 쉽다.
  • 면접관의 심리 : '동료들과 잘 지낼 수 있을까?', '실패할 때마다 위축되지 않을까?'
  • 면접대책 : 다소 신경질적이라도 능력을 발휘할 수 있다는 평가를 얻도록 한다. 주변과 충분한 의사소통이 가능하고, 결정한 것을 실행할 수 있다는 것을 보여주어야 한다.
㉡ **'그렇지 않다'가 많은 경우**(정신적으로 안정적인 유형) : 사소한 일에 신경 쓰지 않고 금방 해결하며, 주위 사람의 말에 과민하게 반응하지 않는다.
  • 면접관의 심리 : '계약할 때 필요한 유형이고, 사고 발생에도 유연하게 대처할 수 있다.'
  • 면접대책 : 일반적으로 '민감성'의 측정치가 낮으면 플러스 평가를 받으므로 더욱 자신감 있는 모습을 보여준다.

② **자책성(과민노)** … 자신을 비난하거나 책망하는 정도를 측정한다.

EXAMPLE

질문	그렇다	약간 그렇다	그저 그렇다	별로 그렇지 않다	그렇지 않다
• 후회하는 일이 많다. • 자신을 하찮은 존재로 생각하는 경우가 있다. • 문제가 발생하면 자기의 탓이라고 생각한다. • 무슨 일이든지 끙끙대며 진행하는 경향이 있다. • 온순한 편이다.					

▸**측정결과**

㉠ '그렇다'가 많은 경우(자책하는 유형) : 비관적이고 후회하는 유형이다.
 • 면접관의 심리 : '끙끙내며 괴로워하고, 일을 진행하지 못할 것 같다.'
 • 면접대책 : 기분이 저조해도 항상 의욕을 가지고 생활하는 것과 책임감이 강하다는 것을 보여준다.
㉡ '그렇지 않다'가 많은 경우(낙천적인 유형) : 기분이 항상 밝은 편이다.
 • 면접관의 심리 : '안정된 대인관계를 맺을 수 있고, 외부의 압력에도 흔들리지 않는다.'
 • 면접대책 : 일반적으로 '자책성'의 측정치가 낮으면 플러스 평가를 받으므로 자신감을 가지고 임한다.

③ **기분성(불안도)** … 기분의 굴곡이나 감정적인 면의 미숙함이 어느 정도인지를 측정하는 것이다.

EXAMPLE

질문	그렇다	약간 그렇다	그저 그렇다	별로 그렇지 않다	그렇지 않다
• 다른 사람의 의견에 자신의 결정이 흔들리는 경우가 많다. • 기분이 쉽게 변한다. • 종종 후회한다. • 다른 사람보다 의지가 약한 편이라고 생각한다. • 금방 싫증을 내는 성격이라는 말을 자주 듣는다.					

▸**측정결과**

㉠ '그렇다'가 많은 경우(감정의 기복이 많은 유형) : 의지력보다 기분에 따라 행동하기 쉽다.
 • 면접관의 심리 : '감정적인 것에 약하며, 상황에 따라 생산성이 떨어지지 않을까?'
 • 면접대책 : 주변 사람들과 항상 협조한다는 것을 강조하고 한결같은 상태로 일할 수 있다는 평가를 받도록 한다.
㉡ '그렇지 않다'가 많은 경우(감정의 기복이 적은 유형) : 감정의 기복이 없고, 안정적이다.
 • 면접관의 심리 : '안정적으로 업무에 임할 수 있다.'
 • 면접대책 : 기분성의 측정치가 낮으면 플러스 평가를 받으므로 자신감을 가지고 면접에 임한다.

④ **독자성**(개인도) … 주변에 대한 견해나 관심, 자신의 견해나 생각에 어느 정도의 속박감을 가지고 있는지를 측정한다.

EXAMPLE

질문	그렇다	약간 그렇다	그저 그렇다	별로 그렇지 않다	그렇지 않다
• 창의적 사고방식을 가지고 있다. • 융통성이 있는 편이다. • 혼자 있는 편이 많은 사람과 있는 것 보다 편하다. • 개성적이라는 말을 듣는다. • 교제는 번거로운 것이라고 생각하는 경우가 많다. • 다른 사람의 의견을 따르는 것이 속편하다. • 자신의 주장을 내세우지 않는 편이다.					

▶ **측정결과**

㉠ '그렇다'가 많은 경우 : 자기의 관점을 중요하게 생각하는 유형으로, 주위의 상황보다 자신의 느낌과 생각을 중시한다.
  • 면접관의 심리 : '제멋대로 행동하지 않을까?'
  • 면접대책 : 주위 사람과 협조하여 일을 진행할 수 있다는 것과 상식에 얽매이지 않는다는 인상을 심어준다.
㉡ '그렇지 않다'가 많은 경우 : 상식적으로 행동하고 주변 사람의 시선에 신경을 쓴다.
  • 면접관의 심리 : '다른 직원들과 협조하여 업무를 진행할 수 있겠다.'
  • 면접대책 : 협조성이 요구되는 기업체에서는 플러스 평가를 받을 수 있다.

⑤ **자신감(자존심도)** … 자기 자신에 내해 일마나 긍정적으로 평기하는지를 측정한다.

EXAMPLE

질문	그렇다	약간 그렇다	그저 그렇다	별로 그렇지 않다	그렇지 않다
• 다른 사람보다 능력이 뛰어나다고 생각한다. • 다소 반대의견이 있어도 나만의 생각으로 행동할 수 있다. • 나는 다른 사람보다 기가 센 편이다. • 동료가 나를 모욕해도 무시할 수 있다. • 대개의 일을 목적한 대로 헤쳐나갈 수 있다고 생각한다.					

▶ **측정결과**

㉠ '그렇다'가 많은 경우 : 자기 능력이나 외모 등에 자신감이 있고, 비판당하는 것을 좋아하지 않는다.
  • 면접관의 심리 : '자만하여 지시에 잘 따를 수 있을까?'
  • 면접대책 : 다른 사람의 조언을 잘 받아들이고, 겸허하게 반성하는 면이 있다는 것을 보여주고, 동료들과 잘 지내며 리더의 자질이 있다는 것을 강조한다.

㉡ '그렇지 않다'가 많은 경우 : 자신감이 없고 다른 사람의 비판에 약하다.
  • 면접관의 심리 : '패기가 부족하지 않을까?', '쉽게 좌절하지 않을까?'
  • 면접대책 : 극도의 자신감 부족으로 평가되지는 않는다. 그러나 마음이 약한 면은 있지만 의욕적으로 일을 하겠다는 마음가짐을 보여준다.

⑥ **고양성(분위기에 들뜨는 정도)** … 자유분방함, 명랑함과 같이 감정(기분)의 높고 낮음의 정도를 측정한다.

EXAMPLE

질문	그렇다	약간 그렇다	그저 그렇다	별로 그렇지 않다	그렇지 않다
• 침착하지 못한 편이다. • 다른 사람보다 쉽게 우쭐해진다. • 모든 사람이 아는 유명인사가 되고 싶다. • 모임이나 집단에서 분위기를 이끄는 편이다. • 취미 등이 오랫동안 지속되지 않는 편이다.					

▸ **측정결과**

㉠ '그렇다'가 많은 경우 : 자극이나 변화가 있는 일상을 원하고 기분을 들뜨게 하는 사람과 친밀하게 지내는 경향이 강하다.
- 면접관의 심리 : '일을 진행하는 데 변덕스럽지 않을까?'
- 면접대책 : 밝은 태도는 플러스 평가를 받을 수 있지만, 착실한 업무능력이 요구되는 직종에서는 마이너스 평가가 될 수 있다. 따라서 자기조절이 가능하다는 것을 보여준다.

㉡ '그렇지 않다'가 많은 경우 : 감정이 항상 일정하고, 속을 드러내 보이지 않는다.
- 면접관의 심리 : '안정적인 업무 태도를 기대할 수 있겠다.'
- 면접대책 : '고양성'의 낮음은 대체로 플러스 평가를 받을 수 있다. 그러나 '무엇을 생각하고 있는지 모르겠다' 등의 평을 듣지 않도록 주의한다.

⑦ 허위성(진위성) … 필요 이상으로 자기를 좋게 보이려 하거나 기업체가 원하는 '이상형'에 맞춘 대답을 하고 있는지, 없는지를 측정한다.

EXAMPLE

질문	그렇다	약간 그렇다	그저 그렇다	별로 그렇지 않다	그렇지 않다
• 약속을 깨뜨린 적이 한 번도 없다. • 다른 사람을 부럽다고 생각해 본 적이 없다. • 꾸지람을 들은 적이 없다. • 사람을 미워한 적이 없다. • 화를 낸 적이 한 번도 없다.					

▸ **측정결과**

㉠ '그렇다'가 많은 경우 : 실제의 자기와는 다른, 말하자면 원칙으로 해답할 가능성이 있다.
- 면접관의 심리 : '거짓을 말하고 있다.'
- 면접대책 : 조금이라도 좋게 보이려고 하는 '거짓말쟁이'로 평가될 수 있다. '거짓을 말하고 있다.'는 마음 따위가 전혀 없다해도 결과적으로는 정직하게 답하지 않는다는 것이 되어 버린다. '허위성'의 측정 질문은 구분되지 않고 다른 질문 중에 섞여 있다. 그러므로 모든 질문에 솔직하게 답하여야 한다. 또한 자기 자신과 너무 동떨어진 이미지로 답하면 좋은 결과를 얻지 못한다. 그리고 면접에서 '허위성'을 기본으로 한 질문을 받게 되므로 당황하거나 또다른 모순된 답변을 하게 된다. 겉치레를 하거나 무리한 욕심을 부리지 말고 '이런 사회인이 되고 싶다.'는 현재의 자신보다, 조금 성장한 자신을 표현하는 정도가 적당하다.

㉡ '그렇지 않다'가 많은 경우 : 냉정하고 정직하며, 외부의 압력과 스트레스에 강한 유형이다. '대쪽 같음'의 이미지가 굳어지지 않도록 주의한다.

(2) 행동적인 측면

행동적 측면은 인격 중에 특히 행동으로 드러나기 쉬운 측면을 측정한다. 사람의 행동 특징 자체에는 선도 악도 없으나, 일반적으로는 일의 내용에 의해 원하는 행동이 있다. 때문에 행동적 측면은 주로 직종과 깊은 관계가 있는데 자신의 행동 특성을 살려 적합한 직종을 선택한다면 플러스가 될 수 있다.

행동 특성에서 보이는 특징은 면접장면에서도 드러나기 쉬운데 본서의 모의 TEST의 결과를 참고하여 자신의 태도, 행동이 면접관의 시선에 어떻게 비치는지를 점검하도록 한다.

① **사회적 내향성** … 대인관계에서 나타나는 행동경향으로 '낯가림'을 측정한다.

EXAMPLE

질문	선택
A : 파티에서는 사람을 소개받은 편이다. B : 파티에서는 사람을 소개하는 편이다.	
A : 처음 보는 사람과는 어색하게 시간을 보내는 편이다. B : 처음 보는 사람과는 즐거운 시간을 보내는 편이다.	
A : 친구가 적은 편이다. B : 친구가 많은 편이다.	
A : 자신의 의견을 말하는 경우가 적다. B : 자신의 의견을 말하는 경우가 많다.	
A : 사교적인 모임에 참석하는 것을 좋아하지 않는다. B : 사교적인 모임에 항상 참석한다.	

▸ **측정결과**

㉠ 'A'가 많은 경우 : 내성적이고 사람들과 접하는 것에 소극적이다. 자신의 의견을 말하지 않고 조심스러운 편이다.
  • 면접관의 심리 : '소극적인데 동료와 잘 지낼 수 있을까?'
  • 면접대책 : 대인관계를 맺는 것을 싫어하지 않고 의욕적으로 일을 할 수 있다는 것을 보여준다.
㉡ 'B'가 많은 경우 : 사교적이고 자기의 생각을 명확하게 전달할 수 있다.
  • 면접관의 심리 : '사교적이고 활동적인 것은 좋지만, 자기주장이 너무 강하지 않을까?'
  • 면접대책 : 협조성을 보여주고, 자기 주장이 너무 강하다는 인상을 주지 않도록 주의한다.

② 내성성(침착도) … 자신의 행동과 일에 대해 침착하게 생각하는 정도를 측정한다.

EXAMPLE

질문	선택
A : 시간이 걸려도 침착하게 생각하는 경우가 많다. B : 짧은 시간에 결정을 하는 경우가 많다.	
A : 실패의 원인을 찾고 반성하는 편이다. B : 실패를 해도 그다지(별로) 개의치 않는다.	
A : 결론이 도출되어도 몇 번 정도 생각을 바꾼다. B : 결론이 도출되면 신속하게 행동으로 옮긴다.	
A : 여러 가지 생각하는 것이 능숙하다. B : 여러 가지 일을 재빨리 능숙하게 처리하는 데 익숙하다.	
A : 여러 가지 측면에서 사물을 검토한다. B : 행동한 후 생각을 한다.	

▶측정결과
㉠ 'A'가 많은 경우 : 행동하기 보다는 생각하는 것을 좋아하고 신중하게 계획을 세워 실행한다.
 • 면접관의 심리 : '행동으로 실천하지 못하고, 대응이 늦은 경향이 있지 않을까?'
 • 면접대책 : 발로 뛰는 것을 좋아하고, 일을 더디게 한다는 인상을 주지 않도록 한다.
㉡ 'B'가 많은 경우 : 차분하게 생각하는 것보다 우선 행동하는 유형이다.
 • 면접관의 심리 : '생각하는 것을 싫어하고 경솔한 행동을 하지 않을까?'
 • 면접대책 : 계획을 세우고 행동할 수 있는 것을 보여주고 '사려 깊다'라는 인상을 남기도록 한다.

③ **신체활동성** … 몸을 움직이는 것을 좋아하는가를 측정한다.

질문	선택
A : 민첩하게 활동하는 편이다. B : 준비행동이 없는 편이다.	
A : 일을 척척 해치우는 편이다. B : 일을 더디게 처리하는 편이다.	
A : 활발하다는 말을 듣는다. B : 얌전하다는 말을 듣는다.	
A : 몸을 움직이는 것을 좋아한다. B : 가만히 있는 것을 좋아한다.	
A : 스포츠를 하는 것을 즐긴다. B : 스포츠를 보는 것을 좋아한다.	

▶**측정결과**

㉠ 'A'가 많은 경우 : 활동적이고, 몸을 움직이게 하는 것이 컨디션이 좋다.
  • 면접관의 심리 : '활동적으로 활동력이 좋아 보인다.'
  • 면접대책 : 활동하고 얻은 성과 등과 주어진 상황의 대응능력을 보여준다.
㉡ 'B'가 많은 경우 : 침착한 인상으로, 차분하게 있는 타입이다.
  • 면접관의 심리 : '좀처럼 행동하려 하지 않아 보이고, 일을 빠르게 처리할 수 있을까?'

④ **지속성(노력성)** … 무슨 일이든 포기하지 않고 끈기 있게 하려는 정도를 측정한다.

질문	선택
A : 일단 시작한 일은 시간이 걸려도 끝까지 마무리한다. B : 일을 하다 어려움에 부딪히면 단념한다.	
A : 끈질긴 편이다. B : 바로 단념하는 편이다.	
A : 인내가 강하다는 말을 듣는다. B : 금방 싫증을 낸다는 말을 듣는다.	
A : 집념이 깊은 편이다. B : 담백한 편이다.	
A : 한 가지 일에 구애되는 것이 좋다고 생각한다. B : 간단하게 체념하는 것이 좋다고 생각한다.	

▶ **측정결과**

㉠ 'A'가 많은 경우 : 시작한 것은 어려움이 있어도 포기하지 않고 인내심이 높다.
 • 면접관의 심리 : '한 가지의 일에 너무 구애되고, 업무의 진행이 원활할까?'
 • 면접대책 : 인내력이 있는 것은 플러스 평가를 받을 수 있지만 집착이 강해 보이기도 한다.
㉡ 'B'가 많은 경우 : 뒤끝이 없고 조그만 실패로 일을 포기하기 쉽다.
 • 면접관의 심리 : '질리는 경향이 있고, 일을 정확히 끝낼 수 있을까?'
 • 면접대책 : 지속적인 노력으로 성공했던 사례를 준비하도록 한다.

⑤ 신중성(주의성) … 자신이 처한 주변상황을 즉시 파악하고 자신의 행동이 어떤 영향을 미치는지를 측정한다.

EXAMPLE

질문	선택
A : 여러 가지로 생각하면서 완벽하게 준비하는 편이다. B : 행동할 때부터 임기응변적인 대응을 하는 편이다.	
A : 신중해서 타이밍을 놓치는 편이다. B : 준비 부족으로 실패하는 편이다.	
A : 자신은 어떤 일에도 신중히 대응하는 편이다. B : 순간적인 충동으로 활동하는 편이다.	
A : 시험을 볼 때 끝날 때까지 재검토하는 편이다. B : 시험을 볼 때 한 번에 모든 것을 마치는 편이다.	
A : 일에 대해 계획표를 만들어 실행한다. B : 일에 대한 계획표 없이 진행한다.	

▶ **측정결과**

㉠ 'A'가 많은 경우 : 주변 상황에 민감하고, 예측하여 계획있게 일을 진행한다.
 • 면접관의 심리 : '너무 신중해서 적절한 판단을 할 수 있을까?', '앞으로의 상황에 불안을 느끼지 않을까?'
 • 면접대책 : 예측을 하고 실행을 하는 것은 플러스 평가가 되지만, 너무 신중하면 일의 진행이 정체될 가능성을 보이므로 추진력이 있다는 강한 의욕을 보여준다.
㉡ 'B'가 많은 경우 : 주변 상황을 살펴보지 않고 착실한 계획 없이 일을 진행시킨다.
 • 면접관의 심리 : '사려 깊지 않고, 실패하는 일이 많지 않을까?', '판단이 빠르고 유연한 사고를 할 수 있을까?'
 • 면접대책 : 사전준비를 중요하게 생각하고 있다는 것 등을 보여주고, 경솔한 인상을 주지 않도록 한다. 또한 판단력이 빠르거나 유연한 사고 덕분에 일 처리를 잘 할 수 있다는 것을 강조한다.

(3) 의욕적인 측면

의욕적인 측면은 의욕의 정도, 활동력의 유무 등을 측정한다. 여기서의 의욕이란 우리들이 보통 말하고 사용하는 '하려는 의지'와는 조금 뉘앙스가 다르다. '하려는 의지'란 그 때의 환경이나 기분에 따라 변화하는 것이지만, 여기에서는 조금 더 변화하기 어려운 특징, 말하자면 정신적 에너지의 양으로 측정하는 것이다.

의욕적 측면은 행동적 측면과는 다르고, 전반적으로 어느 정도 점수가 높은 쪽을 선호한다. 모의검사의 의욕적 측면의 결과가 낮다면, 평소 일에 몰두할 때 조금 의욕 있는 자세를 가지고 서서히 개선하도록 노력해야 한다.

① 달성의욕 … 목적의식을 가지고 높은 이상을 가지고 있는지를 측정한다.

EXAMPLE

질문	선택
A : 경쟁심이 강한 편이다. B : 경쟁심이 약한 편이다.	
A : 어떤 한 분야에서 제1인자가 되고 싶다고 생각한다. B : 어느 분야에서든 성실하게 임무를 진행하고 싶다고 생각한다.	
A : 규모가 큰 일을 해보고 싶다. B : 맡은 일에 충실히 임하고 싶다.	
A : 아무리 노력해도 실패한 것은 아무런 도움이 되지 않는다. B : 가령 실패했을 지라도 나름대로의 노력이 있었으므로 괜찮다. A : 높은 목표를 설정하여 수행하는 것이 의욕적이다. B : 실현 가능한 정도의 목표를 설정하는 것이 의욕적이다.	

▶**측정결과**

㉠ 'A'가 많은 경우 : 큰 목표와 높은 이상을 가지고 승부욕이 강한 편이다.
- 면접관의 심리 : '열심히 일을 해줄 것 같은 유형이다.'
- 면접대책 : 달성의욕이 높다는 것은 어떤 직종이라도 플러스 평가가 된다.

㉡ 'B'가 많은 경우 : 현재의 생활을 소중하게 여기고 비약적인 발전을 위해 기를 쓰지 않는다.
- 면접관의 심리 : '외부의 압력에 약하고, 기획입안 등을 하기 어려울 것이다.'
- 면접대책 : 일을 통하여 하고 싶은 것들을 구체적으로 어필한다.

② 활동의욕 … 자신에게 잠재된 에너지의 크기로, 정신적인 측면의 활동력이라 할 수 있다.

EXAMPLE

질문	선택
A : 하고 싶은 일을 실행으로 옮기는 편이다. B : 하고 싶은 일을 좀처럼 실행할 수 없는 편이다. A : 어려운 문제를 해결해 가는 것이 좋다. B : 어려운 문제를 해결하는 것을 잘하지 못한다. A : 일반적으로 결단이 빠른 편이다. B : 일반적으로 결단이 느린 편이다. A : 곤란한 상황에도 도전하는 편이다. B : 사물의 본질을 깊게 관찰하는 편이다. A : 시원시원하다는 말을 잘 듣는다. B : 꼼꼼하다는 말을 잘 듣는다.	

▶측정결과

㉠ 'A'가 많은 경우 : 꾸물거리는 것을 싫어하고 재빠르게 결단해서 행동하는 타입이다.
 • 면접관의 심리 : '일을 처리하는 솜씨가 좋고, 일을 척척 진행할 수 있을 것 같다.'
 • 면접대책 : 활동의욕이 높은 것은 플러스 평가가 된다. 사교성이나 활동성이 강하다는 인상을 준다.

㉡ 'B'가 많은 경우 : 안전하고 확실한 방법을 모색하고 차분하게 시간을 아껴서 일에 임하는 타입이다.
 • 면접관의 심리 : '재빨리 행동을 못하고, 일의 처리속도가 느린 것이 아닐까?'
 • 면접대책 : 활동성이 있는 것을 좋아하고 움직임이 더디다는 인상을 주지 않도록 한다.

3 성격의 유형

(1) 인성검사유형의 4가지 척도

정서적인 측면, 행동적인 측면, 의욕적인 측면의 요소들은 성격 특성이라는 관점에서 제시된 것들로 각 개인의 장·단점을 파악하는 데 유용하다. 그러나 전체적인 개인의 인성을 이해하는 데는 한계가 있다.

성격의 유형은 개인의 '성격적인 특색'을 가리키는 것으로, 사회인으로서 적합한지, 아닌지를 말하는 관점과는 관계가 없다. 따라서 채용의 합격 여부에는 사용되지 않는 경우가 많으며, 입사 후의 적정 부서 배치의 자료가 되는 편이라 생각하면 된다. 그러나 채용과 관계가 없다고 해서 아무런 준비도 필요없는 것은 아니다. 자신을 아는 것은 면접 대책의 밑거름이 되므로 모의검사 결과를 충분히 활용하도록 하여야 한다.

본서에서는 4개의 척도를 사용하여 기본적으로 16개의 패턴으로 성격의 유형을 분류하고 있다. 각 개인의 성격이 어떤 유형인지 재빨리 파악하기 위해 사용되며, '적성'에 맞는지, 맞지 않는지의 관점에 활용된다.

- 흥미·관심의 방향 : 내향형 ←——————→ 외향형
- 사물에 대한 견해 : 직관형 ←——————→ 감각형
- 판단하는 방법 : 감정형 ←——————→ 사고형
- 환경에 대한 접근방법 : 지각형 ←——————→ 판단형

(2) 성격유형

① **흥미·관심의 방향**(내향⇆외향) … 흥미·관심의 방향이 자신의 내면에 있는지, 주위환경 등 외면에 향하는 지를 가리키는 척도이다.

EXAMPLE

질문	선택
A : 내성적인 성격인 편이다. B : 개방적인 성격인 편이다.	
A : 항상 신중하게 생각을 하는 편이다. B : 바로 행동에 착수하는 편이다.	
A : 수수하고 조심스러운 편이다. B : 자기표현력이 강한 편이다.	
A : 다른 사람과 함께 있으면 침착하지 않다. B : 혼자서 있으면 침착하지 않다.	

▶**측정결과**
㉠ 'A'가 많은 경우(내향) : 관심의 방향이 자기 내면에 있으며, 조용하고 낯을 가리는 유형이다. 행동력은 부족하나 집중력이 뛰어나고 신중하고 꼼꼼하다.
㉡ 'B'가 많은 경우(외향) : 관심의 방향이 외부환경에 있으며, 사교적이고 활동적인 유형이다. 꼼꼼함이 부족하여 대충하는 경향이 있으나 행동력이 있다.

② 일(사물)을 보는 **방법**(직감⇆감각) … 일(사물)을 보는 법이 직감적으로 형식에 얽매이는지, 감각적으로 상식적인지를 가리키는 척도이다.

EXAMPLE

질문	선택
A : 현실주의적인 편이다. B : 상상력이 풍부한 편이다.	
A : 정형적인 방법으로 일을 처리하는 것을 좋아한다. B : 만들어진 방법에 변화가 있는 것을 좋아한다.	
A : 경험에서 가장 적합한 방법으로 선택한다. B : 지금까지 없었던 새로운 방법을 개척하는 것을 좋아한다.	
A : 성실하다는 말을 듣는다. B : 호기심이 강하다는 말을 듣는다.	

▶ 측정결과
㉠ 'A'가 많은 경우(감각) : 현실적이고 경험주의적이며 보수적인 유형이다.
㉡ 'B'가 많은 경우(직관) : 새로운 주제를 좋아하며, 독자적인 시각을 가진 유형이다.

③ **판단하는 방법**(감정⇆사고) … 일을 감정적으로 판단하는지, 논리적으로 판단하는지를 가리키는 척도이다.

EXAMPLE

질문	선택
A : 인간관계를 중시하는 편이다. B : 일의 내용을 중시하는 편이다.	
A : 결론을 자기의 신념과 감정에서 이끌어내는 편이다. B : 결론을 논리적 사고에 의거하여 내리는 편이다.	
A : 다른 사람보다 동정적이고 눈물이 많은 편이다. B : 다른 사람보다 이성적이고 냉정하게 대응하는 편이다.	
A : 머리로는 이해해도 심정상 받아들일 수 없을 때가 있다. B : 마음은 알지만 받아들일 수 없을 때가 있다.	

▶ 측정결과
㉠ 'A'가 많은 경우(감정) : 일을 판단할 때 마음감정을 중요하게 여기는 유형이다. 감정이 풍부하고 친절하나 엄격함이 부족하고 우유부단하며, 합리성이 부족하다.
㉡ 'B'가 많은 경우(사고) : 일을 판단할 때 논리성을 중요하게 여기는 유형이다. 이성적이고 합리적이나 타인에 대한 배려가 부족하다.

④ 환경에 대한 접근방법 ⋯ 주변상황에 어떻게 접근하는지, 그 판단기준을 어디에 두는지를 측정한다.

EXAMPLE

질문	선택
A : 사전에 계획을 세우지 않고 행동한다. B : 반드시 계획을 세우고 그것에 의거해서 행동한다.	
A : 자유롭게 행동하는 것을 좋아한다. B : 조직적으로 행동하는 것을 좋아한다.	
A : 조직성이나 관습에 속박당하지 않는다. B : 조직성이나 관습을 중요하게 여긴다.	
A : 계획 없이 낭비가 심한 편이다. B : 예산을 세워 물건을 구입하는 편이다.	

▶ 측정결과

㉠ 'A'가 많은 경우(지각) : 일의 변화에 융통성을 가지고 유연하게 대응하는 유형이다. 낙관적이며 질서보다는 자유를 좋아하나 임기응변의 대응으로 무계획적인 인상을 줄 수 있다.

㉡ 'B'가 많은 경우(판단) : 일의 진행시 계획을 세워서 실행하는 유형이다. 순차적으로 진행하는 일을 좋아하고 끈기가 있으나 변화에 대해 적절하게 대응하지 못하는 경향이 있다.

(3) 성격유형의 판정

성격유형은 합격 여부의 판정보다는 배치를 위한 자료로써 이용된다. 즉, 기업은 입사시험 단계에서 입사 후에도 사용할 수 있는 정보를 입수하고 있다는 것이다. 성격검사에서는 어느 척도가 얼마나 고득점이었는지에 주시하고 각각의 측면에서 반드시 하나씩 고르고 편성한다. 편성은 모두 16가지가 되나 각각의 측면을 더 세분하면 200가지 이상의 유형이 나온다.

여기에서는 16가지 편성을 제시한다. 성격검사에 어떤 정보가 게재되어 있는지를 이해하면서 자기의 성격유형을 파악하기 위한 실마리로 활용하도록 한다.

① 내향 – 직관 – 감정 – 지각(TYPE A) : 관심이 내면에 향하고 조용하고 소극적이다. 사물에 대한 견해는 새로운 것에 대해 호기심이 강하고, 독창적이다. 감정은 좋아하는 것과 싫어하는 것의 판단이 확실하고, 감정이 풍부하고 따뜻한 느낌이 있는 반면, 합리성이 부족한 경향이 있다. 환경에 접근하는 방법은 순응적이고 상황의 변화에 대해 유연하게 대응하는 것을 잘한다.

② 내향 – 직관 – 감정 – 사고(TYPE B) : 관심이 내면으로 향하고 조용하고 쑥스러움을 잘 타는 편이다. 사물을 보는 관점은 독창적이며, 자기 나름대로 궁리하며 생각하는 일이 많다. 좋고 싫음으로 판단하는 경향이 강하고 타인에게는 친절한 반면, 우유부단하기 쉬운 편이다. 환경 변화에 대해 유연하게 대응하는 것을 잘한다.

③ 내향 - 직관 - 사고 - 지각(TYPE C) : 관심이 내면으로 향하고 얌전하고 교제범위가 좁다. 사물을 보는 관점은 독창적이며, 현실에서 먼 추상적인 것을 생각하기를 좋아한다. 논리적으로 생각하고 판단하는 경향이 강하고 이성적이지만, 남의 감정에 대해서는 무반응인 경향이 있다. 환경의 변화에 순응적이고 융통성 있게 임기응변으로 대응할 수가 있다.

④ 내향 - 직관 - 사고 - 판단(TYPE D) : 관심이 내면으로 향하고 주의 깊고 신중하게 행동을 한다. 사물을 보는 관점은 독창적이며 논리를 좋아해서 이치를 따지는 경향이 있다. 논리적으로 생각하고 판단하는 경향이 강하고, 객관적이지만 상대방의 마음에 대한 배려가 부족한 경향이 있다. 환경에 대해서는 순응하는 것보다 대응하며, 한 번 정한 것은 끈질기게 행동하려 한다.

⑤ 내향 - 감각 - 감정 - 지각(TYPE E) : 관심이 내면으로 향하고 조용하며 소극적이다. 사물을 보는 관점은 상식적이고 그대로의 것을 좋아하는 경향이 있다. 좋음과 싫음으로 판단하는 경향이 강하고 타인에 대해서 동정심이 많은 반면, 엄격한 면이 부족한 경향이 있다. 환경에 대해서는 순응적이고, 예측할 수 없다해도 태연하게 행동하는 경향이 있다.

⑥ 내향 - 감각 - 감정 - 판단(TYPE F) : 관심이 내면으로 향하고 얌전하며 쑥스러움을 많이 탄다. 사물을 보는 관점은 상식적이고 논리적으로 생각하는 것보다도 경험을 중요시하는 경향이 있다. 좋고 싫음으로 판단하는 경향이 강하고 사람이 좋은 반면, 개인적 취향이나 소원에 영향을 받는 일이 많은 경향이 있다. 환경에 대해서는 영향을 받지 않고, 자기 페이스대로 꾸준히 성취하는 일을 잘한다.

⑦ 내향 - 감각 - 사고 - 지각(TYPE G) : 관심이 내면으로 향하고 얌전하고 교제범위가 좁다. 사물을 보는 관점은 상식적인 동시에 실천적이며, 틀에 박힌 형식을 좋아한다. 논리적으로 판단하는 경향이 강하고 침착하지만 사람에 대해서는 엄격하여 차가운 인상을 주는 일이 많다. 환경에 대해서 순응적이고, 계획적으로 행동하지 않으며 자유로운 행동을 좋아하는 경향이 있다.

⑧ 내향 - 감각 - 사고 - 판단(TYPE H) : 관심이 내면으로 향하고 주의 깊고 신중하게 행동을 한다. 사물을 보는 관점이 상식적이고 새롭고 경험하지 못한 일에 대응을 잘 하지 못한다. 논리적으로 생각하고 판단하는 경향이 강하고, 공평하지만 상대방의 감정에 대해 배려가 부족할 때가 있다. 환경에 대해서는 작용하는 편이고, 질서 있게 행동하는 것을 좋아한다.

⑨ 외향 - 직관 - 감정 - 지각(TYPE I) : 관심이 외향으로 향하고 밝고 활동적이며 교제범위가 넓다. 사물을 보는 관점은 독창적이고 호기심이 강하며 새로운 것을 생각하는 것을 좋아한다. 좋음 싫음으로 판단하는 경향이 강하다. 사람은 좋은 반면 개인적 취향이나 소원에 영향을 받는 일이 많은 편이다.

⑩ 외향 – 직관 – 감정 – 판단(TYPE J) : 관심이 외향으로 향하고 개방적이며 누구와도 쉽게 친해질 수 있다. 사물을 보는 관점은 독창적이고 자기 나름대로 궁리하고 생각하는 면이 많다. 좋음과 싫음으로 판단하는 경향이 강하고, 타인에 대해 동정적이기 쉽고 엄격함이 부족한 경향이 있다. 환경에 대해서는 작용하는 편이고 질서 있는 행동을 하는 것을 좋아한다.

⑪ 외향 – 직관 – 사고 – 지각(TYPE K) : 관심이 외향으로 향하고 태도가 분명하며 활동적이다. 사물을 보는 관점은 독창적이고 현실과 거리가 있는 추상적인 것을 생각하는 것을 좋아한다. 논리적으로 생각하고 판단하는 경향이 강하고, 공평하지만 상대에 대한 배려가 부족할 때가 있다.

⑫ 외향 – 직관 – 사고 – 판단(TYPE L) : 관심이 외향으로 향하고 밝고 명랑한 성격이며 사교적인 것을 좋아한다. 사물을 보는 관점은 독창적이고 논리적인 것을 좋아하기 때문에 이치를 따지는 경향이 있다. 논리적으로 생각하고 판단하는 경향이 강하고 침착성이 뛰어나지만 사람에 대해서 엄격하고 차가운 인상을 주는 경우가 많다. 환경에 대해 작용하는 편이고 계획을 세우고 착실하게 실행하는 것을 좋아한다.

⑬ 외향 – 감각 – 감정 – 지각(TYPE M) : 관심이 외향으로 향하고 밝고 활동적이고 교제범위가 넓다. 사물을 보는 관점은 상식적이고 종래대로 있는 것을 좋아한다. 보수적인 경향이 있고 좋아함과 싫어함으로 판단하는 경향이 강하며 타인에게는 친절한 반면, 우유부단한 경우가 많다. 환경에 대해 순응적이고, 융통성이 있고 임기응변으로 대응할 가능성이 높다.

⑭ 외향 – 감각 – 감정 – 판단(TYPE N) : 관심이 외향으로 향하고 개방적이며 누구와도 쉽게 대면할 수 있다. 사물을 보는 관점은 상식적이고 논리적으로 생각하기보다는 경험을 중시하는 편이다. 좋아함과 싫어함으로 판단하는 경향이 강하고 감정이 풍부하며 따뜻한 느낌이 있는 반면에 합리성이 부족한 경우가 많다. 환경에 대해서 작용하는 편이고, 한 번 결정한 것은 끈질기게 실행하려고 한다.

⑮ 외향 – 감각 – 사고 – 지각(TYPE O) : 관심이 외향으로 향하고 시원한 태도이며 활동적이다. 사물을 보는 관점이 상식적이며 동시에 실천적이고 명백한 형식을 좋아하는 경향이 있다. 논리적으로 생각하고 판단하는 경향이 강하고, 객관적이지만 상대 마음에 대해 배려가 부족한 경향이 있다.

⑯ 외향 – 감각 – 사고 – 판단(TYPE P) : 관심이 외향으로 향하고 밝고 명랑하며 사교적인 것을 좋아한다. 사물을 보는 관점은 상식적이고 경험하지 못한 새로운 것에 대응을 잘 하지 못한다. 논리적으로 생각하고 판단하는 경향이 강하고 이성적이지만 사람의 감정에 무심한 경향이 있다. 환경에 대해서는 작용하는 편이고, 자기 페이스대로 꾸준히 성취하는 것을 잘한다.

4 인성검사의 대책

(1) 미리 알아두어야 할 점

① 출제문항수 … 인성검사의 출제문항수는 특별히 정해진 것이 아니며 농협은 각 지역농협별로 달라질 수 있다. 보통 160문항 이상에서 350문항까지 출제된다고 예상하면 된다.

② 출제형식

　㉠ '예' 아니면 '아니오'의 형식

EXAMPLE

예제 다음 문항을 읽고 자신이 해당될 경우 '예', 해당되지 않을 경우 '아니오'에 ○표를 하시오.

질문	예	아니오
1. 자신의 생각이나 의견은 좀처럼 변하지 않는다.	○	
2. 구입한 후 끝까지 읽지 않은 책이 많다.		○

예제 다음 문항에 대해서 평소에 자신이 생각하고 있는 것이나 행동하고 있는 것에 ○표를 하시오.

질문	그렇다	약간 그렇다	그저 그렇다	별로 그렇지 않다	그렇지 않다
1. 시간에 쫓기는 것이 싫다.		○			
2. 여행가기 전에 계획을 세운다.			○		

　㉡ A와 B의 선택형식

EXAMPLE

예제 A와 B에 주어진 문장을 읽고 자신에게 해당되는 것을 고르시오.

질문	선택
A : 걱정거리가 있어서 잠을 못 잘 때가 있다.	(○)
B : 걱정거리가 있어도 잠을 잘 잔다.	( )

---

(2) 임하는 자세

① 솔직하게 있는 그대로 표현한다 … 인성검사는 평범한 일상생활 내용들을 다룬 짧은 문장과 어떤 대상이나 일에 대한 선로를 선택하는 문장으로 구성되었으므로 평소에 자신이 생각한 바를 너무 골똘히 생각하지 말고 문제를 보는 순간 떠오른 것을 표현한다.

② 모든 문제를 신속하게 대답한다 … 인성검사는 시간 제한이 없는 것이 원칙이지만 기업체들은 일정한 시간 제한을 두고 있다. 인성검사는 개인의 성격과 자질을 알아보기 위한 검사이기 때문에 정답이 없다. 다만, 기업체에서 바람직하게 생각하거나 기대되는 결과가 있을 뿐이다. 따라서 시간에 쫓겨서 대충 대답을 하는 것은 바람직하지 못하다.

인성검사 예시

▮1~10▮ 다음 질문에 대해서 평소 자신이 생각하고 있는 것이나 행동하고 있는 것에 대해 박스에 주어진 응답요령에 따라 답하시오.

응답요령
• 응답 Ⅰ : 제시된 문항들을 읽은 다음 각각의 문항에 대해 자신이 동의하는 정도를 ①(전혀 그렇지 않다)~⑤ (매우 그렇다)으로 표시하면 된다.
• 응답 Ⅱ : 제시된 문항들을 비교하여 상대적으로 자신의 성격과 가장 가까운 문항 하나와 가장 거리가 먼 문항 하나를 선택하여야 한다(응답 Ⅱ의 응답은 가깝다 1개, 멀다 1개, 무응답 2개이어야 한다).

1

문항예시	응답 Ⅰ					응답 Ⅱ	
	①	②	③	④	⑤	멀다	가깝다
A. 몸을 움직이는 것을 좋아하지 않는다.							
B. 쉽게 질리는 편이다.							
C. 경솔한 편이라고 생각한다.							
D. 인생의 목표는 손이 닿을 정도면 된다.							

2

문항예시	응답 Ⅰ					응답 Ⅱ	
	①	②	③	④	⑤	멀다	가깝다
A. 무슨 일도 좀처럼 시작하지 못한다.							
B. 초면인 사람과도 바로 친해질 수 있다.							
C. 행동하고 나서 생각하는 편이다.							
D. 쉬는 날은 집에 있는 경우가 많다.							

3

문항예시	응답 I					응답 II	
	①	②	③	④	⑤	멀다	가깝다
A. 조금이라도 나쁜 소식은 절망의 시작이라고 생각해 버린다.							
B. 언제나 실패가 걱정이 되어 어쩔 줄 모른다.							
C. 다수결의 의견에 따르는 편이다.							
D. 혼자서 음식점에 들어가는 것은 전혀 두려운 일이 아니다.							

4

문항예시	응답 I					응답 II	
	①	②	③	④	⑤	멀다	가깝다
A. 승부근성이 강하다.							
B. 자주 흥분해서 침착하지 못하다.							
C. 지금까지 살면서 타인에게 폐를 끼친 적이 없다.							
D. 소곤소곤 이야기하는 것을 보면 자기에 대해 험담하고 있는 것으로 생각된다.							

5

문항예시	응답 I					응답 II	
	①	②	③	④	⑤	멀다	가깝다
A. 무엇이든지 자기가 나쁘다고 생각하는 편이다.							
B. 자신을 변덕스러운 사람이라고 생각한다.							
C. 고독을 즐기는 편이다.							
D. 자존심이 강하다고 생각한다.							

6

문항예시	응답 I					응답 II	
	①	②	③	④	⑤	멀다	가깝다
A. 금방 흥분하는 성격이다.							
B. 거짓말을 한 적이 없다.							
C. 신경질적인 편이다.							
D. 끙끙대며 고민하는 타입이다.							

7

문항예시	응답 I					응답 II	
	①	②	③	④	⑤	멀다	가깝다
A. 감정적인 사람이라고 생각한다.							
B. 자신만의 신념을 가지고 있다.							
C. 다른 사람을 바보 같다고 생각한 적이 있다.							
D. 금방 말해버리는 편이다.							

8

문항예시	응답 I					응답 II	
	①	②	③	④	⑤	멀다	가깝다
A. 충동적인 편이다.							
B. 계절에 영향을 많이 받는다.							
C. 특별히 좋아하는 시간대가 있다.							
D. 건강관리에 신경을 쓴다.							

9

문항예시	응답 I					응답 II	
	①	②	③	④	⑤	멀다	가깝다
A. 물욕이 강하다.							
B. 식물을 키우는 것을 좋아한다.							
C. 스포츠는 하는 것보다 보는 것을 즐긴다.							
D. 드라마보다 뉴스를 선호한다.							

10

문항예시	응답 I					응답 II	
	①	②	③	④	⑤	멀다	가깝다
A. 집권여당이 바뀌는 것이 내 삶에 큰 영향을 미친다고 생각한다.							
B. 청소를 잘하는 편이다.							
C. 주말을 기다린다.							
D. 아침에 일어나는 것이 행복하다.							

| 1~13 | 다음 각 문제에서 제시된 4개의 질문 중 자신의 생각과 일치하거나 자신을 가장 잘 나타내는 질문과 가장 거리가 먼 질문을 각각 하나씩 고르시오.

질문		가깝다	멀다
1	계획적으로 일을 하는 것을 좋아한다.		
	꼼꼼하게 일을 마무리 하는 편이다.		
	새로운 방법으로 문제를 해결하는 것을 좋아한다.		
	빠르고 신속하게 일을 처리해야 마음이 편하다.		
2	문제를 해결하기 위해 여러 사람과 상의한다.		
	어떠한 결정을 내릴 때 신중한 편이다.		
	시작한 일은 반드시 완성시킨다.		
	문제를 현실적이고 객관적으로 해결한다.		
3	글보다 말로 표현하는 것이 편하다.		
	논리적인 원칙에 따라 사실을 조직하는 것이 좋다.		
	집중력이 강하고 매사에 철저하다.		
	자기능력을 뽐내지 않고 겸손하다.		
4	융통성 있게 업무를 처리한다.		
	질문을 받으면 충분히 생각하고 나서 대답한다.		
	긍정적이고 낙천적인 사고방식을 갖고 있다.		
	매사에 적극적인 편이다.		
5	기발한 아이디어를 많이 낸다.		
	새로운 일 하는 것을 좋아한다.		
	타인의 견해를 잘 고려한다.		
	사람들을 잘 설득시킨다.		
6	나는 종종 화가 날 때가 있다.		
	나는 화를 잘 참지 못한다.		
	나는 단호하고 통솔력이 있다.		
	나는 집단을 이끌어가는 능력이 있다.		
7	나는 조용하고 성실하다.		
	나는 책임감이 강하다.		
	나는 독창적이며 창의적이다.		
	나는 복잡한 문제도 간단하게 해결한다.		

	질문	가깝다	멀다
8	나는 관심 있는 분야에 몰두하는 것이 즐겁다.		
	나는 목표를 달성하는 것을 중요하게 생각한다.		
	나는 상황에 따라 일정을 조율하는 융통성이 있다.		
	나는 의사결정에 신속함이 있다.		
9	나는 정리 정돈과 계획에 능하다.		
	나는 사람들의 관심을 받는 것이 기분 좋다.		
	나는 때로는 고집스러울 때도 있다.		
	나는 원리원칙을 중시하는 편이다.		
10	나는 맡은 일에 헌신적이다.		
	나는 타인의 감정에 민감하다.		
	나는 목적과 방향은 변화할 수 있다고 생각한다.		
	나는 다른 사람과 의견의 충돌은 피하고 싶다.		
11	나는 구체적인 사실을 잘 기억하는 편이다.		
	나는 새로운 일을 시도하는 것이 즐겁다.		
	나는 겸손하다.		
	나는 다른 사람과 별다른 마찰이 없다.		
12	나는 나이에 비해 성숙한 편이다.		
	나는 유머감각이 있다.		
	나는 다른 사람의 생각이나 의견을 중요시 생각한다.		
	나는 솔직하고 단호한 편이다.		
11	나는 구체적인 사실을 잘 기억하는 편이다.		
	나는 새로운 일을 시도하는 것이 즐겁다.		
	나는 겸손하다.		
	나는 다른 사람과 별다른 마찰이 없다.		
12	나는 나이에 비해 성숙한 편이다.		
	나는 유머감각이 있다.		
	나는 다른 사람의 생각이나 의견을 중요시 생각한다.		
	나는 솔직하고 단호한 편이다.		
13	나는 낙천적이고 긍정적이다.		
	나는 집단을 이끌어가는 능력이 있다.		
	나는 사람들에게 인기가 많다.		
	나는 활동을 조직하고 주도해나가는데 능하다.		

▮1~50▮ 다음 (   ) 안에 당신에게 해당사항이 있으면 '있다', 그렇지 않다면 '없다'를 선택하시오.

	있다	없다
1. 조금이라도 나쁜 소식은 절망의 시작이라고 생각해버린다.	( )	( )
2. 언제나 실패가 걱정이 되어 어쩔 줄 모른다.	( )	( )
3. 다수결의 의견에 따르는 편이다.	( )	( )
4. 혼자서 커피숍에 들어가는 것은 전혀 두려운 일이 아니다.	( )	( )
5. 승부근성이 강하다.	( )	( )
6. 자주 흥분해서 침착하지 못하다.	( )	( )
7. 지금까지 살면서 타인에게 폐를 끼친 적이 없다.	( )	( )
8. 소곤소곤 이야기하는 것을 보면 자기에 대해 험담하고 있는 것으로 생각된다.	( )	( )
9. 무엇이든지 자기가 나쁘다고 생각하는 편이다.	( )	( )
10. 자신을 변덕스러운 사람이라고 생각한다.	( )	( )
11. 고독을 즐기는 편이다.	( )	( )
12. 자존심이 강하다고 생각한다.	( )	( )
13. 금방 흥분하는 성격이다.	( )	( )
14. 거짓말을 한 적이 없다.	( )	( )
15. 신경질적인 편이다.	( )	( )
16. 끙끙대며 고민하는 타입이다.	( )	( )
17. 감정적인 사람이라고 생각한다.	( )	( )
18. 자신만의 신념을 가지고 있다.	( )	( )
19. 다른 사람을 바보 같다고 생각한 적이 있다.	( )	( )
20. 금방 말해버리는 편이다.	( )	( )
21. 싫어하는 사람이 없다.	( )	( )
22. 대재앙이 오지 않을까 항상 걱정을 한다.	( )	( )
23. 쓸데없는 고생을 하는 일이 많다.	( )	( )
24. 자주 생각이 바뀌는 편이다.	( )	( )
25. 문제점을 해결하기 위해 여러 사람과 상의한다.	( )	( )
26. 내 방식대로 일을 한다.	( )	( )
27. 영화를 보고 운 적이 많다.	( )	( )
28. 어떤 것에 대해서도 화낸 적이 없다.	( )	( )
29. 사소한 충고에도 걱정을 한다.	( )	( )

30. 자신은 도움이 안 되는 사람이라고 생각한다. ·····································( )( )

31. 금방 싫증을 내는 편이다. ··( )( )

32. 개성적인 사람이라고 생각한다. ···( )( )

33. 자기주장이 강한 편이다. ···( )( )

34. 뒤숭숭하다는 말을 들은 적이 있다. ··( )( )

35. 학교를 쉬고 싶다고 생각한 적이 한 번도 없다. ·······························( )( )

36. 사람들과 관계 맺는 것을 잘하지 못한다. ···( )( )

37. 사려 깊은 편이다. ··( )( )

38. 몸을 움직이는 것을 좋아한다. ···( )( )

39. 끈기가 있는 편이다. ··( )( )

40. 신중한 편이라고 생각한다. ···( )( )

41. 인생의 목표는 큰 것이 좋다. ··( )( )

42. 어떤 일이라도 바로 시작하는 타입이다. ··( )( )

43. 낯가림을 하는 편이다. ···( )( )

44. 생각하고 나서 행동하는 편이다. ···( )( )

45. 쉬는 날은 밖으로 나가는 경우가 많다. ···( )( )

46. 시작한 일은 반드시 완성시킨다. ···( )( )

47. 면밀한 계획을 세운 여행을 좋아한다. ··( )( )

48. 야망이 있는 편이라고 생각한다. ···( )( )

49. 활동력이 있는 편이다. ···( )( )

50. 많은 사람들과 왁자지껄하게 식사하는 것을 좋아하지 않는다. ·············( )( )

|1~10| 다음 주어진 보기 중에서 자신과 가장 가깝다고 생각하는 것은 'ㄱ'에 표시하고, 자신과 가장 멀다고 생각하는 것은 'ㅁ'에 표시하시오.

1
① 모임에서 리더에 어울리지 않는다고 생각한다.
② 착실한 노력으로 성공한 이야기를 좋아한다.
③ 어떠한 일에도 의욕이 없이 임하는 편이다.
④ 학급에서는 존재가 두드러졌다.

ㄱ	① ② ③ ④
ㅁ	① ② ③ ④

2
① 아무것도 생각하지 않을 때가 많다.
② 스포츠는 하는 것보다는 보는 게 좋다.
③ 성격이 급한 편이다.
④ 비가 오지 않으면 우산을 가지고 가지 않는다.

ㄱ	① ② ③ ④
ㅁ	① ② ③ ④

3
① 1인자보다는 조력자의 역할을 좋아한다.
② 의리를 지키는 타입이다.
③ 리드를 하는 편이다.
④ 남의 이야기를 잘 들어준다.

ㄱ	① ② ③ ④
ㅁ	① ② ③ ④

4
① 여유 있게 대비하는 타입이다.
② 업무가 진행 중이라도 야근을 하지 않는다.
③ 즉흥적으로 약속을 잡는다.
④ 노력하는 과정이 결과보다 중요하다.

ㄱ	① ② ③ ④
ㅁ	① ② ③ ④

5
① 무리해서 행동할 필요는 없다.
② 유행에 민감하다고 생각한다.
③ 정해진 대로 움직이는 편이 안심된다.
④ 현실을 직시하는 편이다.

ㄱ	① ② ③ ④
ㅁ	① ② ③ ④

6
① 자유보다 질서를 중요시하는 편이다.
② 사람들과 이야기하는 것을 좋아한다.
③ 경험에 비추어 판단하는 편이다.
④ 영화나 드라마는 각본의 완성도나 화면구성에 주목한다.

ㄱ	① ② ③ ④
ㅁ	① ② ③ ④

7
① 혼자 자유롭게 생활하는 것이 편하다.
② 다른 사람의 소문에 관심이 많다.
③ 실무적인 편이다.
④ 비교적 냉정한 편이다.

ㄱ	① ② ③ ④
ㅁ	① ② ③ ④

8
① 협조성이 있다고 생각한다.
② 친한 친구의 휴대폰 번호는 대부분 외운다.
③ 정해진 순서에 따르는 것을 좋아한다.
④ 이성적인 사람으로 남고 싶다.

ㄱ	① ② ③ ④
ㅁ	① ② ③ ④

9
① 단체 생활을 잘 한다.
② 세상의 일에 관심이 많다.
③ 안정을 추구하는 편이다.
④ 도전하는 것이 즐겁다.

ㄱ	① ② ③ ④
ㅁ	① ② ③ ④

10
① 되도록 환경은 변하지 않는 것이 좋다.
② 밝은 성격이다.
③ 지나간 일에 연연하지 않는다.
④ 활동범위가 좁은 편이다.

ㄱ	① ② ③ ④
ㅁ	① ② ③ ④

PART

IV

면접

01 면접의 기본

1 면접준비

(1) 면접의 기본 원칙

① **면접의 의미** … 면접이란 다양한 면접기법을 활용하여 지원한 직무에 필요한 능력을 지원자가 보유하고 있는지를 확인하는 절차라고 할 수 있다. 즉, 지원자의 입장에서는 채용 직무수행에 필요한 요건들과 관련하여 자신의 환경, 경험, 관심사, 성취 등에 대해 기업에 직접 어필할 수 있는 기회를 제공받는 것이며, 기업의 입장에서는 서류전형만으로 알 수 없는 지원자에 대한 정보를 직접적으로 수집하고 평가하는 것이다.

② **면접의 특징** … 면접은 기업의 입장에서 서류전형이나 필기전형에서 드러나지 않는 지원자의 능력이나 성향을 볼 수 있는 기회로, 면대면으로 이루어지며 즉흥적인 질문들이 포함될 수 있기 때문에 지원자가 완벽하게 준비하기 어려운 부분이 있다. 하지만 지원자 입장에서도 서류전형이나 필기전형에서 모두 보여주지 못한 자신의 능력 등을 기업의 인사담당자에게 어필할 수 있는 추가적인 기회가 될 수도 있다.

[서류 · 필기전형과 차별화되는 면접의 특징]

- 직무수행과 관련된 다양한 지원자 행동에 대한 관찰이 가능하다.
- 면접관이 알고자 하는 정보를 심층적으로 파악할 수 있다.
- 서류상의 미비한 사항과 의심스러운 부분을 확인할 수 있다.
- 커뮤니케이션 능력, 대인관계 능력 등 행동 · 언어적 정보도 얻을 수 있다.

③ **면접의 유형**

ⓐ **구조화 면접** : 구조화 면접은 사전에 계획을 세워 질문의 내용과 방법, 지원자의 답변 유형에 따른 추가 질문과 그에 대한 평가 역량이 정해져 있는 면접 방식으로 표준화 면접이라고도 한다.

- 표준화된 질문이나 평가요소가 면접 전 확정되며, 지원자는 편성된 조나 면접관에 영향을 받지 않고 동일한 질문과 시간을 부여받을 수 있다.

- 조직 또는 직무별로 주요하게 도출된 역량을 기반으로 평가요소가 구성되어, 조직 또는 직무에서 필요한 역량을 가진 지원자를 선발할 수 있다.
- 표준화된 형식을 사용하는 특성 때문에 비구조화 면접에 비해 신뢰성과 타당성, 객관성이 높다.

ⓛ 비구조화 면접 : 비구조화 면접은 면접 계획을 세울 때 면접 목적만을 명시하고 내용이나 방법은 면접관에게 전적으로 일임하는 방식으로 비표준화 면접이라고도 한다.
- 표준화된 질문이나 평가요소 없이 면접이 진행되며, 편성된 조나 면접관에 따라 지원자에게 주어지는 질문이나 시간이 다르다.
- 면접관의 주관적인 판단에 따라 평가가 이루어져 평가 오류가 빈번히 일어난다.
- 상황 대처나 언변이 뛰어난 지원자에게 유리한 면접이 될 수 있다.

④ 경쟁력 있는 면접 요령
ㄱ 면접 전에 준비하고 유념할 사항
- 예상 질문과 답변을 미리 작성한다.
- 작성한 내용을 문장으로 외우지 않고 키워드로 기억한다.
- 지원한 회사의 최근 기사를 검색하여 기억한다.
- 지원한 회사가 속한 산업군의 최근 기사를 검색하여 기억한다.
- 면접 전 1주일간 이슈가 되는 뉴스를 기억하고 자신의 생각을 반영하여 정리한다.
- 찬반토론에 대비한 주제를 목록으로 정리하여 자신의 논리를 내세운 예상답변을 작성한다.

ㄴ 면접장에서 유념할 사항
- 질문의 의도 파악 : 답변을 할 때에는 질문 의도를 파악하고 그에 충실한 답변이 될 수 있도록 질문사항을 유념해야 한다. 많은 지원자가 하는 실수 중 하나로 답변을 하는 도중 자기 말에 심취되어 질문의 의도와 다른 답변을 하거나 자신이 알고 있는 지식만을 나열하는 경우가 있는데, 이럴 경우 의사소통능력이 부족한 사람으로 인식될 수 있으므로 주의하도록 한다.
- 답변은 두괄식 : 답변을 할 때에는 두괄식으로 결론을 먼저 말하고 그 이유를 설명하는 것이 좋다. 미괄식으로 답변을 할 경우 용두사미의 답변이 될 가능성이 높으며, 결론을 이끌어 내는 과정에서 논리성이 결여될 우려가 있다. 또한 면접관이 결론을 듣기 전에 말을 끊고 다른 질문을 추가하는 예상치 못한 상황이 발생될 수 있으므로 답변은 자신이 전달하고자 하는 바를 먼저 밝히고 그에 대한 설명을 하는 것이 좋다.

- 지원한 회사의 기업정신과 인재상을 기억 : 답변을 할 때에는 회사가 원하는 인재라는 인상을 심어주기 위해 지원한 회사의 기업정신과 인재상 등을 염두에 두고 답변을 하는 것이 좋다. 모든 회사에 해당되는 두루뭉술한 답변보다는 지원한 회사에 맞는 맞춤형 답변을 하는 것이 좋다.
- 나보다는 회사와 사회적 관점에서 답변 : 답변을 할 때에는 자기중심적인 관점을 피하고 좀 더 넓은 시각으로 회사와 국가, 사회적 입장까지 고려하는 인재임을 어필하는 것이 좋다. 자기중심적 시각을 바탕으로 자신의 출세만을 위해 회사에 입사하려는 인상을 심어줄 경우 면접에서 불이익을 받을 가능성이 높다.
- 난처한 질문은 정직한 답변 : 난처한 질문에 답변을 해야 할 때에는 피하기보다는 정면 돌파로 정직하고 솔직하게 답변하는 것이 좋다. 난처한 부분을 감추고 드러내지 않으려 회피하려는 지원자의 모습은 인사담당자에게 입사 후에도 비슷한 상황에 처했을 때 회피할 수도 있다는 우려를 심어줄 수 있다. 따라서 직장생활에 있어 중요한 덕목 중 하나인 정직을 비탕으로 솔직하게 답변을 하도록 한다.

(2) 면접의 종류 및 준비 전략

① 인성면접

ⓐ 면접 방식 및 판단기준
- 면접 방식 : 인성면접은 면접관이 가지고 있는 개인적 면접 노하우나 관심사에 의해 질문을 실시한다. 주로 입사지원서나 자기소개서의 내용을 토대로 지원동기, 과거의 경험, 미래 포부 등을 이야기하도록 하는 방식이다.
- 판단기준 : 면접관의 개인적 가치관과 경험, 해당 역량의 수준, 경험의 구체성·진실성 등

ⓑ 특징 : 인성면접은 그 방식으로 인해 역량과 무관한 질문들이 많고 지원자에게 주어지는 면접질문, 시간 등이 다를 수 있다. 또한 입사지원서나 자기소개서의 내용을 토대로 하기 때문에 지원자별 질문이 달라질 수 있다.

ⓒ 예시 문항 및 준비전략

• 예시 문항

> • 3분 동안 자기소개를 해 보십시오.
> • 자신의 장점과 단점을 말해 보십시오.
> • 학점이 좋지 않은데 그 이유가 무엇입니까?
> • 최근에 인상 깊게 읽은 책은 무엇입니까?
> • 회사를 선택할 때 중요시하는 것은 무엇입니까?
> • 일과 개인생활 중 어느 쪽을 중시합니까?
> • 10년 후 자신은 어떤 모습일 것이라고 생각합니까?
> • 휴학 기간 동안에는 무엇을 했습니까?

• 준비전략 : 인성면접은 입사지원서나 자기소개서의 내용을 바탕으로 하는 경우가 많으므로 자신이 작성한 입사지원서와 자기소개서의 내용을 충분히 숙지하도록 한다. 또한 최근 사회적으로 이슈가 되고 있는 뉴스에 대한 견해를 묻거나 시사상식 등에 대한 질문을 받을 수 있으므로 이에 대한 대비도 필요하다. 자칫 부담스러워 보이지 않는 질문으로 가볍게 대답하지 않도록 주의하고 모든 질문에 입사 의지를 담아 성실하게 답변하는 것이 중요하다.

② 발표면접

㉠ 면접 방식 및 판단기준

• 면접 방식 : 지원자가 특정 주제와 관련된 자료를 검토하고 그에 대한 자신의 생각을 면접관 앞에서 주어진 시간 동안 발표하고 추가 질의를 받는 방식으로 진행된다.
• 판단기준 : 지원자의 사고력, 논리력, 문제해결력 등

㉡ 특징 : 발표면접은 지원자에게 과제를 부여한 후, 과제를 수행하는 과정과 결과를 관찰·평가한다. 따라서 과제수행 결과뿐 아니라 수행과정에서의 행동을 모두 평가할 수 있다.

ⓒ 예시 문항 및 준비전략

• 예시 문항

[신입사원 조기 이직 문제]

※ 지원자는 아래에 제시된 자료를 검토한 뒤, 신입사원 조기 이직의 원인을 크게 3가지로 정리하고 이에 대한 구체적인 개선안을 도출하여 발표해 주시기 바랍니다.

※ 본 과제에 정해진 정답은 없으나 논리적 근거를 들어 개선안을 작성해 주십시오.

• A기업은 동종업계 유사기업들과 비교해 볼 때, 비교적 높은 재무안정성을 유지하고 있으며 업무강도가 그리 높지 않은 것으로 외부에 알려져 있음.

• 최근 조사결과, 동종업계 유사기업들과 연봉을 비교해 보았을 때 연봉 수준도 그리 나쁘지 않은 편이라는 것이 확인되었음.

• 그러나 지난 3년간 1~2년차 직원들의 이직률이 계속해서 증가하고 있는 추세이며, 경영진 회의에서 최우선 해결과제 중 하나로 거론되었음.

• 이에 따라 인사팀에서 현재 1~2년차 사원들을 대상으로 개선되어야 하는 A기업의 조직문화에 대한 설문조사를 실시한 결과, '상명하복식의 의사소통'이 36.7%로 1위를 차지했음.

• 이러한 설문조사와 함께, 신입사원 조기 이직에 대한 원인을 분석한 결과 파랑새 증후군, 셀프홀릭 증후군, 피터팬 증후군 등 3가지로 분류할 수 있었음.

〈동종업계 유사기업들과의 연봉 비교〉   〈우리 회사 조직문화 중 개선되었으면 하는 것〉

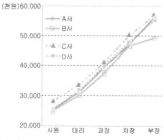

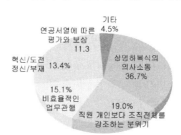

〈신입사원 조기 이직의 원인〉

• 파랑새 증후군

- 현재의 직장보다 더 좋은 직장이 있을 것이라는 막연한 기대감으로 끊임없이 새로운 직장을 탐색함.

- 학력 수준과 맞지 않는 '하향지원', 전공과 적성을 고려하지 않고 일단 취업하고 보자는 '묻지마 지원'이 파랑새 증후군을 초래함.

• 셀프홀릭 증후군

- 본인의 역량에 비해 가치가 낮은 일을 주로 하면서 갈등을 느낌.

• 피터팬 증후군

- 기성세대의 문화를 무조건 수용하기보다는 자유로움과 변화를 추구함.

- 상명하복, 엄격한 규율 등 기성세대가 당연시하는 관행에 거부감을 가지며 직장에 답답함을 느낌.

- 준비전략 : 발표면접의 시작은 과제 안내문과 과제 상황, 과제 자료 등을 정확하게 이 해하는 것에서 출발한다. 과제 안내문을 침착하게 읽고 제시된 주제 및 문제와 관련 된 상황의 맥락을 파악한 후 과제를 검토한다. 제시된 기사나 그래프 등을 충분히 활 용하여 주어진 문제를 해결할 수 있는 해결책이나 대안을 제시하며, 발표를 할 때에 는 명확하고 자신 있는 태도로 전달할 수 있도록 한다.

③ 토론면접

  ㉠ 면접 방식 및 판단기준

- 면접 방식 : 상호갈등적 요소를 가진 과제 또는 공통의 과제를 해결하는 내용의 토론 과제를 제시하고, 그 과정에서 개인 간의 상호작용 행동을 관찰하는 방식으로 면접이 진행된다.
- 판단기준 : 팀워크, 적극성, 갈등 조정, 의사소통능력, 문제해결능력 등

  ㉡ 특징 : 토론을 통해 도출해 낸 최종안의 타당성도 중요하지만, 결론을 도출해 내는 과 정에서의 의사소통능력이나 갈등상황에서 의견을 조정하는 능력 등이 중요하게 평가 되는 특징이 있다.

  ㉢ 예시 문항 및 준비전략

- 예시 문항

> - 군 가산점제 부활에 대한 찬반토론
> - 담뱃값 인상에 대한 찬반토론
> - 비정규직 철폐에 대한 찬반토론
> - 대학의 영어 강의 확대 찬반토론
> - 워크숍 장소 선정을 위한 토론

- 준비전략 : 토론면접은 무엇보다 팀워크와 적극성이 강조된다. 따라서 토론과정에 적 극적으로 참여하며 자신의 의사를 분명하게 전달하며, 갈등상황에서 자신의 의견만 내세울 것이 아니라 다른 지원자의 의견을 경청하고 배려하는 모습도 중요하다. 갈등 상황을 일목요연하게 정리하여 조정하는 등의 의사소통능력을 발휘하는 것도 좋은 전 략이 될 수 있다.

④ 상황면접

  ㉠ 면접 방식 및 판단기준

- 면접 방식 : 상황면접은 직무 수행 시 접할 수 있는 상황들을 제시하고, 그러한 상황 에서 어떻게 행동할 것인지를 이야기하는 방식으로 진행된다.
- 판단기준 : 해당 상황에 적절한 역량의 구현과 구체적 행동지표

ⓛ 특징 : 실제 직무 수행 시 접할 수 있는 상황들을 제시하므로 입사 이후 지원자의 업무수행능력을 평가하는 데 적절한 면접 방식이다. 또한 지원자의 가치관, 태도, 사고 방식 등의 요소를 통합적으로 평가하는 데 용이하다.

ⓒ 예시 문항 및 준비전략

• 예시 문항

> 당신은 생산관리팀의 팀원으로, 생산팀이 기한에 맞춰 효율적으로 제품을 생산할 수 있도록 관리하는 역할을 맡고 있습니다. 3개월 뒤에 제품A를 정상적으로 출시하기 위해 생산팀의 생산 계획을 수립한 상황입니다. 그러나 원가가 곧 실적으로 이어지는 구매팀에서는 최대한 원가를 줄여 전반적 단가를 낮추려고 원가절감을 위한 제안을 하였으나, 연구개발팀에서는 구매팀이 제안한 방식으로 제품을 생산할 경우 대부분이 구매팀의 실적으로 산정될 것이므로 제대로 확인도 해보지 않은 채 적합하지 않은 방식이라고 판단하고 있습니다. 당신은 어떻게 하겠습니까?

• 준비전략 : 상황면접은 먼저 주어진 상황에서 핵심이 되는 문제가 무엇인지를 파악하는 것에서 시작한다. 주질문과 세부질문을 통하여 질문의 의도를 파악하였다면, 그에 대한 구체적인 행동이나 생각 등에 대해 응답할수록 높은 점수를 얻을 수 있다.

⑤ 역할면접

㉠ 면접 방식 및 판단기준

• 면접 방식 : 역할면접 또는 역할연기 면접은 기업 내 발생 가능한 상황에서 부딪히게 되는 문제와 역할을 가상적으로 설정하여 특정 역할을 맡은 사람과 상호작용하고 문제를 해결해 나가도록 하는 방식으로 진행된다. 역할연기 면접에서는 면접관이 직접 역할연기를 하면서 지원자를 관찰하기도 하지만, 역할연기 수행만 전문적으로 하는 사람을 투입할 수도 있다.

• 판단기준 : 대처능력, 대인관계능력, 의사소통능력 등

ⓛ 특징 : 역할면접은 실제 상황과 유사한 가상 상황에서의 행동을 관찰함으로서 지원자의 성격이나 대처 행동 등을 관찰할 수 있다.

ⓒ 예시 문항 및 준비전략

• 예시 문항

> [금융권 역할면접의 예]
> 당신은 ○○은행의 신입 텔러이다. 사람이 많은 월말 오전 한 할아버지(면접관 또는 역할담당자)께서 ○○은행을 사칭한 보이스피싱으로 500만 원을 피해 보았다며 소란을 일으키고 있다. 실제 업무상황이라고 생각하고 상황에 대처해 보시오.

- 준비전략 : 역할연기 면접에서 측정하는 역량은 주로 갈등의 원인이 되는 문제를 해결 하고 제시된 해결방안을 상대방에게 설득하는 것이다. 따라서 갈등해결, 문제해결, 조정·통합, 설득력과 같은 역량이 중요시된다. 또한 갈등을 해결하기 위해서 상대방에 대한 이해도 필수적인 요소이므로 고객 지향을 염두에 두고 상황에 맞게 대처해야 한다.

  역할면접에서는 변별력을 높이기 위해 면접관이 압박적인 분위기를 조성하는 경우가 많기 때문에 스트레스 상황에서 불안해하지 않고 유연하게 대처할 수 있도록 시간과 노력을 들여 충분히 연습하는 것이 좋다.

2 면접 이미지 메이킹

(1) 성공적인 이미지 메이킹 포인트

① 복장 및 스타일

ㄱ 남성

- 양복 : 양복은 단색으로 하며 넥타이나 셔츠로 포인트를 주는 것이 효과적이다. 짙은 회색이나 감청색이 가장 단정하고 품위 있는 인상을 준다.
- 셔츠 : 흰색이 가장 선호되나 자신의 피부색에 맞추는 것이 좋다. 푸른색이나 베이지색은 산뜻한 느낌을 줄 수 있다. 양복과의 배색도 고려하도록 한다.
- 넥타이 : 의상에 포인트를 줄 수 있는 아이템이지만 너무 화려한 것은 피한다. 지원자의 피부색은 물론, 정장과 셔츠의 색을 고려하며, 체격에 따라 넥타이 폭을 조절하는 것이 좋다.
- 구두 & 양말 : 구두는 검정색이나 짙은 갈색이 어느 양복에나 무난하게 어울리며 깔끔하게 닦아 준비한다. 양말은 정장과 동일한 색상이나 검정색을 착용한다.
- 헤어스타일 : 머리스타일은 단정한 느낌을 주는 짧은 헤어스타일이 좋으며 앞머리가 있다면 이마나 눈썹을 가리지 않는 선에서 정리하는 것이 좋다.

ⓒ 여성

- 의상 : 단정한 스커트 투피스 정장이나 슬랙스 슈트가 무난하다. 블랙이나 그레이, 네이비, 브라운 등 차분해 보이는 색상을 선택하는 것이 좋다.
- 소품 : 구두, 핸드백 등은 같은 계열로 코디하는 것이 좋으며 구두는 너무 화려한 디자인이나 굽이 높은 것을 피한다. 스타킹은 의상과 구두에 맞춰 단정한 것으로 선택한다.
- 액세서리 : 액세서리는 너무 크거나 화려한 것은 좋지 않으며 과하게 많이 하는 것도 좋은 인상을 주지 못한다. 착용하지 않거나 작고 깔끔한 디자인으로 포인트를 주는 정도가 적당하다.
- 메이크업 : 화장은 자연스럽고 밝은 이미지를 표현하는 것이 좋으며 진한 색조는 인상이 강해 보일 수 있으므로 피한다.
- 헤어스타일 : 커트나 단발처럼 짧은 머리는 활동적이면서도 단정한 이미지를 줄 수 있도록 정리한다. 긴 머리의 경우 하나로 묶거나 단정한 머리망으로 정리하는 것이 좋으며, 짙은 염색이나 화려한 웨이브는 피한다.

② 인사

ⓐ 인사의 의미 : 인사는 예의범절의 기본이며 상대방의 마음을 여는 기본적인 행동이라고 할 수 있다. 인사는 처음 만나는 면접관에게 호감을 살 수 있는 가장 쉬운 방법이 될 수 있기도 하지만 제대로 예의를 지키지 않으면 지원자의 인성 전반에 대한 평가로 이어질 수 있으므로 각별히 주의해야 한다.

ⓑ 인사의 핵심 포인트

- 인사말 : 인사말을 할 때에는 밝고 친근감 있는 목소리로 하며, 자신의 이름과 수험번호 등을 간략하게 소개한다.
- 시선 : 인사는 상대방의 눈을 보며 하는 것이 중요하며 너무 빤히 쳐다본다는 느낌이 들지 않도록 주의한다.
- 표정 : 인사는 마음에서 우러나오는 존경이나 반가움을 표현하고 예의를 차리는 것이므로 살짝 미소를 지으며 하는 것이 좋다.
- 자세 : 인사를 할 때에는 가볍게 목만 숙인다거나 흐트러진 상태에서 인사를 하지 않도록 주의하며 절도 있고 확실하게 하는 것이 좋다.

③ 시선처리와 표정, 목소리

  ㉠ 시선처리와 표정 : 표정은 면접에서 지원자의 첫인상을 결정하는 중요한 요소이다. 얼굴표정은 사람의 감정을 가장 잘 표현할 수 있는 의사소통 도구로 표정 하나로 상대방에게 호감을 주거나, 비호감을 사기도 한다. 호감이 가는 인상의 특징은 부드러운 눈썹, 자연스러운 미간, 적당히 볼록한 광대, 올라간 입 꼬리 등으로 가볍게 미소를 지을 때의 표정과 일치한다. 따라서 면접 중에는 밝은 표정으로 미소를 지어 호감을 형성할 수 있도록 한다. 시선은 면접관과 고르게 맞추되 생기 있는 눈빛을 띄도록 하며, 너무 빤히 쳐다본다는 인상을 주지 않도록 한다.

  ㉡ 목소리 : 면접은 주로 면접관과 지원자의 대화로 이루어지므로 목소리가 미치는 영향이 상당하다. 답변을 할 때에는 부드러우면서도 활기차고 생동감 있는 목소리로 하는 것이 면접관에게 호감을 줄 수 있으며 적당한 제스처가 더해진다면 상승효과를 얻을 수 있다. 그러나 적절한 답변을 하였음에도 불구하고 콧소리나 날카로운 목소리, 자신감 없는 작은 목소리는 답변의 신뢰성을 떨어뜨릴 수 있으므로 주의하도록 한다.

④ 자세

  ㉠ 걷는 자세

  • 면접장에 입실할 때에는 상체를 곧게 유지하고 발끝은 평행이 되게 하며 무릎을 스치듯 11자로 걷는다.
  • 시선은 정면을 향하고 턱은 가볍게 당기며 어깨나 엉덩이가 흔들리지 않도록 주의한다.
  • 발바닥 전체가 닿는 느낌으로 안정감 있게 걸으며 발소리가 나지 않도록 주의한다.
  • 보폭은 어깨넓이만큼이 적당하지만, 스커트를 착용했을 경우 보폭을 줄인다.
  • 걸을 때도 미소를 유지한다.

  ㉡ 서있는 자세

  • 몸 전체를 곧게 펴고 가슴을 자연스럽게 내민 후 등과 어깨에 힘을 주지 않는다.
  • 정면을 바라본 상태에서 턱을 약간 당기고 아랫배에 힘을 주어 당기며 바르게 선다.
  • 양 무릎과 발뒤꿈치는 붙이고 발끝은 11자 또는 V형을 취한다.
  • 남성의 경우 팔을 자연스럽게 내리고 양손을 가볍게 쥐어 바지 옆선에 붙이고, 여성의 경우 공수자세를 유지한다.

ⓒ 앉은 자세
- 남성

- 의자 깊숙이 앉고 등받이와 등 사이에 주먹 1개 정도의 간격을 두며 기대듯 앉지 않도록 주의한다. (남녀 공통 사항)
- 무릎 사이에 주먹 2개 정도의 간격을 유지하고 발끝은 11자를 취한다.
- 시선은 정면을 바라보며 턱은 가볍게 당기고 미소를 짓는다. (남녀 공통 사항)
- 양손은 가볍게 주먹을 쥐고 무릎 위에 올려놓는다.
- 앉고 일어날 때에는 자세가 흐트러지지 않도록 주의한다. (남녀 공통 사항)

- 여성

- 스커트를 입었을 경우 왼손으로 뒤쪽 스커트 자락을 누르고 오른손으로 앞쪽 자락을 누르며 의자에 앉는다.
- 무릎은 붙이고 발끝을 가지런히 하며, 다리를 왼쪽으로 비스듬히 기울이면 여성스러워 보이는 효과가 있다.
- 양손을 모아 무릎 위에 모아 놓으며 스커트를 입었을 경우 스커트 위를 가볍게 누르듯이 올려놓는다.

(2) 면접 예절

① 행동 관련 예절

ⓐ 지각은 절대금물 : 시간을 지키는 것은 예절의 기본이다. 지각을 할 경우 면접에 응시할 수 없거나, 면접 기회가 주어지더라도 불이익을 받을 가능성이 높아진다. 따라서 면접장소가 결정되면 교통편과 소요시간을 확인하고 가능하다면 사전에 미리 방문해 보는 것도 좋다. 면접 당일에는 서둘러 출발하여 면접 시간 20~30분 전에 도착하여 회사를 둘러보고 환경에 익숙해지는 것도 성공적인 면접을 위한 요령이 될 수 있다.

ⓑ 면접 대기 시간 : 지원자들은 대부분 면접장에서의 행동과 답변 등으로만 평가를 받는다고 생각하지만 그렇지 않다. 면접관이 아닌 면접진행자 역시 대부분 인사실무자이며 면접관이 면접 후 지원자에 대한 평가에 있어 확신을 위해 면접진행자의 의견을 구한다면 면접진행자의 의견이 당락에 영향을 줄 수 있다. 따라서 면접 대기 시간에도 행동과 말을 조심해야 하며, 면접을 마치고 돌아가는 순간까지도 긴장을 늦춰서는 안 된다. 면접 중 압박적인 질문에 답변을 잘 했지만, 면접장을 나와 흐트러진 모습을 보이거나 욕설을 한다면 면접 탈락의 요인이 될 수 있으므로 주의해야 한다.

ⓒ **입실 후 태도** : 본인의 차례가 되어 호명되면 또렷하게 대답하고 들어간다. 만약 면접장 문이 닫혀 있다면 상대에게 소리가 들릴 수 있을 정도로 노크를 두세 번 한 후 대답을 듣고 나서 들어가야 한다. 문을 여닫을 때에는 소리가 나지 않게 조용히 하며 공손한 자세로 인사한 후 성명과 수험번호를 말하고 면접관의 지시에 따라 자리에 앉는다. 이 경우 착석하라는 말이 없는데 먼저 의자에 앉으면 무례한 사람으로 보일 수 있으므로 주의한다. 의자에 앉을 때에는 끝에 앉지 말고 무릎 위에 양손을 가지런히 얹는 것이 예절이라고 할 수 있다.

ⓔ **옷매무새를 자주 고치지 마라.** : 일부 지원자의 경우 옷매무새 또는 헤어스타일을 자주 고치거나 확인하기도 하는데 이러한 모습은 과도하게 긴장한 것 같아 보이거나 면접에 집중하지 못하는 것으로 보일 수 있다. 남성 지원자의 경우 넥타이를 자꾸 고쳐 맨다거나 정장 상의 끝을 너무 자주 만지작거리지 않는다. 여성 지원자는 머리를 계속 쓸어 올리지 않고, 특히 짧은 치마를 입고서 신경이 쓰여 치마를 끌어 내리는 행동은 좋지 않다.

ⓜ **다리를 떨거나 산만한 시선은 면접 탈락의 지름길** : 자신도 모르게 다리를 떨거나 손가락을 만지는 등의 행동을 하는 지원자가 있는데, 이는 면접관의 주의를 끌 뿐만 아니라 불안하고 산만한 사람이라는 느낌을 주게 된다. 따라서 가능한 한 바른 자세로 앉아 있는 것이 좋다. 또한 면접관과 시선을 맞추지 못하고 여기저기 둘러보는 듯한 산만한 시선은 지원자가 거짓말을 하고 있다고 여겨지거나 신뢰할 수 없는 사람이라고 생각될 수 있다.

② **답변 관련 예절**

ⓖ **면접관이나 다른 지원자와 가치 논쟁을 하지 않는다.** : 질문을 받고 답변하는 과정에서 면접관 또는 다른 지원자의 의견과 다른 의견이 있을 수 있다. 특히 평소 지원자가 관심이 많은 문제이거나 잘 알고 있는 문제인 경우 자신과 다른 의견에 대해 이의가 있을 수 있다. 하지만 주의할 것은 면접에서 면접관이나 다른 지원자와 가치 논쟁을 할 필요는 없다는 것이며 오히려 불이익을 당할 수도 있다. 정답이 정해져 있지 않은 경우에는 가치관이나 성장배경에 따라 문제를 받아들이는 태도에서 답변까지 충분히 차이가 있을 수 있으므로 굳이 면접관이나 다른 지원자의 가치관을 지적하고 고치려 드는 것은 좋지 않다.

ⓛ **답변은 항상 정직해야 한다.** : 면접이라는 것이 아무리 지원자의 장점을 부각시키고 단점을 축소시키는 것이라고 해도 절대로 거짓말을 해서는 안 된다. 거짓말을 하게 되면 지원자는 불안하거나 꺼림칙한 마음이 들게 되어 면접에 집중을 하지 못하게 되고 수많은 지원자를 상대하는 면접관은 그것을 놓치지 않는다. 거짓말은 그 지원자에 대한 신뢰성을 떨어뜨리며 이로 인해 다른 스펙이 아무리 훌륭하다고 해도 채용에서 탈락하게 될 수 있음을 명심하도록 한다.

ⓒ **경력직을 경우 전 직장에 대해 험담하지 않는다.** : 지원자가 전 직장에서 무슨 업무를 담당했고 어떤 성과를 올렸는지는 면접관이 관심을 둘 사항일 수 있지만, 이전 직장의 기업문화나 상사들이 어땠는지는 그다지 궁금해 하는 사항이 아니다. 전 직장에 대해 험담을 늘어놓는다든가, 동료와 상사에 대한 악담을 하게 된다면 오히려 지원자에 대한 부정적인 이미지만 심어줄 수 있다. 만약 전 직장에 대한 말을 해야 할 경우가 생긴다면 가능한 한 객관적으로 이야기하는 것이 좋다.

ⓔ **자기 자신이나 배경에 대해 자랑하지 않는다.** : 자신의 성취나 부모 형제 등 집안사람들이 사회·경제적으로 어떠한 위치에 있는지에 대한 자랑은 면접관으로 하여금 지원자에 대해 오만한 사람이거나 배경에 의존하려는 나약한 사람이라는 이미지를 갖게 할 수 있다. 따라서 자기 자신이나 배경에 대해 자랑하지 않도록 하고, 자신이 한 일에 대해서 너무 자세하게 얘기하지 않도록 주의해야 한다.

3 면접 질문 및 답변 포인트

(1) 가족 및 대인관계에 관한 질문

① 당신의 가정은 어떤 가정입니까?

면접관들은 지원자의 가정환경과 성장과정을 통해 지원자의 성향을 알고 싶어 이와 같은 질문을 한다. 비록 가정 일과 사회의 일이 완전히 일치하는 것은 아니지만 '가화만사성'이라는 말이 있듯이 가정이 화목해야 사회에서도 화목하게 지낼 수 있기 때문이다. 그러므로 답변 시에는 가족사항을 정확하게 설명하고 집안의 분위기와 특징에 대해 이야기하는 것이 좋다.

② 아버지의 직업은 무엇입니까?

아주 기본적인 질문이지만 지원자는 아버지의 직업과 내가 무슨 관련성이 있을까 생각하기 쉬워 포괄적인 답변을 하는 경우가 많다. 그러나 이는 바람직하지 않은 것으로 단답형으로 답변하면 세부적인 직종 및 근무연한 등을 물을 수 있으므로 모든 걸 한 번에 대답하는 것이 좋다.

③ 친구 관계에 대해 말해 보십시오.

지원자의 인간성을 판단하는 질문으로 교우관계를 통해 답변자의 성격과 대인관계능력을 파악할 수 있다. 새로운 환경에 적응을 잘하여 새로운 친구들이 많은 것도 좋지만, 깊고 오래 지속되어온 인간관계를 말하는 것이 더욱 바람직하다.

(2) 성격 및 가치관에 관한 질문

① 당신의 PR포인트를 말해 주십시오.

PR포인트를 말할 때에는 지나치게 겸손한 태도는 좋지 않으며 적극적으로 자기를 주장하는 것이 좋다. 앞으로 입사 후 하게 될 업무와 관련된 자기의 특성을 구체적인 일화를 더하여 이야기하도록 한다.

② 당신의 장·단점을 말해 보십시오.

지원자의 구체적인 장·단점을 알고자 하기 보다는 지원자가 자기 자신에 대해 얼마나 알고 있으며 어느 정도의 객관적인 분석을 하고 있나, 그리고 개선의 노력 등을 시도하는지를 파악하고자 하는 것이다. 따라서 장점을 말할 때는 업무와 관련된 장점을 뒷받침할 수 있는 근거와 함께 제시하며, 단점을 이야기할 때에는 극복을 위한 노력을 반드시 포함해야 한다.

③ 가장 존경하는 사람은 누구입니까?

존경하는 사람을 말하기 위해서는 우선 그 인물에 대해 알아야 한다. 잘 모르는 인물에 대해 존경한다고 말하는 것은 면접관에게 바로 지적당할 수 있으므로, 추상적이라도 좋으니 평소에 존경스럽다고 생각했던 사람에 대해 그 사람의 어떤 점이 좋고 존경스러운지 대답하도록 한다. 또한 자신에게 어떤 영향을 미쳤는지도 언급하면 좋다.

(3) 학교생활에 관한 질문

① 지금까지의 학교생활 중 가장 기억에 남는 일은 무엇입니까?

가급적 직장생활에 도움이 되는 경험을 이야기하는 것이 좋다. 또한 경험만을 간단하게 말하지 말고 그 경험을 통해서 얻을 수 있었던 교훈 등을 예시와 함께 이야기하는 것이 좋으나 너무 상투적인 답변이 되지 않도록 주의해야 한다.

② 성적은 좋은 편이었습니까?

면접관은 이미 서류심사를 통해 지원자의 성적을 알고 있다. 그럼에도 불구하고 이 질문을 하는 것은 지원자가 성적에 대해서 어떻게 인식하느냐를 알고자 하는 것이다. 성적이 나빴던 이유에 대해서 변명하려 하지 말고 담백하게 받아들이고 그것에 대한 개선노력을 했음을 밝히는 것이 적절하다.

③ 학창시절에 시위나 집회 등에 참여한 경험이 있습니까?

기업에서는 노사분규를 기업의 사활이 걸린 중대한 문제로 인식하고 거시적인 차원에서 접근한다. 이러한 기업문화를 제대로 인식하지 못하여 학창시절의 시위나 집회 참여 경험을 자랑스럽게 답변할 경우 감점요인이 되거나 심지어는 탈락할 수 있다는 사실에 주의한다. 시위나 집회에 참가한 경험을 말할 때에는 타당성과 정도에 유의하여 답변해야 한다.

(4) 지원동기 및 직업의식에 관한 질문

① 왜 우리 회사를 지원했습니까?

이 질문은 어느 회사나 가장 먼저 물어보고 싶은 것으로 지원자들은 기업의 이념, 대표의 경영능력, 재무구조, 복리후생 등 외적인 부분을 설명하는 경우가 많다. 이러한 답변도 적절하지만 지원 회사의 주력 상품에 관한 소비자의 인지도, 경쟁사 제품과의 시장점유율을 비교하면서 입사동기를 설명한다면 상당히 주목 받을 수 있을 것이다.

② 만약 이번 채용에 불합격하면 어떻게 하겠습니까?

불합격할 것을 가정하고 회사에 응시하는 지원자는 거의 없을 것이다. 이는 지원자를 궁지로 몰아넣고 어떻게 대응하는지를 살펴보며 입사 의지를 알아보려고 하는 것이다. 이 질문은 너무 깊이 들어가지 말고 침착하게 답변하는 것이 좋다.

③ 당신이 생각하는 바람직한 사원상은 무엇입니까?

직장인으로서 또는 조직의 일원으로서의 자세를 묻는 질문으로 지원하는 회사에서 어떤 인재상을 요구하는 가를 알아두는 것이 좋으며, 평소에 자신의 생각을 미리 정리해 두어 당황하지 않도록 한다.

④ 직무상의 적성과 보수의 많음 중 어느 것을 택하겠습니까?

이런 질문에서 회사 측에서 원하는 답변은 당연히 직무상의 적성에 비중을 둔다는 것이다. 그러나 적성만을 너무 강조하다 보면 오히려 솔직하지 못하다는 인상을 줄 수 있으므로 어느 한 쪽을 너무 강조하거나 경시하는 태도는 바람직하지 못하다.

⑤ 상사와 의견이 다를 때 어떻게 하겠습니까?

과거와 다르게 최근에는 상사의 명령에 무조건 따르겠다는 수동적인 자세는 바람직하지 않다. 회사에서는 때에 따라 자신이 판단하고 행동할 수 있는 직원을 원하기 때문이다. 그러나 지나치게 자신의 의견만을 고집한다면 이는 팀원 간의 불화를 야기할 수 있으며 팀 체제에 악영향을 미칠 수 있으므로 선호하지 않는다는 것에 유념하여 답해야 한다.

⑥ 근무지가 지방인데 근무가 가능합니까?

근무지가 지방 중에서도 특정 지역은 되고 다른 지역은 안 된다는 답변은 바람직하지 않다. 직장에서는 순환 근무라는 것이 있으므로 처음에 지방에서 근무를 시작했다고 해서 계속 지방에만 있는 것은 아님을 유의하고 답변하도록 한다.

(5) 여가 활용에 관한 질문

① 취미가 무엇입니까?

기초적인 질문이지만 특별한 취미가 없는 지원자의 경우 대답이 애매할 수밖에 없다. 그래서 가장 많이 대답하게 되는 것이 독서, 영화감상, 혹은 음악감상 등과 같은 흔한 취미를 말하게 되는데 이런 취미는 면접관의 주의를 끌기 어려우며 설사 정말 위와 같은 취미를 가지고 있다하더라도 제대로 답변하기는 힘든 것이 사실이다. 가능하면 독특한 취미를 말하는 것이 좋으며 이제 막 시작한 것이라도 열의를 가지고 있음을 설명할 수 있으면 그것을 취미로 답변하는 것도 좋다.

② 술자리를 좋아합니까?

이 질문은 정말로 술자리를 좋아하는 정도를 묻는 것이 아니다. 우리나라에서는 대부분 술자리가 친교의 자리로 인식되기 때문에 그것에 얼마나 적극적으로 참여할 수 있는가를 우회적으로 묻는 것이다. 술자리를 싫어한다고 대답하게 되면 원만한 대인관계에 문제가 있을 수 있다고 평가될 수 있으므로 술을 잘 마시지 못하더라도 술자리의 분위기는 즐긴다고 답변하는 것이 좋으며 주량에 대해서는 정확하게 말하는 것이 좋다.

(6) 여성 지원자들을 겨냥한 질문

① 결혼은 언제 할 생각입니까?

지원자가 결혼예정자일 경우 기업은 채용을 꺼리게 되는 경향이 있다. 업무를 어느 정도 인식하고 수행할 정도가 되면 퇴사하는 일이 흔하기 때문이나. 가능하면 향후 몇 년간은 결혼 계획이 없다고 답변하는 것이 현실적인 대처 요령이며, 덧붙여 결혼 후에도 일하고자 하는 의지를 강하게 내보인다면 더욱 도움이 된다.

② 만약 결혼 후 남편이나 시댁에서 직장생활을 그만두라고 강요한다면 어떻게 하겠습니까?

결혼적령기의 여성 지원자들에게 빈번하게 묻는 질문으로 의견 대립이 생겼을 때 상대방을 설득하고 타협하는 능력을 알아보고자 하는 것이다. 따라서 남편이나 시댁과 충분한 대화를 통해 설득하고 계속 근무하겠다는 의지를 밝히는 것이 좋다.

③ 여성의 취업을 어떻게 생각합니까?

여성 지원자들의 일에 대한 열의와 포부를 알고자 하는 질문이다. 많은 기업들이 여성들의 섬세하고 꼼꼼한 업무능력과 감각을 높이 평가하고 있으며, 사회 전반적인 분위기 역시 맞벌이를 이해하고 있으므로 자신의 의지를 당당하고 자신감 있게 밝히는 것이 좋다.

④ 커피나 복사 같은 잔심부름이 주어진다면 어떻게 하겠습니까?

여성 지원자들에게 가장 난감하고 자존심상하는 질문일 수 있다. 이 질문은 여성 지원자에게 잔심부름을 시키겠다는 요구가 아니라 직장생활 중에서의 협동심이나 봉사정신, 직업관을 알아보고자 하는 것이다. 또한 이 과정에서 압박기법을 사용해 비꼬는 투로 말하는 수 있는데 이는 자존심이 상하거나 불쾌해질 때의 행동을 알아보려는 것이다. 이럴 경우 흥분하여 과격하게 답변하면 탈락하게 되며, 무조건 열심히 하겠다는 대답도 신뢰성이 없는 답변이다. 직장생활을 위해 필요한 일이면 할 수 있다는 정도의 긍정적인 답변을 하되, 한 사람의 사원으로서 당당함을 유지하는 것이 좋다.

(7) 지원자를 당황하게 하는 질문

① 성적이 좋지 않은데 이 정도의 성적으로 우리 회사에 입사할 수 있다고 생각합니까?

비록 자신의 성적이 좋지 않더라도 이미 서류심사에 통과하여 면접에 참여하였다면 기업에서는 지원자의 성적보다 성적 이외의 요소, 즉 성격·열정 등을 높이 평가했다는 것이라고 할 수 있다. 그러나 이런 질문을 받게 되면 지원자는 당황할 수 있으나 주눅 들지 말고 침착하게 대처하는 면모를 보인다면 더 좋은 인상을 남길 수 있다.

② 우리 회사 회장님 함자를 알고 있습니까?

회장이나 사장의 이름을 조사하는 것은 면접일을 통고받았을 때 이미 사전 조사되었어야하는 사항이다. 단답형으로 이름만 말하기보다는 그 기업에 입사를 희망하는 지원자의 입장에서 답변하는 것이 좋다.

③ 당신은 이 회사에 적합하지 않은 것 같군요.

이 질문은 지원자의 입장에서 상당히 곤혹스러울 수밖에 없다. 질문을 듣는 순간 그렇다면 면접은 왜 참가시킨 것인가 하는 생각이 들 수도 있다. 하지만 당황하거나 흥분하지 말고 침착하게 자신의 어떤 면이 회사에 적당하지 않는지 겸손하게 물어보고 지적당한 부분에 대해서 고치겠다는 의지를 보인다면 오히려 자신의 능력을 어필할 수 있는 기회로 사용할 수도 있다.

④ 다시 공부할 계획이 있습니까?

이 질문은 지원자가 합격하여 직장을 다니다가 공부를 더 하기 위해 회사를 그만 두거나 학습에 더 관심을 두어 일에 대한 능률이 저하될 것을 우려하여 묻는 것이다. 이때에는 당연히 학습보다는 일을 강조해야 하며, 업무 수행에 필요한 학습이라면 업무에 지장이 없는 범위에서 야간학교를 다니거나 회사에서 제공하는 연수 프로그램 등을 활용하겠다고 답변하는 것이 적당하다.

⑤ 지원한 분야가 전공한 분야와 다른데 여기 일을 할 수 있겠습니까?

수험생의 입장에서 본다면 지원한 분야와 전공이 다르지만 서류전형과 필기전형에 합격하여 면접을 보게 된 경우라고 할 수 있다. 이는 결국 해당 회사의 채용 방침상 전공에 크게 영향을 받지 않는다는 것이므로 무엇보다 자신이 전공하지는 않았지만 어떤 업무도 적극적으로 임할 수 있다는 자신감과 능동적인 자세를 보여주도록 노력하는 것이 좋다.

02 면접기출

1 우리은행

(1) 면접

① 사람들과 친해지는 자신만의 노하우를 말씀해보시오.

② 자산관리사가 되고 싶다고 했는데 PB가 뭐하는지 아십니까?

③ 증권 PB와 은행 PB의 차이점에 대해 말씀해보시오.

④ 우리은행의 가치가 무엇입니까?

⑤ 자신을 채용해야 하는 이유는?

⑥ 우리은행에 들어오기 위해 어떤 노력을 하였는가?

⑦ 자신의 자격증에 대해 말해보시오.

⑧ 열심히 살아온 거 같은데 후회되는 일이 있다면 무엇인가?

⑨ 자신만의 강점이 무엇인가?

⑩ 은행원이 자신의 적성에 맞는다고 생각하는가?

⑪ 타 지역으로 발령이 난다면 근무가 가능한가?

⑫ 은행원은 돈 계산을 잘해야 하는데 100만 원이 시재에서 부족하다면 어떻게 하겠는가?

⑬ 면접관에게 질문해보시오.

⑭ 고액자산가가 무리한 요구를 한다면 어떻게 대처할 것인가?

⑮ 당신의 가치를 돈으로 환산하면 얼마라고 생각하는가?

⑯ 할머니 고객이 자신 먼저 업무를 처리해 달라고 사정을 한다면 어떻게 대처할 것인가?

⑰ 행복의 반대말을 무엇이라고 생각하는가?

⑱ (세일즈) 고객의 특성에 맞게 적절한 상품(내집마련적금, 유학생송금상품, 직장인대출상품, MMDA) 판매하기

(2) 토론 및 PT면접

① 우리은행의 지속적 발전 방향을 제시하시오.

② 성공적인 인적네트워크를 만드는 방법을 제시하시오.

③ 신입사원의 이직 비율을 낮추는 방안을 제시하시오.

④ 은행과 카드의 시너지 효과 방안을 제시하시오.

⑤ 40대 남성의 포트폴리오 전략을 제시하시오.

⑥ 한류를 이용한 우리은행 해외 현지화 네트워크 구축 방안을 제시하시오.

⑦ SNS를 이용한 우리은행 홍보 방안을 제시하시오.

⑧ 중소기업 적합업종 선정에 관해 토론해보시오.

⑨ 저출산 문제 극복을 위한 해결 방안을 제시하시오.

⑩ (팀 PT) 지금부터 나눠주는 종이에 적힌 지점별 상황에 대해 각자 맡은 역할별로 해결 방안을 제시하시오.

⑪ 직장인의 정신적인 스트레스 해결방안을 제시하시오.

⑫ 우리은행의 차세대 성장 동력이 될 전략을 제시하시오.

⑬ 군가산점에 대한 토론을 해보시오.

⑭ 해외직구족 증가에 대한 우리은행의 대책을 제시하시오.

⑮ 기술금융(Fintech)에 대한 대응 방안을 제시하시오.

⑯ 저출산 고령화 사회에 대한 해결책을 제시하시오.

⑰ 당사 CF와 로고송 제작에 대해 토론해보시오.

⑱ 한국형 스마트 공상 설립 방안을 제시하시오.

⑲ 블록체인을 활성화시키기 위한 규제 방안을 제시하시오.

⑳ 카드 수수료 신사업 개선 방안을 제시하시오.

2 국민은행

(1) 면접

① 최근에 읽은 책을 말해보시오.

② 평소 고객으로서 국민은행에 바라는 점은 무엇인가요?

③ 자신의 장·단점에 대해 말씀해보시오.

④ G20에서 금리를 인상해야 한다는 의견을 발표한 현 상황에서 한국은 콜금리를 인상하는 것이 좋은가?

⑤ 주위에서 자신을 어떻게 평가하는가?

⑥ 녹색금융과 관련하여 금융상품을 제안해보시오.

⑦ Y세대를 공략하는 새로운 카드 컨셉과 제휴사를 제안해보시오.

⑧ PB가 되고 싶다고 했는데, KB에서 어떤 PB가 되고 싶은가?

⑨ 봉사활동을 많이 한 것 같은데, 그 중 가장 기억에 남는 것은 무엇인가?

⑩ 원래 은행원이 되고 싶은 게 아니라 갑자기 준비한 것은 아닌가?

⑪ 상사에게 부당한 일을 당한 적이 있으면 말씀해보시오.

⑫ 국민은행 하면 떠오르는 것이 무엇입니까?

⑬ 군경험을 말해 보시오. 그리고 군생활은 어떻게 했나요?

(2) PT면접

① Y세대를 겨냥한 새로운 제휴처를 생각해 보고 전략을 세워보시오.

② 한류열풍의 원인과 발전방안을 제시해보시오.

③ 레프킨이 노동의 종말을 예상하였는데 노동의 종말시기가 오면 은행원은 일자리를 잃을 것인가? 아니면 역할이 어떻게 변화될 것인가?

④ 윤리경영/디자인경영/지식경영의 의의와 국민은행에 어떻게 적용시켜 활용할 것인지에 대한 방안을 제시하시오.

3 신한은행

(1) 면접

① 타행에서 인턴이나 근무한 적이 있다면 타행이 신한과 어떤 부분에서 다른지 말씀해보시오.

② 신한이 왜 당신을 뽑아야 하는지를 설명해보시오.

③ 은행원이 가져야 할 품성은 무엇입니까?

④ 신한은행 영업점을 방문해서 느꼈던 점이 무엇입니까?

⑤ 은행관련 전공이 아닌데, 신한은행에 입행하기 위해 어떤 노력을 하였습니까?

⑥ 다른 지원자들과 차별되는 자신만의 장점은 무엇입니까?

⑦ 자신을 표현할 수 있는 단어를 말해보시오.

⑧ 희망지역이 아닌 다른 지점에 발령받으면 어떻게 할 것입니까?

⑨ 졸업 후 어디에 구직활동을 하였습니까?

⑩ 당사제품/서비스를 이용해 본적이 있는가?

(2) PT면접

① 신한은행의 IB전략을 제시하시오.

② 해외기업 고객 유치를 위한 마케팅 전략을 제시하시오.

③ 당사 상품/브랜드의 경우에 있어 경쟁우위전략을 세워보시오.

④ 점심시간 고객들의 대기시간을 줄이기 위한 전략을 제시하시오.

⑤ 지점 두 개가 통합됐다. 고객이탈을 방지하기 위한 마케팅 전략을 제시하시오.

⑥ 녹색금융 마케팅 전략을 제시하시오.

⑦ 임직원 단합대회 방안을 발표해보시오.

4 하나은행

(1) 면접

① 타 전공인데 왜 은행에 지원했는가?

② 까다로운 고객에게 어떻게 대처할 것입니까?

③ 입행 후 최종 목표가 무엇입니까?

④ 하나은행에 대한 이미지 하면 떠오르는 것을 10초 간 말씀해보시오.

⑤ 은행원이 주식을 하는 것에 대해 자신의 생각을 말씀해보시오.

⑥ MMF/서브프라임모기지/방카슈랑스/더블딥/BIS에 대해서 설명해보시오.

⑦ 은행에서 가장 필요한 자질이 무엇입니까?

⑧ 자격증을 취득하지 않는 이유는?

⑨ 즉석에서 자사의 상품을 팔아보시오.

⑩ 지금 노래할 수 있는가?

(2) PT면접

① 기업이미지 제고 방안과 효과에 대해 설명하시오.

② 트위터 열풍에 대한 견해와 우리사회에 미칠 영향을 설명하시오.

③ 10억을 준다면 자산구성을 해보시오.

④ 부동산 문제와 향후 대책을 제시하시오.

⑤ 은행 신규 고객 유치 방안을 제시하시오.

⑥ 하나은행의 새로운 수익 창출 방안을 제시하시오.

⑦ CSR에 대해 발표하시오.

⑧ 계좌이동제를 설명하고 대응전략을 발표하시오.

⑨ 서울역 노숙자 문제에 대해 발표하시오.

⑩ SRI 펀드가 경제에 미치는 영향에 대해 발표하시오.

PART

V

부록-직무수행평가

직무수행평가

1 다음 중 유럽연합(EU)의 각 기관들이 참여한 IoT 연합조직인 유럽 사물인터넷 혁신연합(AIOTI)이 주도하고 있는 것은?

① 스마트 리빙
② 브릭스
③ 윔블던 효과
④ 게임이론
⑤ 유동성함정

 스마트 리빙은 활동적인 노후생활을 지원하는 사물인터넷(IoT) 서비스를 의미한다. 유럽 사물인터넷 혁신연합(AIOTI)은 스마트 리빙을 통해 고령화에 따른 사회적 부담을 완화하고, 경제적 비용 절감 등을 실현하는 것이 목표이다.

2 다음의 내용이 설명하고 있는 것은?

> 자동차와 원유의 수요는 이미 정점에 이르고 있다. 원유는 대체 에너지의 급격한 발전으로 향후 10년간 수요 증가율이 더디게 증가하다 멈출 것으로 예상됐다. 특히 원유를 에너지원으로 하는 자동차도 전기차로 대체되는 등 수요가 점차 줄어들 것으로 보이며, 이미 관련 기업들은 정점 이후의 시대를 고민 중이다.

① 프리미엄 시대
② 유동성 시대
③ 피크 시대
④ 역설의 시대
⑤ 도입의 시대

 피크 시대(decade of peak)는 미국 투자은행 BOA 메릴린치가 2020년 경제 전망 보고서에서 사용한 용어로써 '2020년대는 정점의 시대'라고 진단, 글로벌 경제가 총수요 위축으로 산업의 성장세가 꺾이는 피크쇼크를 맞이할 것으로 내다봤다. 피크쇼크의 징후는 인구나 원유 등 에너지, 자동차 등 경제와 사회 전 방위에 걸쳐 나타나며 향후 10년을 바꿀 변곡점으로 작용할 수 있다.

3 다음의 내용을 읽고 문맥상 괄호 안에 들어갈 내용과 일치하는 것을 고르면?

> 이것은 엄마 곰이 끓인 뜨거운 수프를 큰 접시와 중간 접시 그리고 작은 접시에 담은 후 가족이 이를 식히기 위해 산책을 나갔는데, 이 때 집에 들어온 (　　　　) 아기 곰 접시에 담긴 너무 뜨겁지도 않고 너무 차지도 않은 적당한 온도의 수프를 먹고 기뻐하는 상태를 경제에 비유한 것이라 한다.

① 고통지수   ② 골디락스 경제
③ 취업유발효과   ④ 경제심리지수
⑤ 경기순응성

 골디락스 경제(Goldilocks economy)는 경기과열에 따른 인플레이션과 경기침체에 따른 실업을 염려할 필요가 없는 최적 상태에 있는 건실한 경제를 가리킨다. 이는 영국의 전래동화인 골디락스와 곰 세 마리(Goldilocks and the three bears)에 등장하는 금발머리 소녀의 이름에서 유래하였는데, 골디락스 경제는 경기과열이나 불황으로 인한 높은 수준의 인플레이션이나 실업률을 경험하지 않은 양호한 상태가 지속되는 경제를 지칭한다.

4 다음 중 최저임금제를 실시할 때 나타나는 일반적인 현상이 아닌 것은?

① 노동 공급이 늘어나 실업률이 높아진다.
② 청소년의 일자리가 더 많이 늘어날 가능성이 있다.
③ 고용주가 불법 고용을 시도할 가능성이 더 높아진다.
④ 최저 임금 이상으로 임금 수준이 상승하여 기업에 부담이 된다.
⑤ 일자리가 있는 미숙련 근로자의 소득을 증가시킬 가능성이 있다.

 가격하한제도는 시장에서 형성된 가격이 너무 낮다고 판단될 경우 정부가 거래 가격의 하한선을 정하게 되는데 이를 최저가격제라고 한다. 공급자를 보호하기 위한 정책으로 최저임금제 등이 이에 해당한다. 최저가격제가 시행되면 규제가격에서 수요보다 공급이 많아 초과공급이 발생하기 때문에 일자리가 줄어들 가능성이 있다.

Answer ☞ 1.①   2.③   3.②   4.②

5 연철이는 라면과 우동을 파는 포장마차를 개업했다. 하지만 불경기가 닥쳐오면서 우동의 판매량은 줄었지만 이에 반해 라면의 판매량은 크게 늘었다. 덕분에 장사가 잘 되었다. 이 때 라면과 우동의 관계에 대한 설명 중 잘못된 것을 고르면?

① 라면은 열등재이다.

② 라면과 우동은 대체관계에 있다.

③ 라면은 기펜재가 될 가능성이 있다.

④ 라면과 우동은 대체관계이므로 우동도 열등재이다.

⑤ 라면가격을 올리면 우동수요는 늘어난다.

 대부분의 상품은 소비자의 소득이 늘어날 때 수요도 늘어난다. 하지만 소득이 늘어날 때 오히려 수요가 줄어드는 상품도 있다. 예를 들어 소득 증가로 자가용 보급이 늘어났을 때 버스 등 대중교통 수요는 줄어들 수 있다. 이 문제에서 불경기가 닥쳤을 때 우동 판매량은 줄어든 반면 라면 판매량은 늘었다고 했으므로 우동은 정상재, 라면은 열등재이다. 또 소득 증가에 따라 판매량이 반대 방향으로 움직였으므로 두 제품은 대체관계에 있다고 할 수 있다. 가격 하락으로 소비자의 구입 가능량이 늘어나는 효과인 소득효과와 대체상품(우동)의 수요가 넘어오는 효과인 대체효과를 모두 감안해야 한다. 열등재의 가격이 하락하면 소득 효과는 마이너스(수요 감소)로, 대체효과는 플러스(수요 증가)로 나타날 것이다. 대체효과 가 소득효과보다 클 경우 판매량이 늘어나지만 반대로 소득효과가 대체효과보다 클 경우에 는 판매량이 오히려 줄어들게 된다. 만일 소득효과가 대체효과보다 클 경우 가격 하락 후 판매량이 줄어들게 되는 기현상이 나타나게 되는데 이러한 성격의 제품을 기펜재라고 한 다. 모든 열등재는 기펜재가 될 가능성이 있다. 열등재인 라면의 판매를 늘리기 위해 가격 을 낮췄을 경우 라면 판매량이 오히려 줄어들었다면 기펜재가 되는 것이다. 그러므로 라면 과 우동은 대체관계에 있지만 우동은 정상재이다.

6 A 공장에서 처음 열 사람의 근로자가 1인당 평균 20개의 상품을 생산했다. 하지만 근로자 한 사람을 더 고용하니 1인당 평균 생산량이 19개로 감소되었다. 근로자 1명을 추가 고용 했을 때 한계생산은 몇 개인지 구하면?

① 1 ② 5
③ 9 ④ 19
⑤ 20

 평균 생산량은 총생산량을 근로자수로 나눠 구한다. 총생산량은 평균 생산량×근로자수이 다. 한계생산은 근로자 한 사람을 추가로 고용해서 늘어나는 추가적 생산량이다. 그러므로 처음 10명이 평균 20개를 생산했으므로 총생산량은 200개이다. 하지만 1명을 더 고용했더 니 평균생산량이 19개로 줄었으므로 11명의 총생산량은 11×19=209개가 된다. 따라서 11번 째 근로자의 한계생산은 9이다.

7 가격차별과 관련된 다음 사례 중 성격이 다른 것은?

① 극장에서 아침에 조조할인을 한다.

② 프로야구 입장권을 군인들에게 할인해준다.

③ 항공사에서 좌석 등급을 세 가지로 나눠 가격을 제시한다.

④ 자동차 회사가 동일 차종을 국내와 해외에서 다른 가격으로 판매한다.

⑤ 식당의 점심과 저녁 메뉴가 같지만, 점심에는 더 저렴한 가격에 판다.

 기업들이 동일한 상품에 대해 소비자에 따라 다른 가격을 부과하는 행위를 가격차별이라고 한다. 극장에서 어린이와 노인에게 할인해주거나 조조 프로그램은 낮은 가격을 받는 것, 식당의 점심 메뉴와 저녁 메뉴 가격이 다른 것 등이 대표적인 예다. 항공사에서 퍼스트, 비즈니스, 이코노미 좌석 등으로 가격이 다른 것도 가격차별이다. 하지만 이는 좌석 공간이나 편의성에서 차이가 있는 반면 나머지는 재화나 서비스 자체가 동일한 경우이기 때문에 성격이 다르다고 볼 수 있다.

8 다음이 설명하고 있는 것은?

> 항상 바쁘고 지쳐있는 현대인들이 타인의 방해 없이 휴식을 취할 수 있는 자신들만의 공간을 바라면서 사용되기 시작하였으며 반드시 자신의 집 또는 타인이 배제된 공간 뿐만이 아닌 공연장, 카페, 버스 뒷자리, 사무실까지 개개인들이 편안함을 지니고 쉴 수 있는 모든 장소 및 공간이다.

① 홀로족

② 카멜레존

③ 캄테크

④ 케렌시아

⑤ 젠더뉴트럴

 케렌시아(Querencia)는 스트레스 또는 피로 등으로 인해 지친 심신을 편히 하고 안정을 취할 수 있는 자신만의 장소 또는 공간을 의미한다.

Answer 5.④ 6.③ 7.③ 8.④

9 호황기의 경제 상황을 기준시점으로 현재의 경제 상황을 비교할 경우 경제지표는 실제보다 위축된 모습을 보이는 반면, 불황기의 경제 상황을 기준시점으로 비교하면 경제지표가 실제보다 부풀려져 나타날 수 있는데, 이를 무엇이라고 하는가?

① 초두효과
② 기저효과
③ 피그말리온효과
④ 플라시보효과
⑤ 안데르센효과

 기저효과(base effect)는 경제지표 증가율을 해석할 때 기준시점과 비교시점의 상대적인 위치에 따라서 경제상황에 대한 평가가 실제보다 위축되거나 부풀려지는 등의 왜곡이 일어나는 것을 의미한다.

10 '공유지의 비극'과 같은 현상의 발생을 방지하려면 다음 중 어떠한 조치가 필요한가?

① 물가의 안정
② 재정적자의 축소
③ 사유재산권의 확립
④ 자유경쟁체제의 확립
⑤ 고용과 해고의 자유 보장

 지하자원, 초원, 공기, 호수에 있는 물고기와 같이 주인이 없는 모두의 공동소유인 공유자원은 사회적 관점에서 볼 때 과다하게 사용돼 결국 고갈된다는 이야기다. 공유지의 비극은 외부 효과 때문에 발생한다. 한 사람의 소떼가 공유지의 풀을 뜯어 먹으면 이는 다른 사람의 소떼가 먹을 풀의 질과 양을 떨어뜨린다. 공유지의 비극을 방지하려면 공유지의 소유권을 확립해야·한다. 그러면 자원을 낭비하는 일이 줄어든다. 소의 소유에 세금을 부과해서 외부효과를 내부화하거나 목초지에서 풀을 먹일 수 있는 권리를 경매에 붙이는 것도 한 방법이다.

11 고령화 사회가 도래하면서 고연령층이 주요 소비층으로 산업 시장을 주도하는 현상을 의미하는 것은?

① 스놉현상
② 역도래현상
③ 선택적왜곡
④ 그레이네상스
⑤ 노시보현상

 그레이네상스는 노인, 백발을 의미하는 그레이(Gray)와 전성기를 의미하는 르네상스(Renaissance)의 합성어로써 퇴직 이후 그 동안 모아둔 돈으로 자신을 위해 소비하고 삶을 즐기는 노령층들이 증가하면서 그레이네상스를 맞이하게 됨을 의미하는 용어이다.

12 잘못된 정보가 미디어, 인터넷 등을 통해 급속하게 퍼져나가는 것이 전염병과 유사하다는 데서 유래된 말은?

① 노이즈 마케팅   ② 바이럴 마케팅

③ 인포데믹   ④ PPL

⑤ 위험프리미엄

(Tip) 인포데믹은 단순한 소문이 퍼져나가는 것이 아닌 전문적이면서 공식적인 매체를 비롯해 비공식 매체 등을 통해 확산되며 전파속도 또한 상당히 빠르기 때문에 잘못을 바로잡기가 어려워 경제위기 또는 금융시장의 혼란을 키워 문제가 되고 있다.

13 종업원은 손님에게 친절히 응대하고 소비자는 직원에게 예의를 지켜 매너의 균형을 도모해야 한다는 의미의 용어를 무엇이라고 하는가?

① MOT   ② 미스터리쇼퍼

③ QWL   ④ 워커밸

④ CRM

(Tip) 워커밸은 "손님이 왕", "고객지상주의"라는 구호 아래 소비자들의 갑질에 감정노동의 고통을 겪는 근로자들이 늘어가는 상황에서 등장하였으며, 최근의 변화에 맞춰 기업도 자사 구성원 보호 및 갑질 고객들에 대한 대처 등으로 적극적으로 나서고 있음을 의미하는 말이다.

14 외환시장에서 원·달러 환율이 현재 1,100원이다. 수출업체인 (주)라노는 앞으로 환율이 하락할 것으로 보고 행사가격이 1,100원인 달러 풋옵션 1,000계약을 계약 당 30원에 매수했다. 옵션 만기일에 원·달러 환율이 1,000원이 됐다고 가정할 경우 옵션거래에 따른 (주)라노의 손익은?

① 이익 3만 원   ② 이익 7만 원

③ 이익 10만 원   ④ 손실 7만 원

⑤ 손실 1만 원

(Tip) 1,000 계약을 계약 당 30원에 구입하면 3만 원이 든다. 옵션 행사 일에 환율이 하락한 까닭에 풋옵션을 행사하는 게 이익이다. 풋옵션을 행사해 달러당 1,100원에 1,000 계약을 매각하면 달러당 100원씩 10만 원이 이익이다. 여기에서 옵션 매수비용 3만 원을 차감하면 7만 원의 이익이 남게 된다.

Answer ⇒ 9.②   10.③   11.④   12.③   13.④   14.②

15 다음 글과 밀접한 기업 경영 용어를 고르면?

> 기업의 사회적 비중이 커지고 장기 생존을 위해서 경제·환경·사회에 대한 책임이 조화를 이루는 경영체계 구축 및 실행이 점점 중요시되고 있다. 미국의 포천지는 매년 '미국에서 가장 존경받는 기업'을 선정해 발표하는 데 선정 기준 중 하나가 바로 사회적 책임이다. 현대자동차나 BMW 등이 지속가능 경영활동을 상세하게 소개하는 지속가능성 보고서를 내는 것도 이런 이유 때문이다.

① CSR ② ISM
③ CSI ④ CRB
⑤ PMI

(Tip) CSR(사회적 책임 경영)은 영리추구가 목적인 기업이라 할지라도 사회적 책임을 다해야 한다는 것이다. 주주뿐만 아니라 종업원, 소비자, 지역사회 등의 이익을 위해서도 봉사하는 경영이다. 영리추구가 목적인 사기업이라도 사회에 대해 일정 부분 책임을 져야 한다는 것을 의미한다.

16 다음 중 총수요를 증가시키는 요인으로 볼 수 없는 것은?

① 정부지출이 증가한다.
② 부동산 가격이 하락한다.
③ 중앙은행이 기준금리를 인하한다.
④ 이웃 국가에서 정부지출을 증가시킨다.
⑤ 환율이 상승(자국 통화가치가 하락)한다.

(Tip) 총수요는 소비, 투자, 정부지출, 순수출로 구성된다. 환율이 오르거나 이웃 국가가 정부지출을 늘리면 수출이 증가한다. 기준금리 인하 또한 투자를 진작시켜 총수요를 증가시킨다. 하지만 부동산 가격의 하락은 총수요의 변화와 관계가 없다.

17 다음 내용으로부터 공통적으로 추론할 수 있는 경제현상은?

> • 채권자보다는 채무자가 유리하다.
> • 실물 자산 보유자가 금융 자산 보유자보다 유리하다.
> • 현재 현금 5만 원은 다음 달에 받게 될 현금 5만 원보다 훨씬 가치가 있다.

① 높은 실업률

② 환율의 급속한 하락

③ 물가의 급속한 상승

④ 통화량의 급속한 감소

⑤ 이자율의 급속한 상승

 물가가 급속하게 상승하면 금융 자산의 가치는 급속도로 하락하므로 실물 자산 보유자가 금융 자산 보유자보다 유리하다. 물가가 급속하게 상승하면 현재 현금 5만 원은 다음 달에 현금 5만 원보다 구매력이 크다. 그러므로 현재 현금 5만 원은 다음 달에 받게 될 현금 5만 원보다 훨씬 가치가 있다.

18 인공지능(AI), 사물인터넷(IoT), 로봇 등이 제조업 또는 서비스업 등을 통해 이뤄지는 경제 활동을 무엇이라고 하는가?

① 기저효과

② 플라시보 효과

③ 사이드카

④ 혼합경제

④ 무인경제

 무인경제는 인간의 노동력이 아닌 기술력이 인간의 노동력을 대체한다는 개념이며 이에는 코인 빨래방, 코인 노래방, 셀프 주유소 등이 있다.

19 순서논리회로(sequential logic circuit)에 대한 설명으로 가장 옳지 않은 것은?

① 현재의 입력과 이전의 출력상태에 의해서 출력이 결정되는 논리회로이다.

② 동기 순서회로에서 상태(state)는 단지 이산된 각 시점 즉, 클록펄스가 들어오는 시점에서 상태가 변화하는 회로이다.

③ 클록펄스에 의해서 동작하는 회로를 동기순서논리회로 또는 단순히 동기순서회로라 한다.

④ 순서논리회로는 신호의 타이밍(timing)에 따라 동기 순서논리회로와 비동기 순서논리회로로 분류한다.

④ 출력이 현재의 입력에 의해서만 결정되는 논리회로이다.

> ⑤는 조합논리회로(combinational logic circuit)에 대한 내용이다.

20 미세먼지로부터 건강을 지키기 위한 행동은 물론이거니와 미세먼지 발생 자체를 최소화하는 생활습관도 유지한다는 특징을 지닌 사람들을 무엇이라고 하는가?

① 딩크족   ② 여피족

③ 히피족   ④ 월든족

④ 노더스트족

> 노더스트족은 미량의 미세먼지도 허용하지 않겠다는 의미로 미세먼지 농도가 높은 날에는 외출을 삼가하겠다는 사람들을 의미하는 말이다.

21 다음의 내용이 공통적으로 의미하는 것은?

> • 시리얼바   • 파우치에 들어있는 죽

① CRM   ② CMR

③ POS   ④ VAN

⑤ DLS

> CMR(Convenient Meal Replacement)은 따로 데우거나 또는 조리하지 않더라고 바로 즉석에서 먹을 수 있는 식사대용 식품을 의미하는 것으로 1인 가구 및 맞벌이 가정 등이 늘어나면서 간편식에 대한 수요가 증가해 간편 식품 시장은 더더욱 성장할 전망이다.

22 다음의 내용이 설명하는 것은?

> 이것은 해외 쇼핑몰에서 상품을 구매한 소비자가 상품의 미배송, 오배송, 결제 문제, 환불 불이행 등의 피해를 입었을 경우 카드사에 요청하게 되면 해당 결제 건을 취소하여 대금을 돌려받을 수 서비스이다.

① 역루밍

② 차지백

③ 쇼루밍

④ 인포데믹

⑤ 크루거

 차지백 서비스는 카드사에 따라 120일 또는 180일 이내에 서면으로 신청해야 하며 사업자와 주고받은 이메일 등의 대화내역, 거래 영수증 또는 주문내역서 등 피해사실을 입증할 수 있는 자료들을 제출해야 한다.

23 설계, 개발, 제조 및 유통물류 등이 생산과정에 디지털 자동화 솔루션이 결합된 정보통신기술을 적용하여 생산성, 품질, 고객만족도 등을 향상시키는 지능형 생산공장을 무엇이라고 하는가?

① 인포데믹

② 스마트팩토리

③ 제너럴팩토리

④ EDI

⑤ POS

 스마트팩토리는 공장 내 설비 및 기계 등에 사물인터넷을 설치해 공정 데이터를 실시간으로 수집하며 이를 분석하여 목적된 바에 따라 스스로 컨트롤 할 수 있는 공장을 의미한다.

24 능력이 없는 사람이 잘못된 결정으로 인해 잘못된 결론에 도달하더라도 능력이 없어 자신의 잘못을 알아차리지 못하는 현상을 의미하는 것은?

① 대비오차
② 후광효과
③ 더닝 크루거 효과
④ 중심화 경향
⑤ 지각적 방어

 더닝 크루거 효과(Dunning Kruger effect)는 미국 코넬 대학의 대학원생 데이비드 더닝과 사회과학 교수 저스틴 크루거가 1999년 제안한 용어로써 이들은 대학 학부생들을 대상으로 하여 여러 분야의 능력을 기준으로 실험한 결과 지식이 없는 사람들은 다음과 같은 경향을 보인다는 것을 밝혔다.
㉠ 자신의 능력을 과대평가한다.
㉡ 타인의 진정한 능력을 알아보지 못한다.
㉢ 자신의 능력이 부족하기 때문에 생긴 곤경을 알아보지 못한다.

25 다음 중 범용 시프트 레지스터 기능에 관한 내용으로 가장 적절하지 않은 것은?

① 자리 이동 제어 입력이 있어서 오른쪽 시프트와 왼쪽 시프트 및 직렬 입력과 직렬 출력을 수행한다.
② 클리어 제어 입력신호에 의해 레지스터를 Clear할 수 있어야 한다.
③ 일부 동작을 동기화 시키는 클록펄스를 입력시킬 수 있어야 한다.
④ 클록펄스에 관계없이 레지스터에 저장된 데이터를 변화 없이 유지한다.
⑤ 병렬 로드 입력신호에 의하여 병렬 전송과 병렬 입력을 수행한다.

Tip 모든 동작을 동기화 시키는 클록펄스를 입력시킬 수 있어야 한다.

26 다음 중 저전력 고속의 CMOS에 대한 설명으로 가장 옳지 않은 것은?

① 소비전력이 상당히 적다.
② 잡음여유도가 크다.
③ 전달 특성이 우수하다.
④ 집적도가 높다.
④ 동작 전압의 범위가 좁다.

Tip 저전력 고속의 CMOS는 동작 전압의 범위가 넓다.(2.7V~6.0V)

27 아래와 같은 형태의 통신망에 관한 내용으로 가장 옳지 않은 것을 고르면?

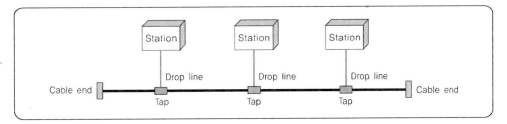

① 하나의 통신회선에 여러 대의 단말기를 접속하는 방식이다.

② 회선의 끝에는 종단장치가 필요하다.

③ 각 컴퓨터는 동등하며 단방향 통신이 가능하다.

④ 각 노드의 고장이 타 부분에 전혀 영향을 미치지 않으나, 기저 대역 전송방식을 쓰는 경우에 거리에 민감해서 거리가 멀어지면 중계기가 필요하다.

④ 단말기는 타 노드에 영향을 주므로 단말기의 증설 및 삭제가 상당히 어렵다.

> (Tip) 단말기는 타 노드에 영향을 주지 않으므로 단말기의 증설 및 삭제가 용이하다.

28 다음 중 Assembly Language에 대한 설명으로 가장 거리가 먼 것은?

① 기계어의 명령들을 알기 쉬운 언어로 표시해서 사용한 것을 의미한다.

② 컴퓨터의 특성을 따라 기종마다 표준이 되어 있다.

③ 기계어가 아니므로 실행을 하기 위해서는 어셈블러(Assembler)라는 번역 프로그램에 의해서 기계어로 번역되어야 실행이 가능하다.

④ 프로그램의 수행시간이 빠르며, 주기억장치를 매우 효율적으로 사용이 가능하다.

⑤ 어셈블리어를 사용하는 프로그래머는 모든 컴퓨터 명령어를 활용할 수 있으며 레코드의 필드, 문자 그리고 바이트와 비트 등의 개별 레코드의 쉬운 조작이 가능하다.

> (Tip) 어셈블리어(Assembly Language)는 기계어와 마찬가지로 컴퓨터의 특성을 따라 기종마다 표준이 되어 있지 않다.

Answer ⟶ 24.③ 25.③ 26.⑤ 27.⑤ 28.②

29 아래와 같은 형태의 데이터교환방식에 관한 설명으로 가장 부적절한 것은?

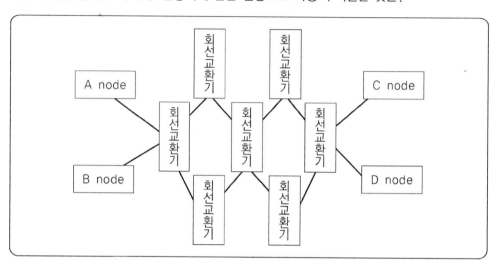

① 데이터를 전송하지 않을 시에도 회선이 점유되므로 네트워크 자원이 낭비된다.

② 길이가 긴 연속적 데이터 전송에 적합하다.

③ 전송 중 항상 동일한 경로를 가진다.

④ 접속시간은 많이 소요되지만 전송지연은 거의 없다.

⑤ 실시간 대화용으로 응용이 불가능하다.

 회선교환 (Circuit Switching)방식은 통신장치 간 교환기를 통해 송수신자 사이에 통신이 끝날 때까지 통신회선을 계속 연결된 상태로 유지하는 방식이며 실시간 대화용으로 응용이 가능하다.

30 아래 그림과 같은 데이터전송방법에 관한 설명으로 가장 바르지 않은 것은?

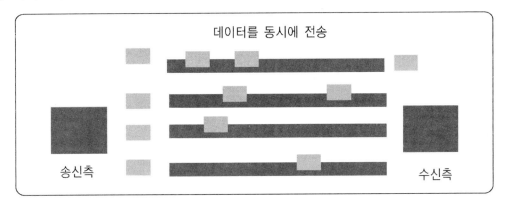

① 단위시간 당 더욱 적은 데이터의 전송이 가능하다.
② 송수신 간 거리 증가 시 비용이 많이 소요된다.
③ 대량의 정보 전송이 가능하다.
④ 많은 전송로를 필요로 한다.
⑤ 동시 전송이 가능하므로 전송속도가 빠르다.

 문제의 그림은 병렬전송(Parallel Transmission)을 나타낸 것이다. 병렬전송은 하나의 문자를 구성하는 각 비트들이 여러 개의 전송선을 통해 동시에 전송되며, 직렬전송에 비해 단위시간 당 더욱 많은 데이터의 전송이 가능하다.

Answer ✈ 29.⑤ 30.①

MEMO

MEMO

봉투모의고사 **찐!5회** 횟수로 플렉스해 버렸지 뭐야 ~

국민건강보험공단 봉투모의고사(행정직/기술직)

국민건강보험공단 봉투모의고사(요양직)

합격을 위한 준비
서원각 온라인강의

요점만 담은
알짜이론

믿고보는
교수진

www.sojungedu.co.kr

공 무 원	자 격 증	취 업	부사관/장교
9급공무원	건강운동관리사	NCS코레일	육군부사관
9급기술직	관광통역안내사	공사공단 전기일반	육해공군 국사(근현대사)
사회복지직	사회복지사 1급		공군장교 필기시험
운전직	사회조사분석사		
계리직	임상심리사 2급		
	텔레마케팅관리사		
	소방설비기사		